生态文明丛书·主编◎严　耕　　副主编◎林　震　杨志华

欧盟为保护生态动刑
欧盟各国环境刑事执法报告

Oumeng Wei Baohu Shengtai Dongxing
Oumeng Geguo Huanjing Xingshi Zhifa Baogao

［荷兰］迈克尔·福尔　［瑞士］冈特·海因 ／主编
徐　平　张　浩　何茂桥 ／译

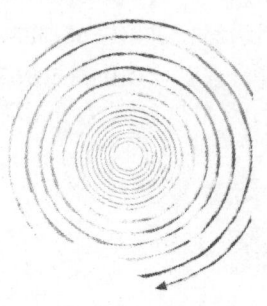

中央编译出版社
Central Compilation & Translation Press

图书在版编目(CIP)数据

欧盟为保护生态动刑:欧盟各国环境刑事执法报告/(荷)福尔,
(瑞士)海因主编;徐平,张浩,何茂桥译.
—北京:中央编译出版社,2009.8
(生态文明丛书)
ISBN 978-7-80211-899-7

Ⅰ.欧…

Ⅱ.①福… ②海… ③徐… ④张… ⑤何…

Ⅲ.欧洲联盟-环境保护-刑法-执行(法律)-研究

Ⅳ.D950.26

中国版本图书馆 CIP 数据核字(2009)第 134625 号

欧盟为保护生态动刑:欧盟各国环境刑事执法报告

出 版 人	和 龑
责任编辑	朱 虹
责任印制	尹 珺
出版发行	中央编译出版社
地　　址	北京西单西斜街 36 号(100032)
电　　话	(010)66509360(总编室)　(010)66509405(编辑室)
	(010)66161011(团购部)　(010)66130345(网络销售)
	(010)66509364(发行部)　(010)66509618(读者服务部)
网　　址	www.cctpbook.com
经　　销	全国新华书店
印　　刷	北京溢漾印刷有限公司
开　　本	787 毫米×1092 毫米　1/16
字　　数	250 千字
印　　张	16
版　　次	2009 年 10 月第 1 版第 1 次印刷
定　　价	39.00 元

本社常年法律顾问:北京大成律师事务所首席顾问律师　鲁哈达
凡有印装质量问题,本社负责调换。电话:(010)66509618

总序：引领生态文化，建设生态文明

吴 斌[①]

历史总是在矛盾中辩证地发展。现代工业文明在带来进步的同时，随着社会历史条件的变化，也暴露出它固有的内在缺陷，突出表现为生态、环境和资源压力日渐增大，社会发展的可持续性问题日益突出。

为了实现可持续发展，满足人们日益增长的生产发展、生活富裕、生态美好的要求，全世界都需要反思现代工业文明的价值观念、生产方式、生活方式和体制结构，探索真正实现人与自然、人与社会和谐的、可持续发展的生态文明之路。

在党的十七大报告中，胡锦涛总书记把生态文明建设作为实现全面建设小康社会奋斗目标的新要求之一，提出力争用十年左右的时间，基本形成节约能源资源和保护生态环境的产业结构、增长方式和消费模式，到2020年全面小康实现之时，使我国成为生态环境良好的国家。这对我国转变发展方式、建设和谐社会、发展生态文明，具有重要指导意义，也为我国的发展提出了新的、更高的要求。当然，这也为学术界提出了一个新的重大课题，那

---

① 北京林业大学党委书记，国家林业局生态文明研究中心主任，北京林业大学生态文明研究中心主任、教授。

就是要深入而全面地探讨生态文明的理论内涵和系统建构。

生态文明建设涉及的内容非常广泛，需要全社会的共同参与，既要改变思维方式，也要改变行为方式；既要改变生产方式，也要改变生活方式；既要改变道德和观念，也要改变法律和体制。必须充分认识到，生态文明建设不仅仅是生态恢复和环境治理，更是涉及物质文明、精神文明和政治文明的整个社会文明形态的变革。应该在生态危机的时代背景下，在反思现代工业文明模式所造成的人与自然对立的矛盾基础上，以生态学规律为基础，以生态价值观为指导，从物质、制度和精神观念三个层面进行改善，建立资源节约型和环境友好型社会，在全面提升人的生活品质的同时，实现人类社会与自然的和谐相处，促进经济、社会和文化的可持续发展。

北京林业大学作为教育部直属、教育部与国家林业局共建的全国重点大学，具有"崇尚自然、追求真理"的办学传统，以"知山知水、树木树人"为办学理念。传播生态文化、引领生态文明，是建校以来广大师生坚持不懈的追求。我们认识到，建设生态文明，决不限于发展科技，而是需要自然科学与人文社会科学的通力合作。2004年2月，学校决定将生态文化列为我校重点建设和发展的六大学科领域之一，加大了支持力度，深化了学科建设和科学研究。目前已经在全校开设了多门生态文化课程，培养出了有关专业的硕士和博士，广大师生围绕生态文明建设举办了多场研讨会和报告会，组织了一系列的宣传和实践活动，取得了一定成果。

2007年12月，我校在人文社会科学学院生态文化研究中心的基础上，成立了北京林业大学生态文明研究中心，目的是整合学科资源，发挥学科优势，大力加强生态文化学科群建设，深入开展生态文明各领域的研究，打造一流的生态文明研究基地，为我国的生态文明建设作出应有的贡献。

生态文明研究中心的成立，得到了各方面的大力支持。中国工程院原副院长、著名林学家沈国舫院士愉快地接受了担任中心学术委员会名誉主任的请求。中国社会科学院余谋昌教授、清华大学卢风教授、北京大学吴国盛教授、北京师范大学罗炳良教授、中国社会科学院杨通进研究员也以实际行动对我们中心给予支持，加入我们的研究队伍，成为第一批特聘专家。我们的行动也得到了国家林业局的大力支持，我校的中心也成为国家林业局生态文明研究中心。

　　本丛书一共12本,既有早期学校资助的生态文化研究的成果,也有生态文明研究中心成立后的探索;既有初出茅庐的年轻才俊的锋芒小试,更有学界领军人物的思想总结。当然,我们的研究还是初步的,生态文明理论体系的完善还需要各界同仁贡献智慧。希望这套丛书能起到启发思想、促进学术研究的作用,让更多的人关注生态文明建设,让科学发展观的思想深入人心。

中文译本序

能向中国读者介绍我们的书——《欧盟各国环境刑事执法报告》的中文译本，我们感到无比的荣幸。

呈现在您面前的这本书是一个研究项目的成果，这个研究项目是由我们的研究所——马斯特里赫特大学跨国法律研究所和在欧盟起诉环境犯罪的专业检察官共同合作完成的。作为学者，我们很高兴能和欧盟各国起诉环境犯罪的检察官一起共事。

我们起草了一份详细的问卷，这份问卷很好的表明了欧洲不同国家在法律执行方式上的差异。除了国别报告之外，我们对所有问卷答复进行了评析并且对欧洲各国执行方式上的形式差异给与了关注。

北京林业大学的徐平教授和她的研究生张浩决定翻译此部著作，对此我们感到非常荣幸。我们同样很高兴本书的原出版商芬兰克鲁维尔法律国际出版社给予出版本书中文译本的授权。这本著作名为《欧盟各国环境刑事执法报告》，系"比较环境法与政策系列丛书"中的一部，由芬兰克鲁维尔法律国际出版社出版。

尽管我们意识到这本书仅仅探讨了欧洲的现状，这也许和中国的国情有很大的不同，但我们仍希望这本书能得到中国读者的关注。事实上，我们都很清楚地意识到这样一个问题，正如中国现任领导人在很多场合所强调的那样，与环境保护相协调的可持续的经济发展是中国现在面临的巨大挑战之一。的确，每一位来到这个伟大国度的人们都可以看到中国是如何努力地应对以下两个方面的挑战：

一方面是经济的飞速发展；另一方面需要维持，特别是将工业排放控制在可接受的范围内。

我们在本书的国别报告中也指出刑法如何作为矫正环境污染的一项重要工具。当然，也应该认识到刑法是在其他法律工具，例如责任条款和行政法之外发挥着作用。此外，本书的很多方面也表明，只有在行政机制相对健全的情况下，刑事法律才能发挥其保护作用，这种机制应包括详细的条款和条例规定企业需要遵循的具体规范和标准。在不遵守规范的案件中，刑法可以作为一种随后适用的惩罚机制。

本书中各国的报告表明各国刑法的适用机制有所不同，一些国家采纳了法人的刑事责任规定，然而另一些国家并不认可；并且各国在执行结构和惩罚手段上也有所不同。一些国家更多依赖行政执法，而另一些国家更多运用刑法手段。中国也许可以从这些不同的体制中有所收获并探寻最适合中国国情的模式。

如果说本书的报告中提及一个共同存在的威胁，毫无疑问，那就是在违反规范的案件中，若没有通过其惩罚手段让法律得到有效的实施并尊重法律本身，制定完善的旨在保护环境的法律规范是不够的。此外，经常强调的一个方面的重要性在于环境检察官最有可能起诉环境法律的违法者，并独立于公共权力机构的影响之外。这一点，无论是在欧洲还是在其他法律体系中，都是一个巨大的问题：我们知道环境法律法规的违法者并非传统意义上的刑事犯，而通常是那些在社会上被尊重的公民。他们拥有更多的经济和政治权力，在一个诉讼案件中，他们也毫无疑问地会试图使用这些权力去规避法律的制裁。只有当刑法能够承受这些压力并在违法者当中树立起法律的尊重，环境刑事法律的力度和质量才能显现。

我们对翻译这本书的译者表达最诚挚的感谢，同时我们也真诚地希望这本著作能为保护中国美丽的自然环境尽微薄之力。

迈克尔·福尔 马斯特里赫特—伯尔尼
冈特·海因 2008 年 6 月

CONTENTS 目 录

导　论 ……………………………………………………………………… 1

第一章　国别报告概要 ………………………………………………… 4
 第一节　法人环境犯罪的刑事责任 …………………………………… 4
  一、法人责任 ………………………………………………………… 4
  二、其他措施及其弊端 ……………………………………………… 5
  三、董事/经理的刑事责任 ………………………………………… 6
 第二节　执法主体和个人在环境犯罪中的作用 ……………………… 9
  一、刑事起诉权 ……………………………………………………… 10
  二、个人、执法主体、警方和公诉机关在调查环境犯罪案件中
    的角色分析 ……………………………………………………… 12
  三、个人和执法主体对环境法立法和执法的贡献 ……………… 12
 第三节　刑事处罚 ……………………………………………………… 13
  一、环境犯罪责任主体的刑事责任及其司法实践 ……………… 14
  二、具体处罚措施的使用频率 ……………………………………… 16
 第四节　行政处罚 ……………………………………………………… 17
  一、概论 ……………………………………………………………… 17
  二、行政处罚措施的内容、性质及其与刑事处罚的关系 ……… 19
  三、执行和评价 ……………………………………………………… 21

第五节　旨在遏制个人实施类似行为的现行制度 …………… 22
　　　　一、概论 ………………………………………………… 22
　　　　二、禁止令的内容、性质和体系 ……………………… 24
　　　　三、禁止令的执行、案例和特别问题 ………………… 25
　　第六节　跨国污染事故 ……………………………………… 26
　　第七节　环境犯罪中公务员和政府机关的刑事责任问题 …… 28
　　　　一、概论 ………………………………………………… 28
　　　　二、刑事责任的内容、构成要件和其他责任体系 …… 30
　　　　三、法律执行以及公务员和政府机关刑事责任体系中的问题 …… 32
　　第八节　其他 ………………………………………………… 33

第二章　国别报告评析 ………………………………………… 36
　　第一节　法人环境犯罪的刑事责任 ………………………… 36
　　　　一、法人刑事责任 ……………………………………… 36
　　　　二、董事/经理的刑事责任 …………………………… 38
　　第二节　执法主体和个人在环境犯罪中的角色分析 ……… 39
　　　　一、概论 ………………………………………………… 39
　　　　二、个人、执法主体、警察和公诉机关在调查环境犯罪案件中
　　　　　　的地位和作用 ……………………………………… 40
　　　　三、公民个人和非政府组织的角色分析 ……………… 44
　　　　四、总结和国际视角 …………………………………… 47
　　第三节　刑事处罚 …………………………………………… 48
　　　　一、环境立法中的处罚措施 …………………………… 48
　　　　二、司法实践中低额罚金趋势 ………………………… 50
　　　　三、可供选择的刑罚 …………………………………… 51
　　　　四、司法实践中轻罚的原因 …………………………… 53
　　　　五、谁来实施刑事处罚？ ……………………………… 55
　　　　六、国际视角 …………………………………………… 56

第四节　行政处罚 …………………………………………… 57
第五节　旨在遏制个人实施类似行为的现行制度 ………… 58
　　一、概论 ……………………………………………………… 58
　　二、具体问题 ………………………………………………… 59
第六节　跨国污染事件 ………………………………………… 59
　　一、案例分析 ………………………………………………… 59
　　二、"跨境"问题 ……………………………………………… 60
　　三、现行条约的有效性 ……………………………………… 62
　　四、国际视角 ………………………………………………… 63
第七节　环境犯罪中公务员和政府机关的刑事责任 ……… 64
　　一、概论 ……………………………………………………… 64
　　二、具体分析 ………………………………………………… 66
　　三、刑法条款的重要性——效果 …………………………… 66
第八节　其他 …………………………………………………… 67
　　一、作为一种威慑力量的行政处罚措施的有效性 ………… 67
　　二、对"技术性违法"的减免处罚措施 ……………………… 71
　　三、信息及情报服务的作用 ………………………………… 74
第九节　结论 …………………………………………………… 75
　　一、趋势：法人承担刑事责任 ……………………………… 75
　　二、行政法或刑法？ ………………………………………… 77
　　三、走向一体的欧洲环境刑法？ …………………………… 78

第三章　欧盟各国司法体制介绍 …………………………… 81
第一节　奥地利 ………………………………………………… 81
第二节　比利时 ………………………………………………… 83
第三节　芬　兰 ………………………………………………… 84
第四节　法　国 ………………………………………………… 87
第五节　德　国 ………………………………………………… 91

第六节　荷　兰 …………………………………………… 95
　　第七节　葡萄牙 …………………………………………… 97
　　第八节　西班牙 …………………………………………… 99
　　第九节　瑞　典 …………………………………………… 102
　　第十节　英　国 …………………………………………… 106

附录1　调查问卷 ……………………………………………… 111

附录2　国别报告 ……………………………………………… 115
　　一、奥地利 ………………………………………………… 115
　　二、比利时 ………………………………………………… 117
　　三、丹　麦 ………………………………………………… 123
　　四、芬　兰 ………………………………………………… 129
　　五、法　国 ………………………………………………… 132
　　六、德　国 ………………………………………………… 139
　　七、意大利 ………………………………………………… 145
　　八、荷　兰 ………………………………………………… 154
　　九、葡萄牙 ………………………………………………… 158
　　十、西班牙 ………………………………………………… 160
　　十一、瑞　典 ……………………………………………… 164
　　十二、英　国 ……………………………………………… 168

附录3　通过刑法保护环境的公约 …………………………… 179

附录4　第15届国际刑法大会的决议 ………………………… 189

附录5　联合国关于犯罪和公共安全问题的宣言 …………… 194

附录 6　联合国打击跨国有组织犯罪公约 ·················· 198

附录 7　关于犯罪与司法迎接 21 世纪的挑战的维也纳宣言 ········· 226

附录 8　破坏环境罪国内法的推荐文本波特兰草案 ··············· 231

译者说明 ··· 237

导 论

为了给工作组成员提供把握实践中环境案件刑事诉讼的制度和方法，刑事诉讼问题研究特别推进工作组委托马斯特里赫特大学跨国法律研究所起草一份报告，旨在使这些已然洞悉的经验惠及各个成员国。

该报告及研究项目亦为马斯特里赫特大学跨国法律研究所早先应荷兰公共政策部之邀所做的一个项目的继续，该部为刑事诉讼问题研究工作组网络的参与者。1997 年，马斯特里赫特大学跨国法律研究所起草了一个名为《欧盟环境刑法》的报告，介绍了欧盟各成员国的环境法律体制，特别是涉及其中的刑法的作用和角色。该报告提供了对于环境法最重要的条款和环境刑法适用的基本法律框架的总的看法。[①] 本书基于的研究项目更进了一步，旨在提供各个成员国实践中刑事执法的基本情况。因此，第一个报告关注理论，此项目更加关心环境刑事执法的实践。选择这一方法进行研究显然已经获得一些结果。

本书建立在有关环境刑法特别题目的综合性问卷基础之上。该问卷已经由刑事诉讼问题研究工作组编制完成。根据问卷，下列成员国已经提供了国别报告：奥地利、比利时、丹麦、芬兰、德国、意大利、荷兰、葡萄牙、西班牙和英国。而因为涉及英国，我们应该指出由于卷入不同法系而面临困难，也就是一方面是英格兰和威尔士，一方面是苏格兰。另外，瑞典代表提供了一些问卷

[①] 第一个报告的结果已经公布。参见 Faure, M. and Heine, G., *Environmental criminal law in the European Union*, *Documentation of the main provisions with introductions*, Freiburg im Breisgau, Max Plank Institute for foreign and international criminal law, 2000.

并未涉及的信息。还有，这个问卷被完成后，主编决定法国的相关信息应该被包括在该报告之内，又延请马塞尔·贝尔教授提供了法国的信息。

由此本书主要是根据建立在问卷基础上的国别报告而写成，因而问卷和国别报告两者都被包含在这个报告的附录之中。

本书中现有的比较报告的目的在于，一方面提供有关问卷回答的概述，并且讨论各成员国在环境刑法实践中的不同与相同之处，另一方面，批评性地评估这些回答。因此，本书第一章提供了对于各种回答的概述，接下来的第二章是对于这些回答的更有价值的分析。这个评估将运用比较法的方法来进行，并指出国际趋势。在这点上，要特别关注欧洲议会起草的关于通过刑法保护环境的公约，即使不关心欧洲议会的公约和国际刑法大会的决议，读者也会知道如下的事实，就是同样有许多其他的组织已经就环境刑法方面采取了行动。

就这方面而言，例如，可能涉及已经纳入欧盟框架的各种动议权，比如，经济与社会理事会关于在保护环境方面刑法的作用与地位的1993/28决议（1993年7月27日）。这些文件，比起欧盟理事会的《通过刑法保护环境的公约》或《国际刑法大会决议》，不是特别具体的，但我们应该关注它们。还有，自从我们完成了报告的第一稿后，欧洲的水准又发生了诸多的变化。在2001年，欧洲议会率先提出制订一个通过刑法保护环境指导文件的建议，2003年1月27日该议会又正式通过了一个同名的决议。此刻，鉴于委员会在欧洲法院面前挑战了议会决议的合法性，这些文件的情形不太明朗。议会决议文字上基本拷贝了欧洲议会公约，它再次简单明了地证明欧洲议会公约的正确，因为它对应该如何建立环境刑法提出了一个有意思的观点。

显然，读者应该知道如下事实，煞费苦心的环境刑法的法律规范已经被制定出来，当然它没有被包含在此报告之内，不过它的一些文献被列入参考文献中。

此报告由迈克尔·福尔和冈特·海因起草。迈克尔·福尔是马斯特里赫特大学跨国法律研究所（METRO）的学术指导，马斯特里赫特大学法律系比较法和国际环境法教授。冈特·海因是伯尔尼大学法律系刑法学教授和弗赖堡麦克斯普郎克外国及国际刑法研究所（Freiburger Max Planck Institute for Foreign and International Criminal Law）的"通过刑法保护环境"项目的协调人。

至于涉及的工作方法，我们还应该提到，初稿在 1998 年 4 月 1 日提供给了诉讼特别工作小组的成员们。冈特·海因在 1998 年 4 月 20—21 日亲临赫尔辛基现场参加初稿的讨论。讨论期间的所有评论以及会后收到的书面意见都被汇总一起。我们对所有那些就早前的初稿作出评论因而对此报告有所贡献的人们充满感激之情。

至于涉及的方法论，我们也应该尽可能地提到，我们已经致力于在第二部分就国别报告中陈述的事实进行客观概述。在有些情况下，我们自己提供遗失的信息。第三部分，作出规范的分析，这些分析是立足于法条和法律文件的立场。

报告一稿完成之后，作者又被要求重新修订各国提供的原始资料，并把内容扩展到 2003 年，而且加进来一个有关法国情况的报告。因此，虽然不是全部，但大部分国别报告都反映了直到 2003 年的情况。我们随后也对国别报告概述和规范分析进行了最新修订。在规范分析的最新进展中，例如，像欧洲标准的动议权显然已经引起我们的重视了。

本书包括如下内容：在这个导论之后提供一个问卷回答的概述（第一章），随后就每个问题的回答进行批判性的分析（第二章），报告得出几个结论，并包含了几个附录。附录包括问卷（附录 1），国别报告（附录 2），欧盟理事会关于通过刑法保护环境的公约（附录 3），以及国际刑法大会关于环境刑法的决议（附录 4）。

我们感谢国别报告作者提供的充分和及时的问卷答案，以及刑事诉讼问题研究工作组秘书处的配合。还有，我们感谢安克·霍杰布姆提供的研究帮助和玛丽娜·诺多涅提供的文秘支持。

迈克尔·福尔，冈特·海因
2003 年 10 月
于马斯特里赫特—伯尔尼

第一章 国别报告概要

第一节 法人环境犯罪的刑事责任

问卷中的这一部分问题①探讨有关环境犯罪中法人的刑事责任和法人董事/经理的责任,其进一步的考虑是构建司法实践中的法人刑事责任体系。特别值得注意的是相对于自然人的刑事责任,法人是否可以承担相应的刑事责任。在没有规定法人刑事责任的司法体系中,对法人的其他处罚措施也会得到检验和评估,在此种情况下,潜在的弊端需要说明。表格1(本书第7页)将这些问题分类总结为五个部分:法人刑事责任、构成要件、处罚法人的其他措施、现有体系的弊端和董事/经理的责任。

首先论述的是法人刑事责任及其构成的结论,然后考虑其他措施和弊端,最后讨论董事/经理的责任。

一、法人责任

丹麦、法国、芬兰、荷兰和英国都有法人刑事责任的条款,比利时从1999年起采纳有关法人刑事责任的司法体系。有些国家法人刑事责任的历史

---

① 这一部分问题参见附录1问卷中的第一部分。

较长，英国和荷兰从 1976 年起便有了相关规定，芬兰在 1995 年也将法人刑事责任纳入其司法系统。由于历史的原因，法人犯罪的认定模式为传统的"鉴别理论"，其问题的关键在于如何鉴别个人因为其错误（行为、主观恶性）对法人产生的影响。然而，在欧盟，承认法人犯罪的国家却没有采纳这一传统的构成要件：在丹麦、英格兰和威尔士，法人刑事责任只是针对法人而忽略其雇员的犯罪行为——起决定作用的是法人本身所应承担的刑事责任。这一原则在丹麦仍然是如果个人/雇员对犯罪行为负有刑事责任，那么这一责任将由法人承担，匿名行为人的罪行也会导致法人刑事责任的产生。芬兰一方面沿袭了传统的鉴别理论（认定高层管理人员的犯罪行为），另一方面在法人组织行为有缺陷而造成的环境犯罪需要承担刑事责任的情况下，不需要鉴别自然人是否是犯罪行为人。在荷兰，决定性的要件在于法人是否正常地接受了雇员具有风险的行为。环境犯罪属于犯罪中的严格责任，这就意味着不需要证明任何过错。在一些环境犯罪案件中存在一种适当注意义务的抗辩权，这一抗辩权旨在表明，法人应负有避免环境犯罪发生的所有注意义务。在比利时，当发生的犯罪行为与法人实体经营目标的实现和其利益的具体体现有内在的联系时，或者，可以被具体的情况所证明的，犯罪行为是代表其所为的情况下，法人实体需要承担相应的刑事责任；因而在比利时，法人实体刑事责任的承担并不需要以认定个人实施了犯罪为构成要件。

二、其他措施及其弊端

其他国家依然遵守源自罗马法的"法人不能犯罪"原则。然而，其中的一些国家已经建立了独特的处罚法人的措施。奥地利于 1987 年在刑法典中规定了没收法人获取非法所得的特别条款；在德国，没收法人所得在现行刑法典的规定下是可行的；瑞典也没有具体的法人刑事责任体系，但可以对法人处以罚款，这被界定为一种辅助性的刑事处罚措施。在违反法人义务并且情节严重的犯罪案件中，罚款适用的对象既可以是法人，也可以是个人。

除了上述的处罚措施之外，其他的措施也在很多国家得以运用：多年以来，德国、葡萄牙和意大利在行政法领域建立了一套独立的体系——行政刑法。行政刑法规定了可以适用于法人的非刑事罚款（德国、葡萄牙）。在德国,这类罚款的最高金额可达 100 万德国马克,如果加上没收非法收益的财产,罚款金额更可高达几百万德国马克。① 罚款适用于有关行政性犯罪和相关刑事案件,包括违反监管职责。在任何情况下,即使犯罪行为的原因可归于法人中的一些代表人物,法人中的个人都不会因此而有罪。意大利的立法者采纳了针对法人的一系列处罚措施,例如罚款、停止经营活动、补偿和恢复原状,上述这些都被称为法律上的非刑事处罚措施。在比利时的司法体系引进法人刑事责任规定之前,公司法人基于罚款的规定可以成为民事责任主体;没收经营所得亦是可行的。

瑞典在 1987 年确立了一种新的处罚方法:一种被称做"环境费用"并同时适用于法人和自然人的处罚措施。环境费用独立于违法行为,不因违法行为的发生而成立,唯一的要件是违反相关的行政法规并对法人产生利益。

附录的报告中提到了一些关于现有环境犯罪处罚体系的不足之处:在意大利,众所周知的问题是适用于自然人的处罚措施过低;在德国,与其他领域相比,比如反垄断法,环境保护领域的罚金适用受到了很大的执法局限。

三、董事/经理的刑事责任

在所有规定法人董事/经理刑事责任体系的国家,其构成要件和处罚标准基本没有提及。在丹麦,董事会成员如果任意行为或者有显著过失,也会被指控,但处罚措施仍优先适用于法人。荷兰规定所有法人实体的代理人及法人雇员均可以成为刑事责任主体;然而在西班牙,刑事责任的承担主体只能为法人经理。意大利区分了法人代表和代表法人履行特定职责的人,并且有具体的法律条款规定法人代表应尽到适当的注意义务。在其他国家,例如奥地利和德国,使用不同的处罚措施以区分适用刑法典规定下的个人刑事责任和行政刑法中的个人责任。通常来说,行政刑法中规定的责任体系比刑法典中的相应部分要广泛得多,比如德国有专门的条款适用于违反监管职责的情形。奥地利的行政刑法典规定,被任命的官员如果同意了委派职责并开始在其被授权的范围内行使职权,就有承担刑事责任的可能性。如果被任命的官员是由于奉上级命令

---

① 有关罚金的内容将在第三部分和第四部分进一步讨论。

行事而导致违法行为产生并且有合理的理由不适用法律规定，就不需要承担相应的法律责任。奥地利行政刑法典规定上级领导不负有指控犯罪行为人的责任，也就是所谓的举证责任倒置。另一个值得注意的是法国在2000年修改了法人董事/经理刑事责任的规定，新修正案规定适用的情形是，法人经理的不谨慎或疏忽大意只是导致环境犯罪产生的非直接因素时，可以免除责任。

表格1　法人刑事责任

国别	法人责任	构成要件	其他处罚措施	弊端	董事的责任
奥地利	没有法人刑事责任的规定		没收违法所得；刑法典中关于法人的特别条款		行政刑法有特别的规定 有个人承担责任的可能性 举证责任倒置
比利时	有法人刑事责任的规定	排出政府当局的适用 法人的适用需要具体的条件	民事责任上的罚款 禁止超范围扩建 没收违法所得 行政性罚款	雇员承担责任的可能性受到限制具有争议	积累是可能的，如果雇员明知其行为而行动
丹麦	有				
芬兰	刑法典第9章1—9条，第48章第9条；行使公权力的犯罪	管理层人员的罪行 法人组织体系的缺陷导致雇员犯罪法人承担责任 不认定个人罪行			
法国	有	只有法律表明责任的可能性才对犯罪承担责任		不适用于国家违法犯罪的案件 不普遍适用于地方政府机关	

国别	法人责任	构成要件	其他处罚措施	弊端	董事的责任
德国	没有法人承担刑事责任的规定		非刑事罚款（行政刑法）首席代表的违法/犯罪行为 违反监管职责 无法认定个人犯罪的案件中责任可以归于个人组成的群体* 没收非法收益	法人刑事责任仍在政治讨论中 非刑事罚款适用受到局限	
意大利	没有法人承担刑事责任的规定		财政、金融罚款 停止经营活动 补偿 恢复原状	适用于自然人的处罚措施过低	所有法人代表或承担特定职责的人 法人代表的具体注意义务 代表的责任
荷兰	有	如果法人接受雇员具有风险性的行为，法人承担刑事责任			所有管理人员 所有雇员
葡萄牙	环境犯罪没有法人承担刑事责任的规定		非刑事方法的法人罚款（行政刑法）		
西班牙	没有法人承担刑事责任的规定			经理不能满足提供的条件	
瑞典	除了针对法人的罚款，没有法人承担刑事责任的规定	适用于法人和自然人 严重违反企业职责的犯罪 辅助性刑罚措施	环境费用独立于犯罪行为 违反法律和法人相关利益		

第一章　国别报告概要

国别	法人责任	构成要件	其他处罚措施	弊端	董事的责任
英格兰威尔士	判例法	机构；鉴别理论雇员：代理责任 环境犯罪＝犯罪的严格责任；违反监管职责在其经营活动范围内			

第二节　执法主体和个人在环境犯罪中的作用

　　调查问卷的第二部分有关一个重要的争论点，即个人（环境违法犯罪的受害者或非政府组织）在环境刑事诉讼中的角色和作用。同样的问题在有关环境主管机关，也就是我们通常所说的执法主体时也提出过。问卷中的问题更多的是探讨具体情况下个人和执法主体以及公诉机关之间的关系，这些问题同时和环境案件在刑事诉讼之前警察、个人和执法主体所扮演的角色有关。值得强调的是，执法主体在调查和处理有关行政性犯罪的案件中发挥着明显并且重要的作用［见问题 2（g）和（h）］；除此之外，个人的作用同样不可忽视，例如在环境破坏的案件中个人可以提出损害赔偿的请求。问题 2（a）到（f）特别有关个人和执法主体在环境刑事诉讼中的具体角色。

　　在深入分析这个问题之前，值得一提的是一个可能在语言上导致混淆的概念。本书问卷中所使用的"执法主体"来源于最初提供给我们的问卷设计中的用法，这一概念涵盖了包括环境行政主管机关，例如，签发许可（并不必然参与执法活动）以及负责调控、调查，有时甚至可以指代实施行政处罚的环境行政执法机关。在本书中，我们尽可能多地使用更中性和普遍的环境行政主管机关这一概念。执法主体这一用法在本书中则指代享有控制、调查和处罚环境刑事犯罪职责的环境行政执法机关，这一表达方式并不包括隶属于司法系统的执法主体，比如，公诉机关。

一、刑事起诉权

问卷中问题2（a）到（c）是环境法中一个具有普遍性的问题：在环境刑事犯罪案件中，是公诉机关独享刑事起诉权还是个人也享有提起环境刑事诉讼的权利；问题2（d）有关在具体的司法实践中，环境案件的受害者如何行使刑事诉讼权利；问题2（e）关于在公诉案件中，不享有环境刑事诉讼权的个人如何发挥其作用。最后，问题2（f）提出了一个疑问，享有环境刑事起诉权的个人和其他主体提起环境刑事诉讼是否会影响公诉机关在诉讼中的地位和作用。

下文中的表格2总结了在国别报告中，不同国家对问题2（a）到（e）的不同回答：

表格2 刑事起诉权

国别	a：享有刑事起诉权的执法主体	b：个人是否享有环境刑事起诉权？	c：是否需要公诉人同意？	d：环境犯罪的受害者提起环境刑事诉讼的程序优势	e：如果无法提起环境刑事诉讼，个人如何参与到环境的公诉案件中？
奥地利	警方	是	否	以向警方报告为起点	
比利时	公共机构	是	否		
丹麦	公诉人	否			向警方报告；目击证人；在审判中主张损害赔偿
芬兰	公诉人（执法主体例外）	是	否（但个人和执法主体需要等待）	少有例证	
法国	公诉人和一个特定的行政机构	是：自然人需要向公诉人主张让其提起刑事诉讼	否	受害者可以成为环境监管者	

国别	a：享有刑事起诉权的执法主体	b：个人是否享有环境刑事起诉权？	c：是否需要公诉人同意？	d：环境犯罪的受害者提起环境刑事诉讼的程序优势	e：如果无法提起环境刑事诉讼，个人如何参与到环境的公诉案件中？
德国	公诉人	否			作为受害人
意大利	公诉人	否	是	检举	
荷兰	公诉人	否	否		对不起诉的抗辩权＋在刑事诉讼程序中补偿的主张
葡萄牙	公诉人	是（自然人和非政府组织均可）	是	受害者可协助公诉人	
西班牙	公诉人	是	代理律师的同意		
英格兰威尔士	环境管理局	是	通常情况下：否		
苏格兰	公诉人	是	通常情况下：否		

对以上问题回答的评论如下：在有关刑事起诉权这一方面，需要重新提及的是问题 2（f）所提出的这样一个质疑——享有环境刑事案件起诉权的个人和其他主体提起环境刑事诉讼是否会影响公诉机关在诉讼中的地位和作用。这一疑问在个人享有环境刑事起诉权的国家几乎不约而同地遭到了否决。显而易见，事实上个人和其他主体的环境刑事起诉权被认为并不会对公诉机关的地位和作用产生负面影响。在德国，环境犯罪的受害者享有一定的权利参与刑事诉讼程序，并可以对公诉人的不起诉决定提出抗辩；意大利的情况反映出诉讼个人和执法主体可以协助公诉人从而实现一种积极的影响；在葡萄牙，实际的情况是环境主管机关和公诉人之间总体上有着良好的合作关系。

二、个人、执法主体、警方和公诉机关在调查环境犯罪案件中的角色分析

问题 2（g）是一个更具广泛性的问题，涉及个人、执法主体、警察和公诉人在环境犯罪案件调查中的地位和作用。大部分国家的国别报告中首先提出的是警察在案件调查中的地位和作用，例如，在奥地利、丹麦、芬兰和德国，对于环境犯罪案件的最初调查基本上都是由警方展开的；报告同时指出有关整个案件的刑事诉讼程序的开始——调查，也是由警方展开的；而在英国，执法主体负责案件的调查工作。

此外，报告中也涉及个人的作用，但个人更明显是作为警方或执法主体的信息提供者被提及的，也就是说，个人享有向有关机构（警方或执法主体）举报环境犯罪的权利。

几乎所有不同的司法体系都强调了执法主体的重要地位和作用。这些机构拥有大量的专业和技术方面的优势并提供关于行政规范的信息。因此，它们与警方之间的合作就显得至关重要。例如，丹麦、芬兰、德国和荷兰都提到行政主管机关在有关证据收集方面同警方合作并为其提供技术支持；在德国，一些联邦州颁布法律法规，明确规定执法主体同行政主管机关的合作，有时甚至规定合作的具体义务和责任；然而，在意大利，有关执法主体的实际情况似乎显得有些复杂，原因在于存在四个不同的适格的执法主体。

所有的国别报告也都强调了公诉机关在环境犯罪调查中的领导地位和作用。芬兰、德国和意大利的报告中清楚地反映出公诉人对整个调查过程的掌控并对警方的活动予以指导。因此，公诉人被看做是刑事诉讼中调查取证并指导警方的诉讼参与人。国别报告中没有提及公诉机关是否对执法主体享有指令性的权力，在大多数国家，事实可能并非如此。大部分的国别报告中都提到了执法主体和警方在调查过程中良好的合作关系。

最后，有必要提出的是在一些国家，例如奥地利和德国，存在着行政处罚程序和刑事司法程序的区别。这显然会导致既要遵循这两种不同的法律程序，也有可能适用这两种不同体系规定的处罚方式。

三、个人和执法主体对环境法立法和执法的贡献

本部分最后一个主题是关于个人和执法主体对环境法立法和执法的积极

贡献。

首先，涉及立法这一问题。大多数国别报告中都指出了个人对环境立法的贡献，促使环境立法通过修正案使其更加完备。

其次，谈到环境法执法问题。大部分国别报告提到的个人所发挥的积极作用只是向相关执法主体和警方报告犯罪情况和犯罪事实（这一情况在芬兰、德国和荷兰的国别报告中都有反映），通常来说，个人被认为是最有可能首先发现犯罪案件并因此负有促使调查开始的义务（例证见比利时国别报告）。意大利的国别报告明确指出，公众薄弱的环境意识极大削弱了公众个人对环境法执法的贡献。

大多数的国别报告也都考虑到了环境行政主管机关在环境法执法方面的积极贡献。有些国别报告（例如丹麦）指出，特殊的执法主体对环境法执法的意义重大；其他一些报告也都再次强调了执法主体的专业技术优势，这些执法主体可以为公诉机关（警方和公诉人）提供重要的信息。在英格兰和威尔士，执法主体作为公诉人有资格参与刑事司法审判程序。

最后，部分国别报告中也指出，在涉及有关调查取证的情况下，执法主体并不发挥作用（通常情况下与警方合作并提供技术支持），但是在大部分的司法体系中它们有能力通过行政手段处理环境犯罪案件。芬兰、荷兰的国别报告都提出了一点，这一情况存在于大部分的司法体系中，只是在行政手段的内容和强度方面存在不同程度的差异。然而，荷兰的报告明确指出了这些行政手段的弊端，执法主体通过行政手段往往倾向于参与到与犯罪行为人冗长的谈判协商中去。

第三节　刑事处罚

问卷的第三部分有关刑事处罚的措施提出了以下两个具体问题：一是立法层面所规定的刑罚措施都有哪些；二是哪些刑罚措施被运用到了具体的司法实践中。

一、环境犯罪责任主体的刑事责任及其司法实践

问卷中亟待解决的第一个问题3（a）是触犯环境法律所应适用的刑罚措施。显而易见的是，这个问题并没有和环境刑法的司法操作直接挂钩，而更多的是有关现行环境刑法中刑罚的种类。第二个问题3（b）有关司法实践中普遍使用的刑罚方法并寻求不同程度的财产刑和自由刑的案例。问题3（c）的提问角度与第二个问题相反，有关在司法实践中很少使用或者从未使用过的刑罚方法有哪些。国别报告中对这些问题的回答归纳见下面的表格：

表格3 刑事处罚

国别	立法中规定的刑事处罚措施	普遍使用的处罚措施	例证	较少使用的处罚措施
奥地利	司法审判： 最高三年的监禁 最高可达360天的日罚金（最高可达182万奥地利先令） 行政罚款	罚金	60至180天日罚金 3至6个月监禁（多为缓刑）	除了罚金和监禁以外的其他措施
比利时	监禁刑/罚金 附加措施	罚金	495.79欧元到24789.40欧元之间的罚金	回收废物具体方法的执行 禁止超范围扩建
丹麦	主要方法：罚金 偶尔监禁（满足具体的条件） 最高：2年，外加没收非法收益	罚金加没收非法收益	平均农业罚金为538.66欧元 平均工业罚金为2949.17欧元 拘留较少使用（实践中约为40天）	拘留 剥夺开展相关活动的权利
法国	罚金或者监禁	罚金	水污染：3000欧元	个人：监禁 法人实体：关闭工厂

国别	立法中规定的刑事处罚措施	普遍使用的处罚措施	例证	较少使用的处罚措施
德国	规定：最高达3/5/15年监禁或者罚金 疏忽大意的情况：最高3年的监禁或者罚金	罚金	10225.8欧元缓刑	3年或以上的监禁刑
芬兰	监禁、日罚金、小额罚金	日罚金	平均20至30天日罚金外加因未付日罚金的监禁	监禁
葡萄牙	监禁，可以罚金刑取代	罚金		监禁
意大利	刑罚 环境犯罪：监禁加罚金 行政性处罚：罚款和违法案件的严重程度成比例 补充措施：暂停营业；损害赔偿；恢复原状	行政处罚措施	2个月到2年的监禁刑或者罚金	外加巨额罚款的监禁刑
荷兰	罚金；监禁；免除特定权利；关闭企业；没收；公布判决结果；没收非法所得；对受害者补偿；完成未完成活动；修复违法损害	罚金	无证运行小型装备：453.78欧元 轻微水污染：453.78欧元 非法使用化肥：680.67欧元 在性质非常严重的案件中：罚款最高达453 780欧元外加监禁	除了罚金和监禁以外的其他措施
葡萄牙	监禁，可以罚金刑取代	罚金		监禁
英国	监禁 社区矫正 罚金	罚金	罚金从71.3欧元到1 425 923欧元不等 监禁较少（在废弃物案件中比较常见）	监禁和社区矫正

二、具体处罚措施的使用频率

问卷接下来所涉及的内容是关于司法实践中个别刑罚措施的使用频率明显高于其他措施的原因，以及为什么有些刑罚手段却很少被使用。在进一步分析这个问题之前，首先对国别报告中对问卷问题的回答进行总结和陈述。

影响选择适用刑罚措施的一个重要因素是环境犯罪案件的严重程度，这一点在芬兰的国别报告中已经得到论述。这可以在很大程度上解释罚金刑明显比自由刑使用率要多的原因；另一个较少使用自由刑的原因来源于奥地利的国别报告，因为刑罚的目的是制止和预防犯罪，同时适用缓刑比自由刑可以更好地实现刑罚的这个目的。荷兰的报告也表明，对法人的处罚措施（例如关闭企业）在具体的司法实践中并不经常使用，原因在于这些处罚措施对被告来说过于严厉，并且判决结果的执行也需要行政执法机关的配合，再者，行政机关在刑事处罚之前也可能使用过类似效果的行政处罚措施。

法国的国别报告指出，尽管贸易联盟财力雄厚，它们也经常受到具体适用于法人的处罚措施的制裁。同时法国国别报告的撰稿人也提出了这样一个情况，法官中很少有环境法方面的专家，他们对职位较高的环境犯罪行为人总会带有某种程度上的尊重。

此外，意大利和葡萄牙的国别报告涉及一系列有关环境法立法现状并可以解释法官不愿适用除罚金刑以外其他刑罚措施的原因。原因之一是环境犯罪案件大多数情节较轻微并且犯罪行为也是初犯；另一个原因在于到目前为止，环境刑法缺少相关的司法传统，相比较于其他司法领域仍相对年轻，法官们对这一法律体系依然不是十分熟悉。另外，以意大利为例，公众环境意识的薄弱以及一个不可回避的事实——环境犯罪案件大多有关高职位管理人员，他们身后隐藏并牵动着巨大的经济利益，这也是影响法院对于环境犯罪案件的态度的一个重要原因。

最后，除了意大利和荷兰，其余的国别报告都指出，只有法院享有实施刑事处罚的司法权力。意大利和荷兰的报告也提出公诉人可以采取具体的措施，例如颁布禁令，但同时也指出这一措施并不被认为是一般意义上的刑事处罚措施。

第四节 行政处罚

一、概论

问卷的第 4 部分问题关注的是刑法方法以外的其他处罚体系。多数国家附属性的处罚制度体系的历史已经相当久远,其他一些国家也在过去的 15 年中采纳了相关的制度设计(意大利、葡萄牙)。调查问卷中的问题探讨的是有关非法院判决的处罚措施,无论是固定的处罚措施抑或是行政罚款。表格 4 对问卷中的问题进行了如下的总结:类别一(行政主体的非刑事罚款)表明相关的法律制度是否规定了除刑罚以外的其他处罚措施;类别二指出具体处罚措施的性质;类别三有关这些措施和刑罚方法的关系;类别四(执行)有关这些处罚措施的使用频率;类别五(评价)归纳了各国国别报告的撰稿人对各自制度体系的评价。

表格 4 行政处罚

国别	行政主体实施的非刑事罚款	性质	与刑罚的关系	执行	评价
奥地利	行政主体的行政刑罚罚款最高达 218.02 欧元	刑事、行政"双重"性质	行政刑事处罚适用于轻微的违法案件 更低的适用标准 无双重起诉	比刑法更加重要	执行并不令人满意;被控诉方为再犯 总体而非具体有效
比利时	行政主体的行政罚款,适用于有限的违法情形	行政性质	环境法规的具体执行	较少使用	由于适用受限因而贡献较少
丹麦	没有行政刑法体系				讨论增加环境费用 刑法和附属行政法规保障行政执行力

国别	行政主体实施的非刑事罚款	性质	与刑罚的关系	执行	评价
芬兰	适格主体：水域法院、地区政府和当地环境委员会的非刑事罚款	"双重"属性	目标：增强行政命令的执行力，例如停止污染固定数额罚款（不同于刑法中的日罚款）1681.88欧元	经常使用	高效，大量，反应迅速
法国	行政长官有权对分类装置处以行政罚款 存在行政罚款的其他类别	行政性质	行政处罚措施更有效	普遍	非常有效：刑事司法体系保障行政处罚措施
德国	行政主体的非刑事罚款（刑事法院除外）	非刑事处罚；构成要件遵循一些基本刑法原则（行政刑法）	行政法律法规的执行，没有监禁；只有强制性拘留保障罚款的执行	非常普遍	为环境法执行作出贡献
意大利	行政主体的非刑罚罚款	行政处罚（类似于德国的行政刑法）	轻微违法案件，行政法执法次要到主要的关系	不经常使用	执行力问题，缺少监管
荷兰	只有强制性罚款	行政处罚从违反《环境管理法案》起的总和*	在不服从的案件中只影响将来行为	刑事处罚可等同于行政处罚	讨论扩大行政机关处以行政刑法罚款的范围
葡萄牙	行政主体的非刑罚罚款	行政措施	行为中立性，完全独立于司法程序	经常使用	比刑事处罚更加有效
西班牙	行政主体的非刑罚罚款	单纯的行政性质	无双重起诉行政处罚通过经济指标评估	没有报告	有效

国别	行政主体实施的非刑事罚款	性质	与刑罚的关系	执行	评价
瑞典	行政主体的非刑罚罚款 环境费用	行政处罚 辅助性行政处罚	执行遵从行政命令 不以过错为要件	较少	
英国	无单纯的行政罚款，固定处罚措施（未执行）；环境保护机关没有授权	刑事和行政处罚没有明显界限	采取各种措施确保对企业的经营者更严格的司法控制，不能遵守禁止令本身就是刑事违法		

二、行政处罚措施的内容、性质及其与刑事处罚的关系

大部分成员国的国别报告都指出了各国司法体系中各种不同的行政处罚措施。然而在荷兰和丹麦，由行政主管机关实施的抑制性罚款对于两国的司法系统来说仍然比较陌生。按照传统惯例，两国的法律制度都只包含强制性罚款。具体分析，以荷兰为例，依据荷兰《环境管理法案》第18条第9款的规定，适格的行政主体可以征收强制性罚款；如果发生不服从处罚决定的案件，违法者需要为其违法行为持续的期间或者为每次违反《环境管理法案》的行为支付一定数额的钱款。此外，存在这样一种可能性，即行政机关代表所有者执行行政机关的命令，但执行命令产生的费用成本由所有者承担。这些法律制度和其他大部分国家的体系非常相似，丹麦和荷兰对于扩展行政处罚措施的范围的政治讨论正愈演愈烈，丹麦正考虑赋予环境主管机关实施环境罚款的权力，荷兰的措施则可能为行政刑法性质的处罚方法。目前在荷兰，有关机构正在进行一项有关行政性罚款的具体试验，这一措施赋予行政主管机关在情节轻微的特殊违法案件中实施行政罚款的权力。

再一次提及的是另一个不同的措词可能引起误解的用法。通常意义上"处罚"（sanction）一词指代任意行政性或刑罚性的处罚方法。当实施处罚的主体为行政机关或法院时，这一处罚都被简单地理解为"行政处罚"。当处罚

涉及金钱时，通常使用的词为"罚款"（fine），因此要区别行政罚款和罚金。两个涉及"费用"的单词（fee、charge）在使用时更多的是指其财政属性。

其他成员国也指出了行政主体使用的不同的行政处罚方法。举例而言，在芬兰，具体的机构（比如水域法院、地区政府和当地环境委员会）可以收取罚款。在大多数其他国家，实施处罚的适格主体为行政主体。比利时的行政性罚款只适用于少数的环境犯罪案件，例如企业没有履行化肥生产纳税的义务，存在这一情况的可能原因在于公共服务部门向犯罪行为人收取的一定数额的款项发挥着重要的作用，并抵消了刑事诉讼程序。德国自1952年和1968年也建立了相关的行政刑事制度，意大利和葡萄牙也紧随其后。法国也存在仅作为行政处罚措施的罚款制度，这一制度的执行不需要法官和刑事法院的参与。

在英国，司法体系中不存在刑事、行政和民事法律的清晰界限。英格兰和威尔士的环境保护局负责具体措施的执行，包括发布强制令或禁止令，同时也享有调查和起诉环境犯罪的权力。不能有效遵守强制令或者禁止令本身也是一种刑事犯罪，在环境法的很多领域，环境保护局可以先行采取补救性措施并随后向所有者索要补救措施花费的款项。

作为一项惯例（除英国以外），这些行政处罚措施多为罚款。在一些国家存在既定的处罚措施，然而在其他国家，可以诉诸其他相关的法律制度。这些行政刑罚性质的罚款数额在不同的国家大有不同：在奥地利，经授权的行政主体可以处以高达3000奥地利先令（约合218.02欧元）的行政罚款；芬兰规定的这一数额可达10000芬兰马克（约合1618.88欧元）；在德国，根据《环境法》的规定，对自然人罚款的金额最高可达100000德国马克（约合51129.20欧元）在对法人处以罚款的案件中，这一罚款金额更高，最高可达1000000德国马克（约合511292欧元），如果计入没收违法所得收益，这一数额还有增加的可能性。

在适用这些行政刑罚性质的罚款具体的要件时，一个有趣的现象是有关这些处罚体系构成要件的规定在部分国家更接近于刑法（德国、意大利和葡萄牙均是如此），在部分国家则更接近于行政法。然而，通常来说严格的刑罚构成要件，例如主体、因果关系和主观过错原则，在这一情形下至少要部分予以放宽适用。这就导致了这样一种状况，即至今在刑法规定中依然沿袭严格的主观过错原则的国家，只有在其他附属体系中规定适用于法人的罚款制度体系（德国、意大利和葡萄牙均如此）。在放宽适用刑法法律原则的进程中，瑞典走在了前列，根据《环境保护法案》征收所谓的"环境费用"时完全不以主观过错为要件，违反环境法律的规定只是适用"环境费用"的具体情形。然而，在其他大多数国家，构成要件中需要违法事实和具体的主观过错。另外，欧盟人权法院在1985年规定了法定诉讼程序的最低标准：双重起诉是违法的（同一行为不能受到两次惩罚），奥地利和西班牙在这一方面都有明确的法律规定。

与刑法和行政法的区别一样，上述这些有关行政刑罚罚款的性质问题是一个永无止境的争论点。通常来说，这一处罚措施被归类为"双重性质"的处罚手段；然而比利时、意大利、葡萄牙、西班牙和瑞典将其定义为行政性质的处罚方法。尤其在葡萄牙，归类方法主要受到科英布拉大学著名学者德·菲格雷多·迪亚兹的影响。他认为环境违法的相关行为具有社会中立性，因此不具有刑事惩罚性，这一观点基本上被葡萄牙的立法者所接受。其他的一些国家尝试将行政刑罚措施与刑罚方法的关系界定为次要和主要、轻微和严重的关系（意大利、奥地利）。然而在其他国家，显而易见的是刑法以外的附属体系中不仅仅包含适用次要情形的法律规定（例如德国），因此在一些国家（例如德国）存在这样一种法律规定上的拟定，即不仅违法行为是中立的，处罚措施也是中立的。在任何案件中，这些罚款手段的目的是行政法律法规和行政主体命令的执行，并确保法律制度对企业的经营者享有更严格的司法控制权。

三、执行和评价

大多数国家都强调行政刑罚罚款的重要性（正如上文所提到的，在英国，处罚措施只适用于特定情形的环境犯罪案件中）。意大利和瑞典的反馈情况表明罚款这一处罚措施使用频率较少。在荷兰，也有观点强调刑事惩罚和行政处罚相差无几。对措施执行的评价更是差别显著，有相当的例证表明实际情况可能并非一些个人或机构所描述的那样。在奥地利和意大利，这一处罚措施的执行似乎并不令人满意。奥地利的国别报告中提出环境案件中被控诉方经常是再犯，这也表明相关规定预防犯罪的功能并没有发挥具体的作用；意大利由于缺少相关的监管体制也遭到了诸多的批评,这也被认为是总体上导致抑制违法的规定执行不力的原因之一。其他国家(芬兰、德国、葡萄牙和西班牙)主要强调了行政处罚措施的有效性。芬兰国别报告的评价部分指出高额的罚款和相关部门快速的反应行动是其优势所在。处罚措施的有效性问题在法国的国别报告中也有提及,法国的公诉人很少起诉环境犯罪,这使得环境行政机关的处罚措施的效果更加明显。这一实际情况在法国的国别报告中被认为是制止轻微犯罪案件的有效手段和方法。

第五节 旨在遏制个人实施类似行为的现行制度

一、概论

问卷中的第五部分问题解决有关现行的针对公民个人的法律制度(禁止令),阻止其进一步实施类似的违法行为或将来从事可能产生违法行为的职业。这被认为是非常重要的法律工具。因为在一些案件中,行为人的主观态度表明法律应当阻止个人潜在的将来可能危及环境和他人的相关活动。表格5将各国国别报告中对这一部分问题的回答总结成为六个类别:类别一为欧盟成员国内部有关禁止令法律规定中可能存在的原则性内容;类别二探讨这些禁止令的属性(刑事/行政);类别三有关制定和颁布这些禁止令的机构;类别四举出了一些具体的案例;类别五是执行情况分析;由于现实中存在这样一种可能性,即个人以其他公司或法人实体为掩护实施犯罪行为,表格中的最后一个类别对有关禁止令执行效力的具体问题进行了总结。

表格5 禁止令

国别	法律规定	刑事/行政	实施主体	例证	执行	有效性
奥地利	是	辅助性刑事处罚措施; 行政措施	刑事法院; 行政机关	关闭企业的威胁	很少	没有回答

第一章 国别报告概要

国别	法律规定	刑事/行政	实施主体	例证	执行	有效性
比利时	是	刑罚措施；行政措施	刑事法院；行政机关	前期停止污染的措施；不遵守禁止令的案件	经常发布命令	禁止令针对具体的行为
丹麦	禁止从事特定职业的禁止令	辅助性刑事处罚措施（刑法典78、79条）	刑事法院		无	
芬兰	是	辅助性刑罚方法	刑事法院	没有相关的环境案件		如果使用会很有效
法国	刑法中有；行政法中没有	只有刑罚性质的禁止令	刑事法院	体系用于获取新的许可证		尽管有禁止令存在，成立新的法人很容易
德国	禁止从事特定职业	刑罚措施；行政措施	刑事法院；行政机关	严重的污染案件中；累犯；跨国废弃物运输、废弃物处置方面，运营违法设备	很少使用很少发布	没有评价
意大利	禁止从事特定职业或进行某项活动	可用的辅助刑事处罚，广泛的范围；行政措施	刑事法院；行政机关	非法捕鱼	经常使用	并不是很有效，调查经济活动中的个人责任比较困难
意大利	禁止从事特定职业或进行某项活动	可用的辅助刑事处罚；广泛的范围；行政措施	刑事法院；行政机关	非法捕鱼	经常使用	并不是很有效，调查经济活动中的个人责任比较困难

国别	法律规定	刑事/行政	实施主体	例证	执行	有效性
荷兰	剥夺特定权利	辅助性刑罚	刑事法院		很少使用	没有用处；违法者在法人中的位置很快会被其他人替代
葡萄牙	禁止从事特定职业或进行某项活动	行政刑法规定的辅助性处罚方法	由行政机关向刑事法院起诉；刑事法院		经常使用	
西班牙	是	行政	适格的行政主体		经常使用	预防性措施
瑞典	禁止从事某项经营活动	自成体系的处罚措施	公诉机关提起；独立的法院司法程序		在环境案件中很少使用	—
英国	禁止令，用于停止个人可能产生环境危害的行为	首先是行政措施；如果违反行政命令转变为刑事处罚	a) 行政机关；违反禁止令为犯罪 b) 刑事法院	总体上环境污染控制，废弃物控制及放射性物质的控制；水污染	经常适用于法人，限制其行为和活动	适用于法人

二、禁止令的内容、性质和体系

通常来说，颁布禁止令阻止个人实施相关违法行为或从事相关职业这一原则性的法律规定被欧盟大多数成员国所接受。在欧盟很多国家，有关禁止令存在两种不同的法律规定：一种存在于刑法的法律体系中；另一种则隶属于行政法律体系（奥地利、比利时、德国和意大利）。在丹麦，阻止环境污染的禁止令措施属于行政措施，但是情节严重的污染案件一般由刑事法院实施处罚。在荷兰，实施禁止令的规定属于刑事法律范畴；在葡萄牙这一规定则完全属于行政刑法体系；在瑞典，这种处罚措施体系自成一体。那些采纳双重规定的国家针对不同的情形构建了不同的适用要件：通常来说，在刑法背景下实施禁止令的要件要比以行政法为基础的要件严格得多。适格的司法主体也能反映出这些禁止令的性质。刑事法院有权以辅助性刑罚手段实施禁止令的规定；行政主体依据授权可采取行政处罚措施发布禁止令。在任何案件中，被处以禁止令的行为人或所有权人都有权向刑事法院或者行政法院提出上诉。瑞典有一套独特的体制，公诉人申请禁止令禁止某一商业行为可以不用经过法院的司法程序。在英国，停止企业运营等禁止令的实施既可作为行政措施又可作为刑事措施，这赋予了禁止令独特的法律地位——违反禁止令的行为是刑事犯罪，所有通告的目的是停止相关活动的实施，而不是阻止个人从事特定的职业。在一些国家，法院可以实施预先审判（在比利时，法官在进行中间程序时就可以预先审判）。

三、禁止令的执行、案例和特别问题

在大多数国家，有关实施禁止令的规定并不占主导性地位（奥地利、丹麦、德国、荷兰和瑞典）。在某些情况下，调查经济活动中应当承担责任的自然人仍然存在一定的困难。其他国家则强调法人内部的违法者虽然受到了处罚，但其角色和地位会很快被法人内部其他员工所取代。因此，目前还不能回答的问题是如何弥补法律的缺陷，以对抗在其他法人的掩护下继续从事污染活动的违法行为。

然而，禁止令在意大利、葡萄牙和英国扮演着重要的角色。相关的案件大多为废弃物处置（英国）、海上非法捕鱼（意大利）、严重的污染以及非法的废弃物处置，尤其是存在累犯的危害性（德国）。英国的情况特别值得关注，具体案件中并不需要指证负责经济活动的个人，因为禁止令只适用于公司法人。通告禁止了具体活动的继续实施，并详细指出了经营者需要采取的步骤在特定时间内弥补违法行为带来的损失。违反禁止令是一种刑事违法行为。

第六节 跨国污染事故

调查问卷中的第六个问题有关发生在个别欧盟成员国中的跨国污染事故。这一系列问题旨在调查发生在成员国中的具体跨国污染事故是否导致了进一步的刑事调查和起诉。毫无疑问，特别值得注意的是关于在这些跨越国境的污染事故中，调查取证及后续的起诉是否给相关主体带来了特别的困难和阻碍。以发展的眼光来审视这一问题，国别报告针对现有的国际条约在促成高效的调查取证及在引渡方面是否发挥了积极的作用进行了探讨。

总结国别报告中对第六部分问题的回答见表格6：

表格6 跨国污染事故

国别	跨国污染事故描述	具体问题	正式的条约是否有效？
奥地利	和斯洛文尼亚之间严重的水污染事故；两国都进行了调查和诉讼	从邻国获取重要的案情信息很困难	获取重要的案情信息很困难
比利时	违法废弃物转移；非法的物种贸易	诉讼时间较长；对国外行政机关的依赖；主权问题	采取调查行动不可行
丹麦	境外废弃物非法运输和漏油		
芬兰	一个案件：芬兰到俄罗斯的河流污染；两位高官在芬兰受到处罚；从境外角度来说没有产生任何问题；俄罗斯的官方机构没有参与	1997年100起海洋石油污染问题；飞机监视，并向旗船国报告	MARPOL公约不允许船舶在公海海域停留，调查延缓。

国别	跨国污染事故描述	具体问题	正式的条约是否有效？
法国	问题产生在法国与瑞士、比利时、卢森堡、德国和西班牙之间，但大部分案件并非刑事案件	邻国之间合作良好	否，因为现行条约并不包括刑事法律规定
德国	一些案件；尤其是废弃物处置、水污染、核原料以及濒危动植物的进出口贸易	在废弃物和水污染案件中调查比较困难	应当制订并通过有关国际合作的欧盟法律修正案 应加强合作的深度，并不仅限于机构层面
意大利	80艘载有核废料的船只沉没	没有协作； 缺乏国际刑警的执行力量； 欧盟管辖权的缺失； 缺少信息交换的国家合作	否。例如，希腊船长在沉船事件发生后返回希腊，希腊没有予以协助也没有相关调查。
荷兰	两个主要的案件： 进口生活废物并出口给第三世界国家 违反条款 Reg. 259/93	从其他国家的相关部门获取信息的难度较大：时间长，没有收到所需要的信息； 其他国家不同的政策影响行政机关的态度； 总体上来说邻国之间的合作良好；	是。效果明显
葡萄牙	没有特别的问题	葡萄牙和西班牙之间的河流污染	是
西班牙	没有案件		
英国	没有案件		

第七节　环境犯罪中公务员和政府机关的刑事责任问题

一、概论

众所周知的是公务员和政府机关已经成为环境保护的主导力量，他们通过颁发排污许可证、制定环境污染行为的标准和控制相关行为等方式行使公权力。因此，通常认为行政主体即政府机关，而非国会，是环境保护领域的中坚力量。此外，至少在欧盟成员国中，以德国为例，不得不承认的是国会已经失去了一些在环境和技术法领域的强制禁止性权力，相反，地方政府则扮演着全能的角色。因此，过去的20年中刑法规定已经逐渐转向了公务员和政府机关，以确保全面而有力的环境保护。

表格7总结了成员国国别报告中对这一问题的回答。类别一有关刑事责任发生的主要情形；类别二为刑事责任的构成要件；考虑到其他的有效措施，类别三给出了其他责任内容的解释；类别四总结了具体的执行；类别五描述了国别报告中公务员刑事责任体系中存在的问题。表格7所涵盖的内容并不解决社区经营的工厂企业中存在的问题。

表格7　公务员和政府机关的刑事责任

国别	刑事责任	构成要件	其他责任	执行	刑事责任的问题
奥地利	滥用行政权力		补偿金	无实际意义	
比利时	环境犯罪责任	决策权、阻止违法行为的权力			
丹麦	执行行政职务时情节严重的违反行政职责			无实际意义	

第一章 国别报告概要

国别	刑事责任	构成要件	其他责任	执行	刑事责任的问题
芬兰	违反一般的公共服务的责任义务为犯罪	滥用具体职权、犯意和任何不利因素		很少，仅在对公司监管不适当的案件中	提升责任意识
法国	理论上成立；司法实践中不存在	只有在公务员受贿、共谋和唆使案件中刑事责任成立			2000年7月之后公务员因为个人行为错误可以成为刑事责任主体
德国	由联邦最高法院发展，个人责任	部分局限在水污染和废弃物处置的案件中；违法审批、不依法撤销许可或阻止污染发生；犯意或者疏忽。行政主体享有广泛的裁决权。*	共同责任；损害赔偿责任	处罚情节明晰的案件，较多的案件最初调查	明显的趋势是下级官员为了自保请示上级官员
意大利	官方的非法不作为（刑法328条）参与环境违法犯罪			非常少	由于认定犯罪构成较灵活而没有威慑力
荷兰	有联邦高等法院发展而来			在情节明晰的案件中	民主监管公共权力的重要性
葡萄牙	学说上的发展	非法破坏自然资源和环境污染		没有案件	

29

国别	刑事责任	构成要件	其他责任	执行	刑事责任的问题
西班牙	总体上来说：公务员的非法决策，尤其是以环境犯罪为目的。集体决策时的非法投票；虚假报告	犯意，环境破坏行为		1996年起执行	
英国	政府部门豁免权；个人责任和政府机构责任，例如环保局		审查行政决定，高等法院可以责令行政机关重新做出决定	非常少	

二、刑事责任的内容、构成要件和其他责任体系

除了瑞典（由于没有相关的信息），其余所有的成员国都在刑事条款中规定了公务员的刑事责任。然而，实际情况中需要区别两种不同的刑事责任种类，第一种是传统的滥用行政职权的情形，第二种是环境犯罪的刑事责任。

大多数成员国仅仅熟悉传统的刑事责任模式（奥地利、丹麦、芬兰、英国）。在奥地利，滥用行政职权属于犯罪。丹麦的法律条文规定，执行公务中严重违反行政职责的案件属于犯罪情形，如果丹麦直辖市的市政府触犯环境刑法规定，处罚原则的适用和法律规定中法人及个人刑事责任的处罚原则相同。此外，丹麦政府也可以成为刑事责任主体。在一起案件中，国防部就因为其所有的储油场发生原油泄露而被罚款。芬兰建立了公共服务部门普遍适用的义务体系，违反相关义务即为犯罪。滥用具体职权和犯罪意图一样都是刑事责任的构成要件，任何不利的方面都可能成为执法的依据。这一规定和英国普通法中适用的情形是相同的。

在意大利，官方行为中的违法性疏忽已经被刑事责任化。遵循学者们的观点，政府官员参与环境犯罪属于犯罪行为。这一点在其他国家产生了直接的影响。德国和荷兰的法院已经采纳了这种带有先驱性的学界通说。德国在1993年由联邦最高法院确立了公务员的刑事责任体系。然而，环境犯罪的刑事责任仍然局限在水和土壤污染以及废弃物处置的司法实践中。三类不同的违法情形在这里需要加以区分：一是非法授予许可，二是非法授予但不依法撤销许可，最后一类是违法授予许可但并不阻止污染行为的发生。通常来说，行政法授予了公共职能部门广泛的自由裁量权。因此，刑事责任仅仅存在于犯罪行为明晰的刑事案件中。这一刑事责任并不局限于主观故意的案件中，由于疏忽大意导致的违法污染行为，刑事惩罚措施仍然可以适用。在比利时，刑事责任可适用于享有决定权和负有阻止违法行为发生职责的公务员。荷兰在1998年由高等法院发展出了类似的公务员的刑事责任体系，在公务员执行具体的政府行为的情况下才得以适用。政府当局对于刑事责任仍然享有豁免权，这一豁免权扩展并惠及为政府机关效力的公务员。西班牙立法者在1996年即对公务员刑事责任这一问题最早作出反应。在西班牙，传统的公务员的刑事责任为采纳违法决定的犯罪行为。然而，西班牙新的刑法典试图弥补公务员刑事责任规定的漏洞。因此，特别是环境犯罪，一些法律条文开始规制由非直接因素引起污染的案件中公务员的刑事责任问题，这一情况不仅包括作出违法的决定，也包括向负责决策的官员进行虚假报告（非直接管辖）的情形。甚至在团体决策投票产生行政决定的情形下，基于行政决定而导致的污染案件，投票时的违法行为也属于犯罪。然而，这一情形与德国不同的是，在西班牙，只有故意的行为才会受到处罚。

对于公职部门是否可以承担刑事责任这一问题基本上没有明确的答案。但在英国，对这一问题的回答却是明晰的。政府机关的职能部门享有刑事责任豁免权，然而这一特权并不惠及公务员。因此，地方官员和环保局可以成为刑事责任的主体。在荷兰，国家是免责的。在德国，可以对公共企业和公共法人实体处以非刑事罚款。在法国，通常的情况是公务员和政府官员并不享有刑事责任豁免权，但在公共法人实体供职的公务员承担刑事责任的情形仅局限于因为个人错误或者由于明显的过失而承担责任这两种情况。这一条款是2000年修正案新规定的，在修正案颁布之前，由于公务员可以成为刑事责任主体的法律规定过于宽泛，法国的地区官员和市长都不愿竞选连任以规避承担刑事责任的可能性。

在其他的责任体系中，必须提到的是各成员国都有相关惩戒责任的规定。例如在一些国家，行政主体的违法决定可以导致对损失的补偿。英国的国别报告中指出英国高等法院可以宣告中央政府部门的行为是非法的。在违反成文法规定的义务或者在执行公共职务时发生违法行为或滥用职权的情形时，地方政府和地方官员以及环境局也需要在高等法院应对可能因此产生的民事诉讼。另外，英国发展出了一套传统并且完善的审查制度，正如其它大多数欧盟成员国一样，个人和企业可以依据相关程序审查中央政府、地方政府和环境局的决策文件。英国高等法院有权责令行政主体重新审查或重新作出行政决定。

三、法律执行以及公务员和政府机关刑事责任体系中的问题

对公务员刑事责任条款的法律执行这个问题的回答有一个共同的特点：将违法案件的数量作为衡量的标准。在欧盟的司法系统中，公务员的刑事责任规定并不起到至关重要的作用。奥地利、比利时、丹麦、葡萄牙和西班牙甚至没有这一方面案件的报道。在其他一些国家，被处罚的案件也很少得到披露（德国、意大利、荷兰、英格兰和威尔士）。然而，现在的趋势是刑事处罚在一些情节较为严重的案件中得到运用。例如在德国，联邦最高法院的两个具有代表性的判决值得我们关注：一个是有关公务员违反行政法律规定作出决策而间接导致的水污染案件；另一个是由于负责技术支持的行政机关公务员的虚假报告导致其他行政机关在废弃物处置资格认定上错误决策的案件。此外，法律执行中也包括很多针对公务员的最初调查，调查公务员通过非法行政审批或不干涉污染行为发生而间接导致的环境污染案件。

对"刑事责任是否会影响公务员的职务工作"这一问题的回答存在多种多样的答案。奥地利、丹麦、葡萄牙、西班牙、瑞典和英国都没有在国别报告中回答这一问题。芬兰的国别报告中强调了公务员刑事责任的规定可以提升其责任意识。在德国，我们发现了这样一种趋势，下级官员通过请示上级官员使其得以自保。荷兰的国别报告中也提出了有关民主监督公务员的重要性。然

而，意大利却存在着对于公务员刑事责任体系的极大怀疑，认为由于犯罪构成要件认定的灵活性，刑法的威慑力将不会起到任何作用。

第八节 其 他

调查问卷中的"其他"部分涉及两个不同的方面。问题（a）和问题（b）探讨有关行政处罚措施的有效性分析，以及通常来说情节轻微的违法案件，比如违反某项行政许可中的技术性规定的部分但没有带来环境危害，是否可以减免处罚。这一部分的问题彼此之间仍然存在着一定的联系。问题（c）是另一个话题，即情报部门在环境案件调查中所扮演的角色和作用。最后一个问题（问题d）是在最初调查中如何收集环境犯罪案件的资料。

表格8是对问题（a）和问题（b）回答的总结；表格9汇总了国别报告中有关情报部门作用的表述。

表格8 环境犯罪刑事诉讼中自由裁量权的程度

国别	行政处罚的有效性	对情节轻微的违法案件是否可以减免处罚？
奥地利		不能减免处罚；减免处罚不能影响刑事诉讼的有效性
比利时	行政处罚手段和刑罚措施一样有效	没有减免处罚的体系； 市一级在适用这一方法上更为宽松
丹麦	取决于行政处罚措施的内容	没有危害结果的违法行为也应该被罚款＝立法者的意图；但减免处罚的决定会影响罚金数额
芬兰	很难比较；公众宣传（负面）有很强的威慑影响	可以，对于许可证的技术性违法可以减免处罚
法国	行政处罚非常有效	可以，但不适用于渔业、狩猎和虐待动物犯罪案件中的自然人

国别	行政处罚的有效性	对情节轻微的违法案件是否可以减免处罚？
德国	有效，因为： 行政处罚可以对抗法人； 最高100万德国马克的处罚	行政主体总是首先使用行政处罚措施（例如强化法律使用"软"方法）。对于情节轻微的违法案件，环境主管机关可以和违法者进行协商
意大利	总体上来说行政手段更有效，因为： 直接适用； 造成犯罪主体财产损失； 但是：缺少监督	可以，和公共机构勾结也可减免处罚
荷兰	总体来说，行政处罚措施更有效；但行政主体并不喜欢实施行政处罚	可以，作为一项政策，公诉人可以免于对情节轻微案件的起诉； 政府希望通过行政主体限制减免处罚的使用； 但行政主体相信个人和法人值得信任，希望达成协定
葡萄牙	有效，行政处罚方法更有效	不可以
西班牙	并不是很有效	处罚依据违法的程度和损害程度
英国	不很有效	轻微案件：在没有环境影响的情况下只有警告

表格9 情报部门的作用

国别	环境案件调查中情报部门的作用	情报部门、警方和执法主体的合作	情报部门提供的信息是否可以用在刑事诉讼程序中？
奥地利	适格的权力机构：内政部		所有提供的信息都可以使用
比利时	较少		
丹麦	否	如果需要，在具体的案件中可以建立联系	
芬兰	否		

第一章 国别报告概要

国别	环境案件调查中情报部门的作用	情报部门、警方和执法主体的合作	情报部门提供的信息是否可以用在刑事诉讼程序中？
法国	否，除了在生态恐怖主义领域		
德国	否	警方依据的是执法主体提供的信息	
意大利	是，尤其是环境安全	警方依据情报部门的信息开始最初调查	
荷兰	重要的角色	和警方共同合作，但是不同的角色，较少的机密信息	信息一般都能用
葡萄牙		是，令人满意的协调和合作	
西班牙		是，良好的合作关系	提供的信息可以使用
英国	是，在主要的废弃物转移案件中	对匿名者保护的问题	诉讼程序中不披露敏感信息

第二章　国别报告评析

第一节　法人环境犯罪的刑事责任

一、法人刑事责任

总体来说，全球环境污染的加剧和工业企业在环保方面的阻碍，导致了各司法系统中责任认定问题的困难。由于复杂的技术、经济和社会问题带来的新的风险是有关这一问题的主要方面，关于法人刑事责任问题的讨论在一开始就有所不同：一方面，盎格鲁－撒克逊司法系统以及其他受影响地区在集体责任认定方面最有发言权；另一方面，直到多年之前，"法人不能犯罪"这一原则依然主导着传统欧洲大陆的刑事法律体系。尽管有这些差别，欧洲也确实存在着法人刑事责任的共同特点。目前，法人刑事责任在英国、荷兰、法国和丹麦、芬兰已经是相当普遍。此外，比利时在 1999 年也引进了法人实体的刑事责任规定。德国和西班牙正在进行着是否采纳法人刑事责任体系的政治讨论，例如，1997—1998 年冬季德国黑森州的司法部提交了一份供讨论的起草文件，提出建立法人刑事责任体系，由联邦司法部组建的处罚措施改革委员会也将这份文件纳入其议程。与此同时在科学层面上，德国、意大利、葡萄牙、西班牙和奥地利的学术界也在进行着关于这一问题的激烈争论。

法人刑事责任体系在欧洲的发展恰恰反映出了国际上对这个趋势的鼓励。由欧盟理事会起草的《通过刑法保护环境公约》强调了针对法人的处罚措施的必要性。与此相一致的是1997年12月17日经济合作发展组织通过的《关于抵制国际交易中外国公务员收受贿赂的协定》。《欧共体保护金融权益协定》强调了建立法人刑事责任体系的国家要至少使用罚金刑，它将规定其他非刑事方法的措施交由各个国家自主决定。除此之外，以古典的主观过错学说为主导的多数国家建立了其他非刑事方法和特有的体系来规制企业行为。奥地利的立法者在10年前采纳了没收法人违法所得的法律规定，这一规定在其他国家也同样存在，例如德国，但德国直到现在依然没有采纳主观过错学说刑事处罚企业的制度体系。

然而，除了没收企业违法所得以外，很多国家发展了其他附属体系，所谓的行政刑法，以用来处罚企业违法行为。这一体系在德国和葡萄牙即为所谓的"Verbandsgeldbuße"（行政犯罪体系），一种违反行政法规，类似于盎格鲁-撒克逊体系中的管制性犯罪。另外，甚至在像意大利这样的国家，其宪法规定似乎阻碍了法人刑事责任的建立（意大利宪法第27条），也已经采纳了处罚企业的行政刑法方法，这些方法包括罚款、停止经营活动、补偿损失和恢复原状。奥地利立法者依然保留了传统的罗马法律体系的规定，认为法人是罚款的共同债务人（在行政刑法规定中）。法人处罚措施在附属体系中发展的原因在于这些行政刑法体系并不被认为带有真正意义上的刑法性质。大多数而言，这些体系在性质上具有双重属性，结合了刑法特点和行政法的特征。

适用针对企业的各种不同的处罚措施的关键要件是认定高层管理人员的错误行为（违法指令）或者是违反具体的监管职责，甚至是企业代表也要为上述行为负责。然而，许多国家扩展了个人适用刑事责任的范围类别。因此，作为一项欧盟标准，在高层代表违反监管职责的案件中雇员的犯罪行为是必要的条件。此外，很多国家都愿意在无法鉴别个人责任的情况下接受法人刑事责任的规定。在一些国家，特定的管理人员可以成为承担责任的主体。在英格兰和威尔士，环境犯罪是严格责任，不需要证明主观错误。然而，在所有的欧盟成

---

① 这一协定在1998年11月4日已经被采纳，具体内容见附录3。

员国家，缺少一个清晰的学说和主要的原则体系是这些案例中始终存在的问题。解决措施似乎可以在后续的欧盟法院的反垄断法的立法规定中找到。举例而言，一个具体的问题是将犯罪意图的认定归因于个人免于承担刑事责任的案件。通常来说，在谈到企业能力和承担责任的可能性时，欧盟法院将其作为一个整体来认定。这就意味着，在认定有关故意或是疏忽时，不是以个人有限的知识，重要的是法人组成人员的权利能力和行为能力及必要的技术能力作为认定的标准。

引人注意的是瑞典的环境费用，这一费用独立于法人或个人的违法行为，必要的要件是违反法律规定并使法人获取利益。然而，在规制法人行为方面，仍然存在着一个建立绝对责任的问题。

另一个重要的方面是在大多数国家，很少发生法人刑事责任的案件，特别是在德国，行政刑法规定的非刑罚方法的罚款在环保方面并没有发挥重要的作用，具体的原因有很多。在行政刑法领域，行政机关总体上享有广泛的自由裁量权决定处罚措施的适用。在实际的司法实践中，刑事案件调查过程中重视对自然人个人刑事责任的调查往往忽视了法人刑事责任的问题。只有在持续违法并且情节严重的案件中，实际的损害结果是适用更严厉处罚措施的要件之一。此外，处理经济和生态的矛盾对于基层行政机关而言仍然是难以解决的问题。行政机关和企业合作的原则也往往阻碍了严格的司法执行，这也被认为是目前为止导致原则冲突的原因之一。

另一方面，法人刑事责任在英国发挥着重要的作用，依据法律规定处罚的措施为罚款和恢复原状。几乎所有针对法人的案件都是由于严格责任导致的。实际中很少有对法人董事/经理的起诉，对雇员的诉讼几乎就没有发生过。

二、董事/经理的刑事责任

所有的国家都表明接受法人董事/经理的刑事责任规定。然而，在大多数欧盟国家，由于高层管理人员间接导致环境犯罪而产生的刑事责任是立法规定中新发展的部分。在部分国家，例如德国，联邦最高法院已经最先采纳了这一规定；在其他国家，比如芬兰，立法者也已经通过了特别条款规制这一司法领域。关于法人董事/经理形式责任的构成要件和局限性仍然在讨论之中。在很多国家，刑法典中规定的法人刑事责任的构成要件比行政刑法典中规定的要件更加严格。举例而言，上述情况在德国（例如，有关违反监管职责的行政性犯罪）和奥地利都有反映。原因之一是在附属的法律系统中，大多数规定都是适用简单和惩罚力度较小的处罚措施，刑事责任由于适用标准较高大多被束之高阁；另一个原因在于，在附属法律系统中，法律规定的目的都是各不相同的，责任的构成要件也受到其他法律原则的影响，比如民事法律责任规定和行政法的影响。

许多案件都表明立法者和法院正在发展法人高层管理人员刑事责任体系并扩展其适用的范围。这一发展在法人刑事责任体系发展的背景下即可见一斑。其中的一个问题是在大型分散管理的企业中，传统刑法适用的局限性非常明显。因此，一个新的关键问题是寻求个人责任和企业责任的平衡。个人责任和企业责任可以一致，但是又必须有所不同，原因在于企业潜在的活动范围和实际情况是完全不同的，尤其是鉴于其强有力的法务和技术部门，同时考虑到一个企业作为一个组织机构在时间和空间上的连续性以及其无可替代的社会作用。欧盟理事会在反垄断方面的司法权限已经发展出了法人刑事责任体系主导的原则和重要的类别，这意味着，例如在描述主观要素方面，需要考虑到企业的发展潜力。此外，"过错"作为一项具体的企业责任应该在这样的情况下理解：法人废物处置的行为或观念阻碍其重新决策或采取与法律相一致的措施，反而允许存在缺陷的管理决策，进而导致具有社会危害性的结果。错误的决策经过一定的时间便会取代个人的过错，以此为路径便会得出两种现存的刑事责任：一种广义上的刑事责任，适用于法人本身；另一种狭义上的个人责任，在故意或者情节严重的疏忽大意的情况下作出单一的决策和指令，这种狭义上的责任适用于自然人。

第二节 执法主体和个人在环境犯罪中的角色分析

一、概论

第二个问题有关环境刑法中的一个重要的论点，那就是个体（公民和非政府组织)、警察、执法主体和公诉人在环境犯罪案件中的不同角色。显而易见的是，对这个问题的回答所包含的内容并不仅仅局限于环境犯罪。举例而言，欧盟成员国的刑事司法程序都对个人或者非政府组织是否可以直接提起环境刑事诉讼这一问题持有非常谨慎的态度。然而，同样清楚的是对这一问题的回答也确实影响着环境刑法的执行。一系列有关不同主体之间相互关系的方面都发挥着重要的作用，尤其是在环境案件中。从这个方面讲，在环境案件中，我们既需要探究环境危害案件的技术性特征，也需要同时诉诸环境刑事法律。由于在大多数国家犯罪仍然是抽象意义上的危害类别，例如为何违反排放标准就是犯罪，在这种情况下公诉机关（及警方执行力量）需要在很大程度上依靠执法主体在某一方面的专业优势。这一专业优势体现在例如执法主体有充分的技术力量检测具体排放案件中排放是否违反排放标准。这类有关行政法规和环境危害之间联系的问题在环境刑法中有着内在的联系，毫无疑问这一问题在环境刑法领域更具有代表性。

这一部分报告内容的评析将会继续论述一些和话题有关的概述性内容，并试图从对调查问卷的回答中探寻一些问题发展的趋势。显而易见的是，国别报告中提供的信息是极为有限的，因而只能在广义的层面并在有限的范围内探究执法主体和个人的作用。

从国别报告中可以看出，个人、非政府组织和执法主体在环境犯罪调查和起诉过程中都扮演着不同的角色。然而角色的重要程度在成员国之间有着重大的差别并取决于程序法和环境法中的具体规定，这一部分在国别报告中并没有详细的论述。

二、个人、执法主体、警察和公诉机关在调查环境犯罪案件中的地位和作用

1. 执法主体的监控权和对可疑犯罪的调查权

从对问题 2（g）的回答中可以看出，在几乎所有的欧盟成员国以刑法为手段的环境法律的执行过程中，传统的警方在前期的调查中仍然扮演着重要的角色，其中以英格兰和威尔士为例外，在这两个地区警方并不发挥任何作用，环保局扮演着调查和起诉环境犯罪的双重角色。从国别报告中同样可以清楚看出的是警方并非自发地开始行动，而是通过个人（怀疑环境犯罪行为已经实施）的举报或者是执法主体提供的信息，在基本确定违反环境法律的假设已经基本成立的情况下才开始调查行动。从这个方面来讲，在大多数成员国家（尽管这一问题在国别报告中并没有详细的论述），最初调查开始之前警方的权力在某种程度上相比较执法主体的介入受到了很大的局限。这并不排除以警方监控为起始点的调查活动（在德国的一项实证研究中，警方调查、个人或执法主体举报后开始调查的案件比例分别为21%、45%和27%）。警方一般只有在可疑的环境犯罪行为实施之后才可依法介入调查。在这种情况下，成员国的程序法（或具体的环境法规）通常在具体的个案成为可疑案件之后赋予警方调查的权力。

执法主体在一些案件中有着更广泛的权力，多数情况下它们掌握着较大的管理控制权力，这意味着它们可以通过实地访问企业所在地来监控相关企业（或个人）是否遵守具体的环境法律。执法主体的这些管理控制权力有着重要的意义，因为其揭示了传统环境刑事犯罪内在的一些特性。这意味着如果执法主体没有监管权，警方或其他权力机构只能在犯罪行为实施了之后才能介入调查（例如通过个人向警方的举报），这不可避免地会导致破案率的降低。正是考虑到环境犯罪的这些内在的特性，执法主体都被赋予了较大的监控权——负责监督管理环境法律法规是否得到了有效的执行。因此，这一权力的一个重要特征是，无论是否有可疑的环境犯罪行为发生，监管权都可以得到有效的执行。实际情况中执法主体的监管活动都可能会发现某些环境法律条款遭到不同程度的违反，或者说存在可疑的环境犯罪活动，在这种情况下就为后续警方调查的介入创造了可能性。

并不是所有的成员国在监控权（在可疑犯罪行为实施前进行）和调查权（在可疑犯罪行为发生之后）之间都有明显的区分。甚至在沿袭区分预防犯罪和抑制犯罪为原则的国家，例如德国，两种权力的分界线都是模棱两可的。此外，在一些成员国内部，关于是否只有执法主体享有监管权力（而非普通的警察）存在着一些争论；在其他一些国家（例如比利时在某种有限的程度上），普通的警方也可以实施一些监管权。有时也存在一些反对监管权的意见和观点，认为监管权的实施明显侵犯了公民的自由权利。问题发展到这一步提出了两个具体的问题：一是监管权的权力范围到底应该有多大，二是什么机构才是享有权力的适格主体。权力范围和权力主体之间也必然存在着利益平衡的问题，表明实际情况中在控制环境犯罪的同时也需要尊重其他法律的规定。从刑法执行的角度来说，监管权的存在是十分必要的（避免破案率低的风险存在），但问题在于在遵守其他法律规定的前提下，如何将这一权力控制在合理的范围内。但有一个问题是非常明晰的，如果无条件地使用通过监管活动获取的信息来执行刑事法律的规定，刑法特有的保护措施都将被排除在外。通过区分不同的案件和不同的犯罪主体（自然人或法人），似乎可以找到解决这一问题的办法。

2. 技术支持和合作

通常情况下，行政机关的执法主体不仅仅通过行使其监管权介入刑事法律的执行。在最初调查阶段，尽管警方介入了可疑案件的调查，行政机关的公务员仍然发挥着巨大的作用。正如上文已经提到的，这和环境法律中的某些技术性条款以及环境法和行政法的紧密联系有着密切的关系。环境条款中的抽象构成需要具体的事实证明，例如，特殊化学物质的排放量超过了规定的标准。通常来说，只有执法主体掌握证实某种物质存在的技术方法。鉴于普通的警方并不掌握这些专业的知识，一般情况下执法主体在最初调查中都会和警方合作并提供必要的技术支持。

大多数国家的国别报告中都没有提及警方和执法主体在合作中面临的具体问题，总体上来说这一合作是良好的。由于执法主体的技术支持，有些国别报告中也反映执法主体对环境刑法执法的贡献是巨大的。一些国别报告中也提及（例如比利时），执法主体与警方合作的程度在不同的行政机关是不同的。一些行政机关只有在警方出具主审法官或公诉人指示的情况下才会依照警方的请求提供必要的技术支持。

然而，实际的问题关系到这些执法主体具体的法律地位。严格意义上来说，在大多数国家只有公诉人仍然掌握着最初调查的权力。这意味着在警方开展最初调查的过程中，他们原则上受公诉机关监督并接受其指示。并不十分清楚的是公诉人是否会向执法机关作出指令。基于分权原则，通常对这一问题的回答都是否定的（这一情况在德国有些不同，对行政犯罪的调查都是公诉人进行的）。由于成员国内部具体的法律体制各不相同，通常情况下警方只能依赖行政机关的自愿合作，但一些国家也规定了行政机关应该合作的责任和义务，这些义务条款在刑事诉讼法或行政法中都有明确的规定（例如德国一些联邦州的行政法规定的条款）。国别报告中并没有反映这一部分的问题，但读者应该了解的是执法主体和警方的角色在实际的司法操作中都会有所差别。一些国家会相对依赖警察的力量，无论是在最初调查还是其他方面，例如为了解决缺少技术支持这一难题而组建环境警察；其他一些国家则更多依靠掌握具体技术的执法主体，并且只有在执法主体无法实施具体权力的情况下才会动用警方通过警方权力执行具体的任务。有关这些具体差别的争论也没有反映在国别报告中。

3. 行政处罚

在有关行政主体的作用方面，值得一提的是在部分国家，行政主体的作用并不仅仅是监督环境法律的执行并向警方提供技术支持。当违法行为发生时，行政主体在一些案件中可以自主实施各种行政处罚措施。这种情况下必然存在行政机关的处罚和刑事程序的协调问题，这将在下文中进一步论述。

在论述刑事诉讼程序中的受害方之前，需要重新提及的是行政主体在环境法的执行过程中可以扮演各种不同的角色。首先，正如上文提到的，行政机关可以通过实施监管权在执行程序开始前发挥重要的作用。通过监管权的实施，行政机关通常第一个发现环境违法案件的发生。其次，在部分案件中，执法主体可以实施行政处罚措施。然而，执法主体并不总是和行使监管权的主体相一致。考虑到调查权和处罚权相分离的原则，最好是由一些机构决定监管权的实施而由其他机关决定行政处罚的适用。行政处罚措施将在第四部分进一步阐述。在这一方面值得注意的是在很多国家，例如德国和奥地利，都有具体的行政处罚程序。正如奥地利的国别报告中所陈述的那样，案件的最初调查以及应对方法在两国体制中基本上是相同的，但是大量的犯罪构成、处罚的实施和行政处罚程序显然区别于相应的刑事诉讼程序。实施行政处罚的可能性和公诉人提起刑事诉讼之间的关系显然是一个很有意思的问题。大多数包含行政处罚的司法系统都遵循"一经选定"规则，其意思是权力机关在行政处罚和刑事处罚之间必须作出一个选择。① 在德国，如果有可疑的环境犯罪，行政机关必须将案件移交公诉人处理。这就产生了一个问题，公诉人是否有权决定是采用行政处罚亦或是提起刑事诉讼。最后，关于行政处罚措施和刑事处罚措施关系的总体性效率分析也是可以讨论的一个方面。值得注意的是荷兰的国别报告中提出行政处罚措施的弊端，那就是行政主体在适用行政处罚措施之前会同违法者展开大量并且长时间的谈判协商工作。

三、公民个人和非政府组织的角色分析

1. 概论：环境刑法执行过程中公民个人的影响

这一部分探讨有关公民个人和非政府组织在刑法执行过程中的作用。国别报告中的回答表明，个人或非政府组织会在执行过程中发挥不同的作用。首先，报告中提及的是公民个人在环境立法中的作用。公民个人可以通过指出环境立法中的缺陷为环境立法的质量作出贡献，使得立法者通过修正案改善立法状况；也有观点表明，公民环境保护意识的提高对立法者采取行动保护环境也有积极的影响；正如公众在一些敏感性的话题中所指出的那样，非政府组织的环保活动也会督促立法者采取必要的行动保护环境。

其次，在刑事诉讼方面，几乎所有的国别报告都指出，个人（包括公民个人和非政府组织）可以向警方或者具体的执法主体举报环境违法行为。个人可以被誉为环境保护重要的"守护者"或"基石"，因为很多针对环境犯罪的刑事诉讼都是基于个人的举报而发生的。由于警察和执法主体在调查环境犯罪案件上内在的局限性，个人（尤其是非政府组织）在举报环境犯罪方面的作用完全不能被低估。既然主管机关和检察机关不能随时随地监控环境事件的发生，个人充当环境"守护者"的作用将是巨大的。

这一部分的问题显然有更深层次的含义，个人在环境保护上是否可以发挥更深远的作用。通过举报环境犯罪，个人的确可以促使后续刑事调查和诉讼的开始，却不能保证犯罪行为人一定会被绳之以法。因而在一些成员国（例如英格兰和威尔士），个人可以针对环境犯罪自行决定是否提起诉讼。

---

① 除非两者的目的是完全不同的。

个人第三种参与环境执法的方法为提起民事诉讼,请求法院的禁止令或者要求损害赔偿。在各成员国中如果满足环境责任成立的条件,个别案件中个人可以以环境破坏受害者的身份依据民事法律体系的相关规定提起民事诉讼(通常依据侵权法)。行政主体也可以参与到诉讼的过程中。

第四种参与的可能性为环境破坏的受害者可以直接向刑事法院提起民事诉讼,这意味着同时提起刑事诉讼。这种情况只有在特定成员国内才能实现,具体内容将在下文进一步论述。

但是,虽然个人不能直接提起刑事诉讼,他们也可以通过公诉人参与到刑事诉讼的过程中。参与方式为协助公诉人提供证据或作为目击者向法庭作证。意大利的国别报告中尤其强调了这一点。正如报告中所提及的,环境犯罪的受害者享有一定的权利参与到诉讼程序中,并有权对公诉人不起诉的决定予以上诉。另一种可能性是受害者可以在公诉人开始刑事诉讼程序之后直接向刑事法院提起民事诉讼(在特定的条件下),在这种情况下,仍然是公诉人开始刑事诉讼程序,受害者可以参与到诉讼程序中并向刑事法院提出他/她的民事诉讼请求。

2. 刑事起诉权

刑事诉讼程序中最基本的一个问题是刑事诉讼是否为公诉人特有的权利,这一问题在环境法律的刑事执行中也发挥着一定的作用。表格2中所反映出的情况表明,在一些成员国刑事起诉权的确是公诉人特有的权利。在丹麦、德国、意大利、荷兰和葡萄牙,公诉人是主要的、也是唯一在刑事法院提起刑事诉讼的适格主体。

在其他一些国家,个人也可在刑事法院提起刑事诉讼。奥地利、芬兰、葡萄牙和西班牙都属于这一类别。尽管这一问题的构成是在询问个人是否享有刑事起诉权,即在刑事法院提起刑事诉讼,然而并不十分明确的是在上述列出的个人享有刑事起诉权的国家,刑事诉讼是否确为个人所提起的。因为在其他国家,例如比利时和法国,环境犯罪的受害者也享有在刑事法院的刑事诉讼权利,然而事实上在这类案件中个人并不行使公共行为,仅仅是在刑事法院提起他/她的民事诉讼请求。在英格兰和威尔士,环保局是诉讼主体,个人(包括非政府组织)享有起诉权而不顾及起诉对他们可能带来的损害。一些案件可能交由检察长来决定是否关系到公共利益。部分允许个人享有刑事起诉权的国家也规定了个人针对环境犯罪提起诉讼的前提条件——如果个人可以证明他/她是环境犯罪的受害者。芬兰和西班牙的国别报告中特别强调了这一点，这一点的重要性在于表明了个人可以提起刑事诉讼的原因就在于他/她是环境犯罪案件的受害者，通常这些国家会要求刑事起诉权的成立以个人遭受了某种程度上的损害为要件。只要和环境案件有关，例如某人是一块土地或财产的所有者，这块土地或财产受到了第三方的污染，刑事起诉权即为成立。即使个人作为受害者提起诉讼，这也与个人和非政府组织以非受害者身份享有的刑事起诉权有着显著的区别。在以后者为特征的案件中，个人或非政府组织基本上是以公共利益行事并提起公益之诉。这显然比作为受害者提起的诉讼请求影响要深远得多。奥地利的国别报告指出公益诉讼在奥地利是可行的，葡萄牙的国别报告中也指出不仅是个人，非政府组织也享有针对环境犯罪的刑事诉讼权利。

如果公民个人享有刑事起诉权，问题在于个人的起诉权是否需要和公诉人的刑事起诉权相协调。从这个方面分析，芬兰的国别报告中指出公民个人或执法主体享有自主的刑事诉讼权利并且不需要公诉人的授权，但他们需要等待公诉人作出是否提起诉讼的决定。这表明只有在公诉人作出不提起诉讼决定之后个人或执法主体可以自行提起诉讼。此外，其他国家给个人提供了可以选择的应对公诉人不起诉决定的方法，例如在比利时和法国，无论公诉人决定起诉与否，受害者可以通过"民间代表"的身份代表受害者直接在刑事法院起诉。在荷兰，受害者可以通过上诉对抗不起诉的决定。

让人印象深刻的是，所有的国别报告中都提及尽管特定的机关和个人可以提起针对环境犯罪的刑事诉讼，公诉人的地位和作用并不会受到影响［见国别报告中对问题2（f）的回答］。

那些不允许受害者直接提起刑事诉讼对抗犯罪行为的国家，在某些情况下仍然给受害者提供了通过提起民事诉讼参与诉讼的可能性。在荷兰和丹麦，受害者在刑事诉讼过程中仍然可以提出损害赔偿的请求，尽管刑事起诉权仍然掌握在公诉人手中。

从这个角度来说，有关当事人的诉讼地位这一问题，各国国别报告中对于环境犯罪受害者处境的回答并没有巨大的差别。允许受害者在刑事法院直接提起诉讼对抗犯罪行为的国家,这一规定通常也适用于环境犯罪的刑事诉讼。

四、总结和国际视角

总体来说,个人的作用显然非常重要,即在环境犯罪案件中向警方提供信息。他们通过举报犯罪进而使警方开始最初调查工作。部分国家甚至赋予了环境犯罪受害者更多的权利,尤其是在刑事诉讼并不是公诉人唯一权限的案件中。在其他案件中,环境犯罪的受害者可以参与到公诉人的诉讼活动中去。

同时,国别报告中也指出由于执法主体的专业性,其重要作用不可忽视,这尤其体现在执法主体在认定违反许可证内容方面核心性质的作用。英格兰和威尔士在这一方面的情况仍然有所不同,执法主体仅仅在最初调查中发挥着有限的作用。公诉人在法院提起诉讼,当执法主体同样参与诉讼并发挥作用时,通常情况下它是作为目击者。在行政性犯罪的案件中,尽管这类案件属于公诉人权力范围,适格的行政机关仍然可以参与诉讼活动。在一些案件中,行政主体也可能会受到某种程度上的损害,因此在允许受害者提起诉讼或参与刑事诉讼的司法体系中,受损害的行政机关也可以作为受害者提出损害赔偿的诉讼请求。

在更广泛的背景下看执法主体和个人在环境犯罪案件中的地位和作用,我们可以检验欧盟理事会《通过刑法保护环境的公约》或《国际刑法大会决议》中是否包含有关这一问题的具体细节。出乎意料的是欧盟理事会《通过刑法保护环境的公约》①中并没有规定环境犯罪的受害者应该享有介入刑事诉讼的权利,诸如提出损害赔偿请求。这也是可以理解的,欧盟理事会《通过刑法保护环境的公约》与各国刑事诉讼程序的联系使得制定一个普遍适用的标准变得十分困难。公约中和这个问题相关并相对重要的是第 11 条,有关团体参与诉讼活动的权利。条文的内容如下:"任一国家可以在任何时候,向欧洲理事会秘书长发送一份声明,按照本国法律规定,其将允许任何团体,基金会或协会,根据其章程和保护环境的目标,参与本公约所确立的犯罪的刑事诉讼。"因此,公约的签署国并没有义务将非政府组织可以参与诉讼活动这一条

---

① 见本报告附录 3。

款纳入其司法系统中，当然签署国愿意也可以这样做。很显然，可能的情况是在个人已经享有参与刑事诉讼的权利的国家，立法者会引进这一条款的规定。

这里值得一提的还有《通过刑法保护环境的公约》中的另一个条款，公约中的第10条，有关权利主体之间的合作问题。具体内容如下：

机构之间的合作

1. 每一缔约国应采取适当的措施，以确保负责环境保护的相关机构与负责对刑事犯罪进行调查和起诉的相关机构协调运作：
    (a) 前一机构在掌握了合理的证据，据以相信发生了第2条所列的犯罪行为，它们应该主动通知后一机构；
    (b) 前一机构应按照国内法，根据请求，向后一机构提供一切必要的信息。
2. 任何国家在签署或在交存其批准书、接受书、核准书或加入书时，需向欧洲理事会秘书长发送一份声明，对于该条第1款（a）之规定不予适用，或者只适用于声明中所阐述的具体犯罪。

这一条明显是在强调行政主体和刑事检察机关之间合作的必要性，但是，条文中仍然很难通过法律语言来界定"良好合作"的内涵。

《国际刑法大会决议》和实质上的环境刑法有着密切的联系，并没有许多有关个人、非政府组织和执法主体参与刑事诉讼程序的具体条款。① 然而，可以发现《国际刑法大会决议》的第24条是有关这一问题的规定，具体内容如下：在国家宪法或基本法律体系的框架下，立法应该便于公民参与对环境犯罪的调查和起诉。

第三节 刑事处罚

一、环境立法中的处罚措施

通观国别报告中有关这一问题的回答，可以看出的是大多司法系统中都存

---

① 见本报告附录4。

在各种不同的刑事处罚措施，并且这些措施在理论上都可以适用于环境犯罪案件。大多数传统的刑罚方法，自由刑和罚金刑，都可以在环境法律法规中找到，无论是刑法典中旨在保护生态价值的具体条款，还是具体的环境行政法规。根据国别报告中的回答，最普遍的刑罚措施仍然为传统的自由刑和罚金刑。从这个角度来说，环境刑法和刑法的领域并没有太大的区别，不同之处在于处罚措施的严厉程度会有所不同。在一些发展相对成熟的司法体系中，我们会发现处罚措施的严厉程度和环境犯罪的严重程度是相一致的。可以想象的是如果不仅违反行政职责（所谓犯罪的抽象危害类别），环境的生态价值也同时受到危害（具体的危害犯罪），严厉的处罚措施会起到一定的威慑作用。这种情形的案件只是偶尔，并不经常发生。在违法处置危险废弃物的案件中，司法实践中可能会动用自由刑（例如德国）。此外，涉及处罚措施的严厉程度也会有一些差别，这取决于刑事处罚措施是只能在行政法律中找到还是在刑法典中找到。总体上来说，在司法系统中违反刑法典中直接规定的刑事责任化环境保护条款的处罚措施要更加严厉，但情况也并非总是如此，比如德国就和上述的情况有所不同。在这种情况下，我们可以参考很多实质上对环境刑法的综述，这些综述分析了环境刑法体系中的差别。只有当我们审视法律框架内理论上可适用的处罚措施时，才可以发现环境法中规定的违反环境法律适用的监禁的处罚力度轻于刑罚典中的相应规定。这也必然存在这样的疑问，环境法律中的处罚措施对于生态环境保护的力度是否足够。在很多国家，尤其是环境刑法还没有纳入刑法典体系的国家，侵犯传统个人利益（例如生命权、健康权、财产权和名誉权）的处罚措施比侵犯集体利益（例如生态利益）的处罚措施更加严厉。国别报告中都指出罚款可以适用于违反环境法律的案件中，但一些国家（例如奥地利、芬兰和德国）则有所谓的"日罚款"制度（可参见芬兰的国别报告）。这一制度的具体措施为在一定数量的天数内每天处罚一定数额的罚款，罚款的数量最终取决于犯罪行为人的月收入和资产数量。考虑到犯罪行为人个人不同的收入状况，这种"日罚款"制度允许罚款数额的重新分配和确定。①

---

① 这种日罚款制度受到了法律和经济学者们的极大欢迎，他们认为这一制度的优势在于违法主体的资产数量可以发挥最佳的优势作用。因此，财产性质的处罚（罚款）可以大量的使用而没有必要去使用成本较高的监禁刑。

二、司法实践中低额罚金趋势

当我们根据国别报告中的反馈来探讨司法实践中具体的法律条款如何适用时，我们发现实际司法操作中最普遍的刑事处罚措施是罚金。同时值得注意的是罚金不仅仅是最常用的处罚措施，而且罚金的数额平均来说也相对较低。这一点在大部分的国家都适用，但以荷兰和德国为例外。荷兰的国别报告中指出高达几十万元荷兰盾的罚金只适用于一些情节严重的案件；在德国，针对一些极严重的案件，有时则使用自由刑。

此外，有关环境犯罪的罚金数额相对较低这一点，也和文献资料相一致。部分学者试图寻找低额罚金制度的渊源并且批评了法院在这方面的态度。批评的声音中包含着这样一种观点：如果仅仅使用低额罚金这样的处罚措施，刑罚方法就不能实现其预防制止犯罪的功能。也有观点争论说，尤其是在环境犯罪案件中，法人犯罪的主体，例如法人和企业，都扮演着重要的角色，实际的犯罪行为人大都是理性和善于计算的。从这个角度来说，遵守有关环境法律的规定总是需要大量的资金投入。换句话说，违反环境法律会带来巨大的经济效益（例如，没有投资安装污水净化装置或其他减轻环境污染的技术设施）。如果说刑法规定是使用这些技术设施的唯一激励性措施[①]，那么刑事处罚方法就应该考虑到环境犯罪破案率低的可能性。因此，刑事处罚方法应对犯罪行为有多方面的作用，以克服低破案率带来的弊端。如果实际情况并非如此，善于权衡的个人或法人会低估违法行为的风险，而更倾向于违反环境法律的规定。这些观点表明从刑事法律政策的角度来说，改善环境守法状况有两种可能的方法：一是提高案件的破案率；二是加强刑事处罚措施。既然提高案件破案率的成本相对更高一些，政策制定者总是会选择加强刑事处罚措施的严厉程度，这在很大程度上也考虑到了相对低的破案率。

然而，在罚金适用的过程中，也应该考虑到这样一种情况：潜在的犯罪行为主体一旦面临破产的风险，罚金的威慑作用对他们来说几乎为零。只要预期罚款的数额超过了潜在的犯罪主体的财产数量，这一情况就有可能发生。以超

---

① 这一情况在实际中并非如此，其他（财政）措施，例如税收方法和行政强制性措施也发挥着重要的作用。

过犯罪主体财产数量的罚金数额威慑行为主体显然不是一种有效的减少犯罪行为的措施。由于现实中存在这样的情况，在可能存在破产风险的案件中，法律规定中的非罚金刑的处罚措施便发挥了作用。众所周知的非罚金刑当然是自由刑，司法实践中表明自由刑在实际情况中很少使用或只在罚金刑没有被履行的情况下使用。在以自由刑为刑事处罚手段的案件中，处罚力度总是相对较轻（相比较普通的犯罪案件）并且经常使用缓刑。这一发现又一次和国别报告中有关环境刑法的总体情况相一致——自由刑基本上从未使用过。

三、可供选择的刑罚

从上述的经济学分析中我们可以看出，只有通过非罚金刑才能阻止某些犯罪行为的实施（由于破产风险的存在）。以此为由我们可以得出这样一个结论：刑事法律的执行在很大程度上并不是十分有效。但这一观点有待进一步探讨。首先，我们应该看到在任何司法体系中环境刑法并不是唯一的阻止环境污染行为的有效方法。刑法总是作为迫不得已的最后使用的方法，并且可以结合其他（行政、金融、民事）法律规定使用。当一个适度的监禁刑和其他法律手段相结合一起使用时，也会发挥有效的作用。此外，在一些案件中，监禁刑的缓刑方法也会发挥高效的作用，例如，在迫使法人董事/经理投资安装减轻环境污染的技术设备的案件中。在监狱服刑，虽然可能只有非常短的一段时间，都会给那些"白领"工作者以适当的激励。

另外，正如上文中所提到的（见问题1部分），真正典型的环境犯罪都是法人犯罪，尤其是在情节较为严重的案件中。虽然有观点说个人的责任，比如官员和董事/经理的责任，仍然至关重要，但同样重要的是如何采取必要的手段应对集体性的错误。很显然监禁刑并不能发挥这样的作用。因此，可以适用其他针对法人的处罚方法有效制止环境犯罪，相对较轻的自由刑处罚并不是一个大问题。

然而，国别报告中有关这一问题的回答也令人失望。以环境恢复和保护为目的的直接处罚措施和方法在司法实践中却极少使用。① 只有一些国家（丹

---

① 最新的进展表明没收违法所得在比利时和荷兰也已经得到使用，同样是在环境案件中。

麦、瑞典和德国）在环境案件中使用没收违法所得的处罚措施。然而现实中面临的具体问题是如何确定环境犯罪的违法收益，相关文献资料中也在激烈地争论这一问题。很显然，除了刑罚罚金和行政罚款，使用财务激励也可促使相关主体遵守环境法律规定。经济激励，例如税收，是众所周知的矫正环境污染行为的有效方法，有关这些方法重要性的探讨则超出了这个报告的内容范围。

依据法律规定其他可以使用的处罚措施，例如停止一个设备的运转，很明显在刑法的司法实践中几乎就没有被使用过。自从学界开始争论这些具体的直接的措施和方法控制环境犯罪效果明显，特别是在具体的法人环境犯罪的案件中，这一问题就一直有待解决。

我们是否可以从国别报告的分析中得出这样一个结论：环境刑法规定的处罚措施太过宽松使得法律不能有效的执行。由于需要更深入的分析，此份报告并不能给出一个有关刑法有效性的总体判断和结论。然而，值得强调的一点是，在有关通过刑法方法解决环境问题的案件中，事实上相对较轻的刑事处罚措施（基于较低的平均水平）并不能让我们直接得出一个总体上消极的结论。成员国的国别报告也指出了一些实际中倾向于使用罚金和其他较轻的处罚措施的原因，其中主要的原因在于事实上很多犯罪行为情节较为轻微，很多犯罪行为者也是初犯。此外，荷兰的国别报告提到了一些案件中刑事处罚相对较轻，其原因在于同一案件中之前已经使用过行政处罚措施。的确，并不是所有的国家都将"行政处罚措施的使用即排除刑法的适用"作为一项原则来执行。有时只有刑法的威慑力才能有效阻止环境犯罪，尽管在一些案件中所使用的处罚措施都相对较轻。因此，并不能仅以处罚措施的严厉程度为由来评判环境刑事法律体系的有效性。此外，应该考虑到处罚的威慑作用也经常使用在谈判阶段，目的是迫使犯罪行为人遵守环境法律的规定或修复其行为带来的破坏。很多主体都享有这种谈判的权力。典型的享有谈判权的主体是行政机关，但一些国家也允许公诉人在某些方面享有这种和犯罪行为人"讨价还价"的权力，迫使其履行义务，例如修复违法带来的危害。在一些情况下，公诉人也可以（直接或间接地）奖励犯罪行为人，条件是犯罪行为人已经履行修复违法带来的危害，奖励的方式为免予起诉或者适用低于成文法规定的最高限度的处罚措施。这种谈判和"讨价还价"的权力并不是在所有的成员国内都可行，初次接触，也会觉得它和刑法的威慑作用并不相配。然而，在一些特别的案件中这种方法对于解决手边的一些环境问题非常有效。① 但也应该考虑到如果有人看中的就是相对较轻的处罚措施，例如犯罪行为人在和行政主体或公诉人谈判之后按照要求安装了减排设施并修复了违法带来的危害，按照规定可以免除或减轻处罚，那么先前错误的行为就仍然有利可图。这一观点更加符合已经过时的解决环境问题的方法，刑事处罚只有在环境问题发生后发挥作用；从以预防为主的角度出发，鉴于一方面环境违法行为有利可图，另一方面环境案件的侦破率较低，事后预防为主的措施并不能成为使用较轻处罚措施的原因之一。然而，一些国家的立法者，例如荷兰和英国，仍然采纳了轻罚的原则；其他一些国家则在司法实践中寻求区别于传统刑法规定的解决这一复杂问题的有效方法。

四、司法实践中轻罚的原因

司法实践中轻罚是有具体原因的，这一原因并不能通过上文中提及的理由来解释。在很多国家，环境法仍然是相对较新的司法领域，很多司法系统的法官缺乏对环境法的足够了解。这也许可以解释为什么对于环境犯罪的道德谴责并不是十分强烈，因而处罚措施也不会十分严厉。在一些国家公众对于环境犯罪危害结果的意识仍然较低，这也可纳入上述的原因之一。有时法官并不认为环境犯罪对环境产生了巨大的危害，仅仅由于在部分国家环境犯罪条款还没有被引入刑法典的规定，以至于极为严重的水污染案件仅作为违反行政性许可条款的违法行为处罚。如果这类案件只作为违反行政性许可条款的违法行为处罚，而没有意识到严重的违法行为破坏了生态价值，可以理解的是对于这类案件的诉讼并不会导致严厉的处罚结果。

在一些案件中，出现在法庭上的犯罪行为人并非传统意义上的"流氓"或者其他经常出现的刑法规定中的主体，而是备受尊重的享有较高社会地位的董事或经理，这也会对处罚的适用产生一些影响。对于官员的诉讼显然是一个传统问题，在环境案件中则更加值得注意。一些针对白领官员的传统的司法制

---

① 参见辩诉交易的效率分析。

裁总是指向那些经济社会中的"失败者",例如那些导致企业破产或者挑战市场竞争基本原则的法人董事/经理或企业经理。但是在环境案件中,成功的商业人士和企业家也需要经常应对刑事诉讼,再加上涉案企业在经济社会利益方面较大的影响力(例如,雇佣了较多数量的员工)。这也许会表明为什么在很多国家,法院都不愿在环境刑事案件中使用较重的处罚措施的原因。

同时值得注意的是,除了少数例外(例如丹麦和英国),针对法人的处罚措施在成员国内并非经常使用,虽然这并不意味着刑事诉讼不直接针对法人。在承认法人刑事责任原则的司法体系中,我们可以发现刑事诉讼基本上只适用于法人,只有在故意的案件中才适用于员工(例如经理)。在这里,一个明确的事实是直接以控制法人犯罪(例如恢复原状和没收违法所得)为主要目的的处罚措施在司法实践中并没有经常得到使用(英格兰和威尔士为例外)。这一点有些令人震惊,正如上文中提到的(见问题1),典型的环境犯罪(在一些严重的案件中)为法人犯罪,在这种情况下刑事司法系统应该进一步调整,不仅要看到法人责任存在的可能性,还应完善相应的处罚机制。很显然,法律规定中针对法人的典型的处罚措施(例如修复违法损害、关闭违法设施,公布判决结果)很少得到使用。这些措施甚至在规定了法人处罚措施的国家(例如荷兰《经济犯罪法案》中的规定)和法人责任体系的国家(例如荷兰)都没有得到实施。[①] 在一些法律体系中只存在这样一种趋势,即宣称没收违法所得在将来即将成为一种可能。

通常来说,自由刑和罚金仍然在使用。唯一值得注意的一个问题是在法人环境犯罪的案件中,一些国家规定的罚金数额相当高。这也可以解释为什么在荷兰,实施处罚的罚金数额有时可高达几百万荷兰盾(大约相当于450000欧元)。这些法人处罚措施没有被实施的原因在于处罚措施对于被告来说过于严厉。更重要的是,判决的执行需要行政执法主体的配合。可以确定的是,当公诉人提出并且法官判决处罚责令被告恢复违法行为带来的损害,公诉人通常没有传统的执行力查证判决结果是否得到有效的执行。涉及具体措施的执行时,行政机关和公诉人或者法官之间实际上的合作关系需要具体的法规予以确定,

---

① 值得强调的一点是虽然在一些没有接受法人刑事责任的国家,有时都有适用于法人实体的处罚措施。

正如英格兰和威尔士所规定的那样。举例而言，如果行政机关在先前已经作出了同样的命令但没有执行，法院责令移除违法处置的废弃物的命令将不会有任何实际上的作用。有时罚金可以适用于不履行判决的案件，但如果犯罪行为人无力支付、面临破产或罚金数额遥不可及，这一措施也没有任何效果。这种面临破产的问题也可能起因于例如偿还排除污染费用的命令。在一些案件中直接的处罚措施不再十分必要，尤其是在一些案件中犯罪行为人已经遵守了行政命令的要求。在这些案件中我们可以理解迫于刑事诉讼的压力，只要违法行为没有实施，罚金就已经足够了。

五、谁来实施刑事处罚？

所有的国别报告中都指出法院是刑事处罚权的主体。显然处罚措施并不局限于刑罚方法，具体实践中也有大量其他可以实施的处罚方法，但被界定为刑罚方法的处罚措施只能由法院实施。一些司法系统采纳了行政处罚体系，这将在下文第四节进一步探讨。一些国家（例如意大利、葡萄牙和德国）有具体的行政犯罪体系，行政罚款在这一体系中是主要的处罚措施。

此外，值得参考的是在一些司法系统中，只要犯罪行为人满足了必要的条件，即存在公诉人撤诉的可能性。这也包括支付罚金。在一些国家，例如荷兰，公诉人可以通过让犯罪行为人支付大量的罚金来"解决"有关环境刑事案件。在大部分的环境案件中，犯罪行为人都享有这样一种所谓"交易"的权利。它通常都和小型案件有关，但有时也会出现在大案中。这种实施高额罚金的处罚方法，甚至使用在一些严重的环境案件中，是文献资料中大量争论的焦点。基于审判的不确定性，有观点认为这种方法从公诉人的角度来说是十分有效的，并且发挥了一些警示作用，特别是在罚金和其他一些处罚方法（例如修复违法行为带来的危害）同时使用时；另一个有利的方面在于犯罪行为人可以通过遵从公诉人指令的条件避免公之于众的刑事诉讼。反对这种做法的观点认为使用高额罚款庭外解决的案件有时是性质极为严重的案件，这类案件不适合在法院外单独解决，而应该起诉至法院；另一种观点认为庭外解决的做法使得一些情节严重的案件回避了法院的诉讼和公众对案件的旁听，因而不会引起公众的关注和讨论，这也使得法院旁听失去了对部分环境犯罪的预防功能。①

六、国际视角

这一部分的评价将以总体的眼光总结欧盟理事会《通过刑法保护环境的公约》中的观点和《国际刑法大会决议》中的建议比较欧洲有关刑事司法措施的具体司法实践。欧盟理事会《通过刑法保护环境的公约》② 的条款第6条为："每一缔约国应采取适当的措施，按照有关的国际文书，确定某些犯罪按照第2条和第3条的规定能被处以与其犯罪性质相当的刑事处罚。可以适用的处罚包括自由刑，罚款和恢复环境。"

这一条款明确指出环境犯罪应该具有刑事惩罚性，这显然排除了一些危害生态价值造成具体的环境危害的情节严重的犯罪案件只能通过行政罚款处罚的可能性（《通过刑法保护环境的公约》第4条是有关行政处罚的规定）。这涉及抽象意义上的危害犯罪。因此，如果犯罪行为仅包括违反行政法规（例如违反许可条件的规定），这种情况下可以适用行政处罚措施。此外，刑罚方法也应该考虑到这些犯罪行为的严重性质。在有关处罚措施的属性方面，《通过刑法保护环境的公约》第6条指出这些措施应包括监禁和罚金，正如前文表格汇总中阐述的一样，在当今欧盟成员国大多数国家，这一点已经得到广泛的运用。

有关直接针对法人的处罚措施，《通过刑法保护环境的公约》第6条只表明处罚措施可以包含对环境状况的恢复和复原。有关环境恢复的规定在第8条得到了深层次的论述。然而，引进这些方法对于公约签署国来说并不是一个强制履行的规定。第7条进一步说明每一缔约国同意"采取适当的措施，没收生产工具，收益，或与收益相当的财产"。因此，一些没收违法所得的处罚形式也应该引入各成员国内部。

再来看《国际刑法大会决议》内容的有关规定③，决议当中的第7条指

---

① 值得提出的一些通过违法主体支付高额罚款庭外解决的案件也得到了必要的公布。
② 参见本报告附录3。
③ 这一部分包含在本报告附录4中。

出:"应该明确区分因不遵守既定的行政和监管规范而施予的处罚(不包括剥夺自由或责令关闭企业)和为了防止和惩处对环境造成严重损害的犯罪行为或不作为而施予的刑事处罚。"直到目前为止,并不是所有正在考虑中的国家都决定将处罚措施上的这种区分纳入其司法体系中。

第四节 行政处罚

建立刑法典以外的附属体系允许行政主体运用各种处罚措施在欧盟成员国内部是一种普遍的趋势。例如在丹麦和荷兰,仍然有不断继续的讨论声要求扩大行政主体对于行政相对人行为施加影响的可能范围,使其遵守相关法律法规的规定。其他所有的成员国(以英格兰和威尔士为例外)都建立了相对完善的以行政机关为主体的行政处罚体制。然而,部分国家一些深入的研究表明,在如何充分应对环境污染的案件中公诉人和行政机关存在一些"内部的争斗"。大部分行政处罚措施都是基于一定的程序要求并且有着较低的适用标准,不能低估行政主体运用这些制裁措施的速度和效率。① 但在有关行政机关和企业合作的重要原则中,需要厘定清楚的是不同行政主体的权力范围应该有所区分(授予许可、管理和实施行政处罚措施)。此外,在很多国家,行政机关都负有这样一种义务——将严重的污染案件告知公诉人。在德国,如果案件涉及刑事违法,法律规定上的义务要求这一案件必须移交给公诉人。比利时的情况也同样如此。这意味着一旦案件涉及可疑的刑事犯罪,行政机关就失去了处理案件的权限。然而,行政层面所要求的合作原则导致行政主体总是尽可能地掩盖案件内容。行政机关在合作原则的具体运用上的确需要更多的信用支持,使得犯罪行为人遵守法律的规定而不是和刑事法律的规定相对抗。因此在具体的司法实践中只将固有的和重复的污染案件移交给公诉机关处理。

然而,学界并没有对这些附属体系的重要性作任何的质疑。行政刑法规定的处罚措施都是有着细分客体的具体措施,即加强对行政命令的遵守并提供快

---

① 本章第八节也有部分关于行政处罚措施的效率分析及其与刑罚方法的比较。

速和足够的方法应对没有带来进一步后果（例如危害结果）的违反行政法规的行为。这就是所谓的技术性违法。

大多数国家都在其自身的司法系统中适当区分了"真正的"核心刑事法律和这些附属体系在实体法和程序法上的不同。通常来说，它们已经放宽适用传统刑法的原则并且进一步放宽了程序上的要求，特别是在提供证据和向上级法院上诉两个方面。任何案件中犯罪行为人（正如所有国家所规定的那样）都应该列席法院的审判。在有关民族传统这个问题上，行政处罚措施的内容构成和程序规定在一些案件中受到了刑法规定的很大影响，而在另一些案件中行政方法的影响则更大一些。在不断扩大的欧洲版图上，这些民族传统应该有所保留以确保法定诉讼程序的最低标准。最后，在环境案件究竟由刑法制裁还是行政法处理这个问题上，立法者拥有最大的决定权。

第五节 旨在遏制个人实施类似行为的现行制度

一、概论

了解了欧盟环境刑事立法的总体趋势，即扩大处罚措施可适用的范围，这其中禁止令扮演着重要的角色。一些国家在这些处罚措施的规定方面有着较长的历史传统，其他一些国家仅仅积累了一些新的经验。追溯这些禁止令的历史渊源，我们会发现它们最初产生于行政法律规定当中，也有一些国家将这些处罚措施纳入了刑事法律体系当中。这些环境刑事处罚措施在司法实践中使用频率较低与其刚被法院所运用有着内在的必然联系。然而，看一下很多国家刑法典规定的典型的犯罪主体（农民、小企业主和初次犯罪行为人），显而易见，在很多案件中旨在遏制个人实施类似行为的现行制度的初衷并没有实现。此外，应该考虑到通常情况下法院是发布禁止令的主体，而非公诉人。然而，大多数国家环境刑事案件典型的最终决定，尤其是如果涉及大型的企业，为中止对案件的审理，但这需要满足特定的条件。这些条件例如，恢复原状、损失名誉或者投资降低企业行为造成的风险，但不是针对个人的法院禁止令。从宪法角度分析，个人禁止令总是会产生一些问题。大多数国家都提供对一些职业的特别保护，这些保护在刑事诉讼程序的最初阶段不能简单地移除。直接针对个人的禁止令通常至少需要刑事法院的决定。

不同的是在英国，不针对于个人而是适用于法人的禁止令发挥着重要的作用。

二、具体问题

在欧盟成员国内部仍然存在的一个问题是虽然有禁止令在身，但个人仍然秘密地为其他法人效力。很多原因都可以对这个结果的产生作出解释。首先，这类案件很难侦破；其次，监控法人合法运营措施的增加和这种可能结果的产生并没有联系；最后，对有关违法活动充分的怀疑依据是另一个必要的条件。因此，可能的解决问题的方法可以参考英国在这方面的司法体制：行政主体享有发布禁止令的权力以告知企业停止某一工厂的运营，这种禁止令的内容是有关具体的地点或场所。在英国，违反禁止性命令属于犯罪行为（欧洲大陆司法体制则偏向于认定其为违法或行政性犯罪行为）；与此同时将注意力集中在由于集体行为导致的严重的污染案件的禁令上似乎更加有效，考虑到大多数情节严重的污染案件不仅是由于单一的决定而更多是因为一定时期内错误的发展理念导致的。因而在英国，有关主体更倾向于对法人实施类似的禁止性命令的处罚措施，行政机关也享有这样的权力。因此，这可以充分地说明严重的污染案件总是和违法企业的企业文化，例如企业理念、政策、规章制度、企业内部的行为准则有着一定的关系。

第六节 跨国污染事件

一、案例分析

一些国家的报告中指出跨国污染事件的影响很小或者没有发生过此类问题（西班牙、英国）。部分原因可能在于部分国家所处的地理位置（英国就属于这类情况）；其他国家都存在发生跨国污染事件的潜在危险（例如西班牙和葡萄牙之间），却没有针对这一问题的具体报告。然而，葡萄牙的国别报告指出葡萄牙所处的大西洋沿岸的石油污染是一个问题，问题的产生是由于运输油轮违法清洗油箱造成的。大多数受跨国污染困扰的国家指出这些事件大多是有关跨国境的水污染案件，通常涉及跨境流域的河流。由于地理位置的原因，奥地利和芬兰很明显都存在这样的问题。一些国家也额外指出存在发生在领水以外的水污染事件。芬兰和意大利也存在这样的状况，芬兰仅1997年就报告了100起海洋石油污染的案件；意大利的报告也指出了惊人的案件，80艘载有放射性废弃物的船只在意大利附近的海域沉没。

其他国家，例如德国和荷兰，也指出现有的境外污染事件主要是有关废弃物运输、核原料和濒临灭绝物种的进口贸易。

在部分案件中，事实上清楚的是从刑法的角度分析，跨国境性质的污染事件并没有造成具体的问题。例如，奥地利报告指出在一起严重的水污染案件中，污染水域位于奥地利和斯洛文尼亚境内，两国都开始了最初调查和起诉。在这个案件中，值得探讨的问题之一是哪个国家享有继续履行刑事诉讼的权利，以及"一事不再理"原则是否在跨境背景下得到了有利的实施。芬兰跨境河流污染事件没有太多值得探讨的问题，原因在于案件中实施污染的两位法人董事/经理都是芬兰公民，他们随后在芬兰被起诉和判刑。这一案件在芬兰也造成了一些消极的负面影响。这也可以解释为什么在这个案件中具有跨境污染性质的案件并没有带来任何额外的问题。①

总体而言，具体实践中跨国污染事件遵循"全有—全无"原则。就是说，如果有跨国污染事件，这一后果所带来问题将是不可估量的。

二、"跨境"问题

在其他一些案件中，确实存在有关跨境性质的具体环境污染问题。令人惊

---

① 如果带有危害结果的案件发生在俄罗斯而非芬兰，案件情况也许就会有所不同。在这个案件中，芬兰注重危害行为而俄罗斯则注重危害结果。随后的问题变得相对重要在于刑法条款的规定关注的是不正当行为还是违法结果。在有关后者的案件中，芬兰法院的司法执行就成了一个疑问。

讶的是国别报告指出的问题更多的是有关具体的司法操作的性质而和实体上的环境法律并没有太多的关联，比如涉案两国的司法体制中是否都包含了有关犯罪行为的规定。一些国家指出具体司法实践中的问题在于有时需要面对来自邻国的被告，也有国家（奥地利和荷兰）提出从邻国获取有关案情的重要信息会相对比较困难。其中的一个例证是在意大利一起有关载有有毒废物船只沉没的案件中，沉没船只的希腊籍船长在沉船事件发生后即返回了希腊，而他的行为最具嫌疑。然而在随后的调查中希腊并没有给调查工作提供必要的协助。相反的是，荷兰的国别报告却指出总体上来说邻国之间还是保持了相对良好的合作。

其他一些案件中，具体的问题并不是缺少邻国之间的合作，而是有关具体物质的问题。例如在有关跨国废弃物运输的案件中，有组织的犯罪总是涉及不同国家复杂的公司网络，这给调查工作带来了极大的难度。在另一些案件中，问题也并非和邻国合作有关，犯罪行为发生在公海范围内，没有任何一个国家享有司法管辖的权限。例如，在芬兰，很多海洋石油污染案件都是通过飞机监控发现的。在这些案件中，芬兰显然没有管辖的权限，由于事件是在其领水以外发生的。在这个方面，德国建立了超出其领土范围的管理权限机制。

上述的这些问题和实体上的环境刑事法律少有关联，并且在司法实践中也并不被认为是一个主要的问题。有趣的是，考虑到二元刑事责任原则和可适用的刑事法律原则，很多国家在法律原则和法条的规定上花费了大量的成本去探讨如何规定环境刑事法律以使其能够适用于跨境污染案件。① 从国别报告的反馈中可以看出，上述问题显然只在法律原则的规定上扮演了重要的角色，在具体的司法实践中则有所不同。举例而言，在跨国境水污染案件中，由于污染结果多发生在其他国家，有关犯罪规定的条款是应该依据不正当行为（排污行为）还是依据违法结果（污染结果）。大量的文献资料中探讨的另一个问题是如何处理排污案件中排污行为符合他国许可内容规定的情况，他国授予的许可是否具有正当性？这些问题在理论上都具有值得探讨的价值，但在司法实践上却没有起到大的作用。只有荷兰的报告直接指出了有关实体环境刑法的问题：

---

① 很多国际惯例采纳了二元刑事责任体系。

由于不同国家对于环境犯罪有着不同的政策规定，这会对不同国家主体之间有关合作的决定产生一些影响。这被认为是实现政策在某种程度上统一的一种论据。

三、现行条约的有效性

问卷这一部分的最后一个问题是有关现行条约在调查取证和引渡方面是否发挥了充分的作用。刑事法律领域中的国际合作机制在先前的报告中已经得到了详细的论述。在对现行条约有效性这个问题的反馈上，国别报告中只提到了具体司法实践中所面临的问题，例如国家之间信息的交换。奥地利和意大利的报告指出了现实情况中获取重要信息比较困难，但没有提及是否运用了官方手段通过官方程序进行交涉，可能的情况是官方的请求没有任何的答复。同时，在意大利的那起沉船案件中，希腊籍的船长随即返回了希腊，意大利方面是否向希腊当局递交了合作请求并且请求是否有答复都不得而知。芬兰在其国别报告中提出了现行条约中的一个缺陷，这个缺陷存在于有关海洋石油污染的MARPOL公约并不允许船舶在公海海域停留。比利时的国别报告也指出了现行条约中有关环境犯罪的几个问题。值得注意的是法律规定中存在明显的阻碍对跨境环境污染刑事诉讼的规定。此外，比利时报告中也指出相比较传统的跨国境犯罪，例如跨国境毒品运输，现有的法律规定在跨境环境犯罪案件中并没有经常得到使用。这种现象可能的原因在于，和其他跨境案件不同的是，国际刑警组织和各国海关还没有习惯于将类似于跨国废物运输这类情形的案件向其国外同行进行报告。

然而，荷兰、德国和葡萄牙则一致认为国际社会已经建立了足够的机制保证国际合作的进行。问题仅在于这些现有的体制是否能得到有效的使用。由于资料的缺乏，我们对现有的状况缺乏充分的认识。德国的国别报告因此总结到，国际合作的加强并不一定必须通过组织机构的合作才能实现。最新的发展情况表明，完善欧盟司法系统中有关刑事案件国际合作的规定已经指日可待（通过深根条约的扩展和对欧盟以及欧盟理事会层面上多边条约的修正）。

在国际刑法领域，通常认为引渡条款的最大障碍在于要求对同一犯罪行为在两国都得到控诉。意外的是，这一点在所有的国别报告中都没有被认为是实际中的问题。因此，从国际合作的角度来说，目前还没有整合环境刑法的迫切需求，并且在有关跨境污染的案件中，也没有观点认为欧盟成员国内环境刑事法律的区别是造成国际合作不力的原因之一。在这个问题上，欧盟环境保护刑事司法协定的制定者和成员国内近期采纳有关环境刑法规定的国家可能会持有不同的观点。

但是对于这样一个结论我们还是要持谨慎的态度。大部分的国别报告指出，很多国家在跨国境环境诉讼案件中并没有经历任何问题，这个简单的事实可能反映出一个具体的问题，即实际情况中很多跨国境的环境案件并没有诉讼至法院。经过一个研究小组的论证，一个主要的跨境环境污染案件在调查取证阶段就会带来很多问题。国别报告中乐观的观点因此也并不具有十足的代表性。

四、国际视角

最后让我们来审视欧盟理事会《通过刑法保护环境的公约》中的观点和《国际刑法大会决议》中的规定。《通过刑法保护环境的公约》[①] 中包含了一系列有关国际合作方法的条款规定。例如公约第 12 条第一款规定，在有关国际合作方面，各缔约方应"按照关于刑事方面国际合作的相关国际文书之规定和各自的国内法，相互提供本公约所确立的犯罪的调查和司法程序方面最广泛的合作措施"。

《国际刑法大会决议》[②] 中的规定也包含一些具体的有关管辖权限和跨国境环境犯罪的条款。例如第 25 条规定："一个主要的环境犯罪所引起的危害或危害风险（实质的损害）已经全部或部分地超越了犯罪发生地的管辖范围，有可能为犯罪分子采取合理的安全保障措施和有可能适用国际法，在犯罪行为发生地的国家或在任何危害或危害风险存在的国家来起诉被告。"第 26 条进一步指出，当有危害或者危害的可能性"已经殃及全球范围，各国应就一项国际公约达成一致意见或执行现有的国际公约，并适用公约来起诉犯罪，参照以下原则：国旗原则；国籍原则；引渡或起诉原则；以及在普遍知晓的国际犯罪

---

① 见附录 3。
② 见附录 4。

中的普遍性原则"①。

尤其重要的还有第23条,它表明:"影响力超过一个以上国家管辖范围的或超出国家管辖范围而殃及全球的主要环境犯罪,应被确认为多边公约中规定的国际犯罪。"

第七节 环境犯罪中公务员和政府机关的刑事责任

一、概论

通常环境刑法总是直接针对"污染者"。但是很多国家的法律体系也恰当地指出了这样一个事实,即由于环境刑法的行政依赖性,环境刑事法律的内容通常都由行政主体决定。行政主体享有授予灵活的行政许可的权力,通过权力的行使大量削减了环境刑法的内容。行政法和环境刑法之间的关系表明行政主体可基于故意或者疏忽在很大程度上对企业的污染行为负责。与此同时,环境刑法的有效性在很大程度上取决于行政主体采取的调控措施。一些案件反映出的情况表明,行政主体的权力过于灵活,一方面可能对于污染行为不闻不问,不采取任何管理措施;另一方面可能给污染者造成这样一种印象,认为其违法行为是合法的。因此法律原则上的一些规定有时可能会造成行政机关对环境犯罪负主要责任。这一点特别在德国的法律体系中引起了一些讨论,问题是在特定的情况下公务员或行政主体自身是否可以成为刑法规定的刑事责任主体。这一观点在德国起源于"官员犯罪"观点的提出。同时,这一问题在其他国家也引起了广泛的讨论。

通常来说,所有的成员国都有公务员刑事责任的规定。对公务员诉讼的法律规定可以归为两类。第一类的特征为传统的"滥用行政权力"条款。刑法中这一条款的规定并没有什么实际意义上的重要性。部分原因可以解释。最重要的原因之一是滥用行政权力条款刑事责任的规定不以损害结果为要件,诸如

---

① 有关《国际刑法大会决议》中的条款27—29条,见附录4。

类似于违反行政职权的行为即为犯罪。但犯罪学研究表明在损害结果和刑事法律条款执行之间存在一些社会干预的影响。具体来说，例如媒体对环境损害结果报道的重要性，报纸和电视对公诉人行为的影响。对可疑污染者的调查会导致司法体制"落后"于直接的污染行为。此外，也有部分国别报告批评了适用刑事责任规定的法律条款过于严格（比利时）。由于这一原因，其他国家采纳了所谓的第二种类别的规定，法律中规定了公务员的违法行为造成污染的特别条款（西班牙），法院也可依据公务员的错误指令或违法的不作为（德国和荷兰）间接导致污染的行为对其进行刑事处罚。在葡萄牙，由于沿袭了德国的理论和实践，法律规定也发展出了公务员适用的刑事责任条款，用于违法破坏或污染环境的案件中。

在一些国家，例如荷兰，任何由于公务员的违法行为或不作为而间接导致的环境污染案件都会导致刑事诉讼。在德国，对公务员的刑事诉讼只局限在水污染和废弃物处理的案件中。一方面，德国的刑法典规定了广泛的环境犯罪种类，例如水污染、土壤污染、空气污染和具体的保护地污染、违法的废弃物处理和工厂的非法生产行为。①

但是大部分条款规定的犯罪主体只局限于自然人，只有在水污染和废弃物非法处置的案件中公务员和自然人都可以成为适格的主体，这一点在有关土壤污染的案件中还有待进一步探讨。德国在 1994 年进行了有关环境刑事法律体制的改革。然而，德国的立法者认为还没有足够合理的理由扩展公务员刑事责任的范围。也有观点认为现行体制中显失公平的地方在于仅仅将那些负责保护水资源和废弃物管理的公务员置于刑事责任的压力下。也就是说如果有必要对公务员进行刑事处罚，没有理由将一些主要的职能官员规避在法律原则之外，比如负责空气质量管理和其他主要可能产生污染的具体环境问题主管机关。这意味着法律体系中有关公务员刑事责任的规定需要包含普遍适用于所有污染类别的分则条款。但是，即使按照西班牙立法者的做法，将公务员刑事责任规定纳入刑法典中的分则条款部分，并因此修正了总则中规定的刑法的基本原则，也会不断产生各式各样的问题。西班牙的刑事立法中并没有包含官员因疏忽大

---

① 有关德国环境刑法和德国刑法典条款的介绍参见本书附录 2 中德国的国别报告。

意而负担刑事责任的规定，因此不会产生公务员刑事责任范围过大的问题。

二、具体分析

在大多数欧盟成员国内，在执行行政命令的背景下产生的行政刑事责任或者单纯的刑事责任的主体只局限于自然人。然而，在英国，只有中央政府部门享有刑事责任的豁免权（皇室豁免权），地方当局（包括环境局）都可能成为环境刑事责任的主体。对欧洲大陆的国家来说，像英国这样规定法人刑事责任仍然是一个需要解决的新问题。但是也有部分国家例外，自治区（市）刑事责任的条款在丹麦已经有较长的历史传统；在德国，对于案件处理也可以采取非刑罚方法的罚款。此外，一些国家已经将法人刑事责任的规定纳入其司法系统，那些正在讨论这一问题的国家（具体见表格1和上文中关于法人刑事责任论述部分）也面临着在法律法规中规定行政机关刑事责任的压力。一旦开始了法人适用刑事法律规定的先河，自然的结果是进一步讨论整合行政机关的刑事责任规定，将其纳入刑事责任体系。

在大多数国家，立法者赋予了环境保护机关广泛的自由裁量权。通常来说，广泛的自由裁量权和社会责任需要和其对应的法律责任相一致——这一点考虑到在讨论企业刑事责任规定时的主张。然而，有关对行政机关或政府部门的诉讼在很多法律体系当中仍然是一个全新的领域。对这一做法最强有力的辩驳在于豁免权原则和政府机关之间权利的交叉和分享。现实情况中法院对于行政机关的约束是一个一直困扰很多人并且还没有被解决的问题。但已经有讨论开始关注一些细节问题，例如有关刑法具体使命的讨论和考虑在刑事处罚中采纳新的处罚措施。加拿大在这一方面已经有了一些具体实践，在一起环境污染案件中（未能有效制止污水排放案件），刑事法院仅对西北地区的政府进行了象征性的处罚。

三、刑法条款的重要性——效果

考虑到处罚措施的数量，将公务员违法行为导致环境污染刑罚化的条款规定在欧盟成员国内并没有发挥重要的作用。由于公务员责任导致的污染案件数量也确实保持着较低的水平。但是，即使是较少数量的案件也会产生总体上较大的影响；这一点考虑到德国的情况，德国联邦法院处理的两起主要的案件在行政机关内部引起了很大的反响。与此同时，大量的案件最初调查表明环境法律执行的状况已经有所改变。显然，在大多数国家，刑法规定产生的威慑力的确影响了行政机关的行政行为。

然而问题的另一面在于行政机关在环境政策执行上通常享有较大自由裁量的权力。由于国家立法者不断赋予执法主体权力，这愈发成为一种体制发展中的必然结果。在大多数国家刑法和行政法在严格的结构体系和程序上都存在明显的差别，因而公诉人行事行政权力显然不存在合理的逻辑支撑点。因此，只有在明确的违法行为的案件中，例如授予非法许可或者与企业串通污染环境，才有产生刑事责任的可能性。因而建议在公务员法律责任这个问题上主要参考德国、荷兰和西班牙的法制体系是比较合理的。

第八节 其 他

一、作为一种威慑力量的行政处罚措施的有效性

问卷中题为"其他"的部分中设置的第一个问题是有关行政处罚措施（部分问题已经在第4节和第5节进行了探讨）在预防环境犯罪发生方面是否和刑事处罚措施一样有效。国别报告对这一问题的回答都基于各国的实际情况。有趣的是问卷中问题设置的方法是检验将行政处罚措施作为一种预防手段的有效性，这种以预防为出发点的问题设置也用在了问题3中分析刑事处罚方法作为预防手段的有效性。国别报告中的分析结合有关刑事处罚和法律原则的探讨，大多数撰稿人都指出从严格的预防角度来说，行政处罚措施中的罚款和刑事处罚措施的预防效果基本相当。例如在德国，行政机关可处以高达100万德国马克（具体司法实践中通常大约为100000马克）的行政罚款；意大利的情况也是如此。有观点提出行政处罚措施相对来说比刑罚方法效果更加明显，原因在于行政罚款可以直接影响到犯罪行为人的个人财产。在其他方面一样的情况下，如果仅处以行政罚款或刑罚罚金，可以说行政处罚措施和刑罚方法预

防环境违法的有效性确实相当，并且行政处罚措施的应对速度更快，成本更低，因为通常来说从比较刑法的诉讼程序要求来看，行政法在程序上的要求相对简易一些。

然而当使用非针对于个人财产的处罚措施时，上述观点的结论可能会有所改变。一旦可能处罚的罚款数额超过了犯罪行为人的个人财产数量，而产生犯罪行为人破产的问题时，罚款预防作用的有效性就会大打折扣，而产生非有效预防的问题。实际情况中这个问题产生的速度会更快一些，一方面为了满足处罚措施预防作用的目的，另一方面尽可能减少由于低破案率可能带给犯罪行为人潜在的有利之处，处罚中可预期的罚款数额会相对更高一些。但非罚金方式的处罚措施并不仅仅局限于传统的监禁刑，尤其是在法人环境刑事案件中，处罚措施可以依据高效的行政程序通过广泛而有效的行政处罚措施来实现。这一做法的目的是向欧盟各成员国提供方便快捷的法律"工具包"。

行政处罚措施的实施有很多方面的优势，部分国别报告的撰稿人都强调了这一点。但这一措施也存在一些缺陷，不足之处与公正性和有效性都有关联。有关公正性的一个方面，相比较刑事处罚，行政处罚的力度对于犯罪行为人来说也是相当的。高额的行政罚款可以说明这一点，一些极端的处罚措施，例如关闭某一企业，更能证明行政处罚措施的严厉程度。欧盟人权法院依据其法律原则和判例法，认为在特定条件下这些行政制裁措施也应该被认定为处罚措施，应当符合《欧盟人权协定》第6条中保障性措施的规定。这意味着欧盟成员国使用行政处罚措施时所适用的行政程序必须满足《欧盟人权协定》第6条中规定的最低要求。因而在这种情况下行政处罚措施原本很多明显的优势，例如缩短了大量时间和行政程序的高效性，相比较刑事诉讼程序就不再十分显著。此外，刑事诉讼程序中也有很多保障性措施的规定，目的是保证被告在刑事诉讼程序中享有公平的权利，这说明刑事诉讼程序中具有法律特征的原则性规定通常比行政程序中的规定要多一些。这也许会成为支持刑事诉讼程序的观点之一，尤其是在适用一些极端刑罚（例如监禁刑）的案件中，保障性措施会使处罚措施尽可能合理。在这个方面，有必要提出的是，为了保障刑事法律的执行，应当尊重刑法规定中的原则性条款，这被看做是保障犯罪人权利和保证刑事诉讼程序质量的必要措施。显而易见的是保障措施越多，刑事诉讼程序的有效性就会受到影响,这也是刑事处罚的弊端之一。因而可以理解的是,由于法律规定允许对法人处以高额行政罚款,德国国别报告的撰稿人对于有关法人责任中的行政罚款的程序表达了极大的热情。直到现在,基于过错原则,以传统德国刑法中的规定为依据适用刑罚罚金仍然是行不通的。

一些法律和经济学家基于"过错成本"理论详细论述了支持行政处罚措施的缘由。他们认为刑事诉讼程序中规定的广泛的保障措施(较高的证据标准,无罪推定假设等等)的原因之一在于刑法规定适用于公民的法律后果是极端严厉的。因此,刑事诉讼程序应当有高度的保障措施,确保清白的嫌疑人不应当受到处罚。刑事诉讼的过错成本相当高,如果,比如错误地判处了监禁刑。这表明当可能出现判处较重的处罚措施时,应当适用诉讼成本较高的刑事诉讼程序。但这一情况并不适用于财产刑的处罚措施,例如罚款或罚金。在这种情况下,过错成本会大大降低并且没有理由去反对更快捷和低廉的行政程序。因此,从经济学的角度来说,在一些轻微的违法案件中使用行政处罚措施(前提条件是行政处罚措施保持适当的严厉程度)和行政处罚程序是更加合理的选择,而对于情节较为严重的违法案件则保留适用成本较高的刑事诉讼程序和刑事处罚措施。

在这份报告中我们不能在行政处罚措施和刑事处罚方法之间作出一个最终的分析和取舍。行政处罚措施的高效率使其更加具有可操作性因此也更受欢迎,但当涉及有关程序公正以及程序法规定的其他原则性特征时,还应首选诉讼成本较高的刑事诉讼程序。一旦行政处罚措施不断提高的效率性特征所付出的成本也在不断增长时,这一点就可能成为支持适用保障措施全面的刑事法律规定的原因之一。

基于效率性特征,我们也可以发现支持适用刑事法律规定的理论和现实依据。一些国别报告的撰稿人指出,行政法的执行总是不可避免地以执法主体和违法主体之间的谈判协商过程为基础,使得很多国家的行政法执行都显得有些力不从心,这一情况在相关的资料中也有提及。一些国别报告(例如荷兰)对这种情况提出了质疑,认为行政机关持有的这种谈判协商的态度是消极的。原因在于行政机关会在与违法主体的谈判过程中花费大量的时间,对违法主体怀有一种单纯的信任,并且在实施处罚前总是会等待较长的时间。有关行政法执行的观点和一些著作中指出的情况相一致，并且部分著作还着重强调了行政法执行所固有的一些风险和问题，那就是行政机关会受到来自企业的"糖衣炮弹"的攻击而形成利益关联的主体，而这些企业是行政机关应当管理和控制的。这种行政机关被"收买"的风险尤其在可能产生环境危害时更为严重，特别是当管理者掌握技术性信息而违法者了解较少时。然而，也有其他一些观点指出，行政机关采取的谈判途径并不是无法实现预期的目标。只要没有所谓的"收买"和"糖衣炮弹"，行政机关的所作所为也仅仅是为企业的生存发展服务，谈判的结果是使得企业遵守有关法律法规的规定。这种做法要比繁杂的诉讼程序和判处一种低效率的处罚措施高效得多。在这份报告中仍然无法判定两种方法哪个更加有效。

刑事法律执行和行政法执行过程中一个主要的不同点在于相比较刑法的执行过程，在行政法的执行过程中受规制的企业和行政法的执法主体之间有着更紧密的联系。这仅仅是由于行政法执行有着较强的谈判基础这样一个事实，谈判的理念和目的是让企业遵守法律，而刑事处罚的目的在于威慑和预防。刑事处罚的这种观点仍然是传统的刑事法律执行中所包含的理念。行政法执行过程中执法主体和受规制企业之间缺乏距离感这种状况也遭到了一些批评，例如意大利和荷兰的国别报告就明确指出了这一点。

德国的国别报告提出了解决行政和刑事处罚措施两者之间冲突的有效方法——将刑事法律的执行作为一种终极的救济方法。通常来说首先由行政机关采取有效的行政措施（例如行政命令和禁止令）督促企业和个人遵守法律的规定，只有在行政手段无法解决或者处理失败的情况下再随后适用刑事诉讼程序。很多违法行为主体只有在不得不出庭应诉的情况下才寻求行政法律途径解决问题。在这种情况下，或者不会发生刑事诉讼，也可能对违法行为只处以一些罚款。这种终极救济途径的不足之处在于这一方法显然大大削减了刑法在保护生态价值方面的作用。此外，在所有适用于适当的行政罚款的案件中，处罚措施的预防作用也无法保证潜在的违法主体有效遵守相关法律制度。尤其是当行政主体和企业相勾结共同影响行政处罚程序导致行政罚款过低的情况出现时，行政处罚措施预防功能的有效性就会成为一个问题。另外，无论在行政层面发生了什么情况，在一些情节十分严重的案件中刑法有必要直接介入进行干涉。这一观点基于一个前提假设,那就是刑法在保护生态价值的过程中扮演着直接并且重要的角色①(如果生态环境受到了严重的威胁),同时在这些案件中也可以适用主要的行政罚款和其他处罚措施。很显然,问题的关键不是司法体系应当选择行政法律手段或是刑法手段来保护环境,而是如何在两者之间寻求一种平衡。我们可以从诸如欧盟委员《通过刑法保护环境的公约》这样的法律协议中找到部分内容,支持刑法在环境保护过程中应当发挥独立并且直接的作用。公约第6条规定在严重危害生态环境价值的案件中(正如第2条和第3条所规定的内容),考虑到这些违法犯罪案件性质的严重性,相关主体应当采取必要且合适的刑罚方法处罚这些违法犯罪行为。

总体而言,正如芬兰的国别报告中所提出的观点,在一个抽象层面上比较行政处罚措施和刑罚方法是非常困难的,两者在特定的情形下都会产生积极的效果。但是在有效性这个问题上,应当考虑到可能出现在行政法执行过程中的公平问题,目的是确保行政机关和违法主体之间的谈判是有效的,并且使得违法者遵守相关法律规定。此外,当面临究竟是适用行政法还是刑法这个问题时,应当考虑到两者相关的法律规则,例如行政处罚程序和刑事诉讼程序及其程序正义原则的比较。这一争论的结果显然取决于案件情节的严重性及案件事实的恶劣影响。

二、对"技术性违法"的减免处罚措施

问卷中"其他"部分的第二个重要的问题有关行政处罚措施和刑事处罚方法是否仅适用于情节严重的违法案件,对于情节较轻微的案件是否可以减轻或者免除处罚,问卷中所举出的解释问题内容的例证是有关许可事项中技术性违法(例如,违反具体的行政报告的规定)并且没有产生任何环境损害结果的情况。

这是一个有趣但探讨起来有些困难的话题,其重要性也不仅仅局限于环境法律范畴。这一问题总体上还和行政法及刑法中普遍存在的问题相关,即行政法和刑法的执法主体在法律执行过程中是应当尽可能地处理一切违法行为还是

---

① 德国的法律原则尤其强调这一点,认为刑法应当以保护相关的法益为己任,因而环境刑法规定的目的应当是保护生态环境价值。

允许其在作决定时享有一定的评估政策的权力，即决定减轻或者免除处罚的权力。众所周知的是西欧的司法体制在这方面的规定有所不同。一些国家，例如比利时和荷兰，采取所谓的"自由裁量原则"，具体的含义为公诉人在具体的案件中享有决定是否提起刑事诉讼的权力。然而，通常情况下这些司法体系中由公职部门所规定的诉讼政策也会不同程度地受到一些制约。例如在比利时，检察长通告中规定不予起诉的原因需要得到说明。免予起诉的情况也可能基于其他合理的理由而产生，例如案件事实的性质（案件事实并没有在社会上引起很大反响）或者违法者个人的一些原因。但检察长通告所规定的宗旨是情节严重的案件不能免予起诉，即使存在一些合理的可免于起诉的原因。其他国家，例如德国，在这一方面有不同的做法。在德国，公诉人应该做到对每一起案件提起诉讼，但这一情况同样也存在一些特殊的例外，司法实践中两者的区别并不是十分明显。

考虑到上述这些方面，尤其是在环境保护的背景下探讨相关执法主体是否应该对每一起案件提起诉讼，对这一问题的探讨在很大程度上取决于执法主体选择行政程序或刑事诉讼程序的目的。如果以发挥严格意义上的预防功能为法律执行的目的，那么当违法行为发生时，需要严格执行法律条款中的相关规定，依据立法者的意图并对每一起案件提起诉讼。但反对这一看法的学者提出了对刑法体系有效性的质疑，并认为欧盟成员国的刑事司法系统中现有的法律规则的规定对于案件的处理存在很大的局限性。因而在任何的司法体制内，在面对具体的情节较轻微的案件时，都需要进行推理是选择起诉还是另行处理。

然而，在环境法领域值得注意的问题是认定案件为违反法律法规中规定的管理标准还是仅仅违反许可中规定的必要的许可条件而作为"技术性"违法处理。在一些案件中，例如仅涉及报告的义务，可能就是这种情况。但即使在这种情况下，也有观点提出未履行报告的义务也会导致执法主体行使法律法规规定的执行权。在其他一些案件中，违反许可条件的规定可能在事实上会产生实际的环境损害结果，例如违反许可证中排放标准的规定显然就是属于这种情况。当违法行为导致环境损害结果发生时，就不可能免于对案件的诉讼或减轻对违法行为的处罚。但也存在反对诉讼的有力观点，尤其是希望当看到公诉人作为协商谈判的一方迫使犯罪行为人修复其损害带来的损失。在一些国家，例如比利时和荷兰，这种使得损害得以恢复的谈判方法被认为比实际的诉讼更加有效。

总体来说，无论欧盟成员各国实际的法律制度在书面上是如何规定的，每一个司法体系都不同程度上存在对情节轻微案件的宽大处理措施，特别是在没有对环境产生威胁的案件中。但从书面的法律规定来说，具体的情况仍然有所不同。丹麦、奥地利和葡萄牙的国别报告指出其法律规定中不存在对案件的减免处罚措施，任何违法案件在任何情况下都应当被起诉并被罚款；芬兰和荷兰规定了具体的减免处罚政策适用于情节轻微的案件；在德国，执法主体可以停止对情节轻微的刑事违法案件的处理，前提是如果犯罪行为人满足了具体的条件（恢复原状，额外投资建设符合生态标准的生产设备）。此外，英国的国别报告指出，没有对环境产生负面影响的、情节轻微的案件可以通过警告处理；意大利的国别报告指出环境案件的处理总是存在减免处罚的情况，但很多减免处罚的案件都是违法主体和行政机关共谋的结果。值得注意的是部分国家的国别报告指出其司法系统中没有采纳减免处罚措施的规定，但也同时表明任何情况下处罚措施的适用都和违法的程度和损害结果的严重性保持正比例关系（丹麦、德国、西班牙）。因此，事实上的情况是在这些国家，如果违法行为只是形式，实际并没有对环境产生危害，在适用决定处罚措施的严厉程度时会相应地考虑这一点。

因而这个问题的结论是在一些国家，对情节轻微案件的有效处理形式为警告或者不采取任何应对措施，即免予处罚；在其他一些国家，处罚措施包括罚款（有时甚至会有刑事诉讼），但没有造成环境损害这一点在量刑时会适当予以考虑。

最后一个重要的问题有关享有减免处罚权的主体，即哪个执法主体可以实施减免处罚的权力。这个问题又涉及行政法和刑法执行的关系以及刑事处罚措施是否应该被用作一种终极救济的方法。在德国，行政机关通常会首先使用有效的行政措施，在有关工业企业的案件中只有当行政法不能有效地执行时才会动用公诉机关的力量。在荷兰，对案件的处理总是较少地依赖行政机关，公诉机关认为其在与企业达成共识方面已经作出了巨大的努力。由于这个原因，中央政府希望限制行政主体行使减免处罚的权力，而倾向于将对轻微案件是否起诉的决定权交由公诉机关并作为一项具体的政策规定。这一情况在比利时也同样存在。

三、信息及情报服务的作用

问卷中"其他"部分的最后一个问题和环境法执行过程中情报服务的作用有关。一些国家，例如奥地利、意大利、荷兰、葡萄牙、西班牙和英国，都在其国别报告中指出情报服务在环境案件中确实发挥着重要的作用，尽管英国在报告中提出情报部门的作用仅表现在废弃物运输的案件中。其他一些国家，例如丹麦、芬兰和德国，在其国别报告中提出情报服务在具体的环境案件中并未发挥任何作用。比利时的情况也是如此，尽管比利时的国别报告也指出在部分案件中情报服务确实发挥了作用，但这些作用的发挥也是基于国外"情报部门"部分提供的信息，通常这些信息来自荷兰。

环境法执行过程中无论各种原因，案情信息的重要性都无可厚非。在授予许可和案件最初调查的过程中，先前发生过的犯罪案件的内容、具体的犯罪行为人的情况等等信息对于现有案件的处理都非常重要，但另一方面这些信息的内容也包含着对涉案主体隐私权的巨大侵犯。在部分案件中执法主体收集了很多重要的信息，但这些信息的获取并不是通过情报部门的参与而实现的。在一些案件中，执法主体本身或者专业的公诉机关官员都会掌握一些违法犯罪案件的最新情况，例如，在废弃物非法转移方面较为活跃的犯罪网络等等。

部分国别报告的撰稿人也指出在使用有关情报部门提供的信息的案件中，这些情报机关、警方和执法主体的合作并没有导致任何问题的产生。意大利的报告提到在一些案件中警方凭借情报部门提供的情况开始了对案件的最初调查。这一情况在其他的司法体制下可能并不适用，因为在诉讼中无法回答是否可以通过情报机构检验信息的真实有效性这个问题。当涉及在案件的调查中使用所谓的匿名举报或者匿名者提供的情况时，这一问题的讨论就变得十分困难。对这些问题的探讨，例如是否可以将通过情报部门获取的分类信息作为最初调查的依据，与各国的司法程序并没有紧密的联系。荷兰的报告指出警方和情报机关之间有着良好的合作关系，由于情报机关只是提供了少量的机密信息，因而不会导致任何具体的问题。否则就会产生正如英国国别报告中所提出的保护匿名信息来源的问题。

所有的国别报告都提到情报服务提供的信息在法院审判的后期也可以使用。这大概意味着情报服务提供的用于法院审判的信息应符合具体的国家法律的规定。很显然，司法实践中必须要遵守这些具体法律法规的规定。

第九节 结 论

第一个重要的结论是现存的体系允许对司法实践中的环境刑事执法进行分析。因而相对于前本书《欧盟环境刑法》，其主要探讨立法规定中已经确立的实体环境刑法的规定，本书具有一些额外的价值，它对各国司法实践中环境刑事执法的分析是有益的，原因在于通过对不同政策规定更好的理解，会促进不同主体之间的跨境合作。因此，本书也会为欧盟更好的环境刑事执法作出贡献。

一、趋势：法人承担刑事责任

如果一定要对被调查国家的立法或判例法中有关环境刑法规定发展的趋势作出一个判断，有人也许会指出一个明显的趋势是规定不同形式的公司刑事责任。这个趋势在有关刑法效用的环境刑事法律规定中是最具争议的话题之一。越来越多的人认识到这样一个事实，那就是严重的环境犯罪经常（并非总是）是传统刑法几乎不能解决的法人犯罪，因为传统刑法更多关注的是自然人。因此我们看到越来越多的讨论，至少在政策层面，指向在没有规定法人刑事责任的司法体系中引进法人刑事责任规定。大多数的司法系统确实已经规定了可以特别适用于法人的处罚措施，这些处罚措施大多由（行政）刑事处罚或者没收组成。通常，具有争论的一点是这些措施并没有刑罚的性质因而只能在部分并非所有相关的国家得到使用，即使在个人的过错没有被证明的情况下。然而，可以看到在司法实践中，德国所谓的行政刑法体系和其他国家规定的没收并没有发挥至关重要的作用。因此，应当讨论引进可以合理适用的法人刑事责任。但是，也应当意识到这样一个事实，仅仅引进法人刑事责任并不能解决所有的问题。从已经采纳法人刑事责任国家的司法体系中就能看出这一点。这些国家经常需要应对判例法中的问题，因为体系中缺少将个人的违法行为归罪于法人的明确标准。因而，引进法人刑事责任需要和明确的归罪标准和处罚措施相结合。

当然，严重的环境犯罪经常是法人犯罪的事实也应当考虑到有关刑事法律执行的其他方面。对法人刑事责任越来越多的兴趣也造成了，例如当公共法人和公务员导致环境污染的情况下，对两者刑事责任的兴趣的不断增加。尽管这一方面还没有很多的案例，毫无疑问我们可以察觉到这样一个趋势，在环境机关工作的公务员的责任在不断增长。

在处罚的层面也应当考虑到环境犯罪的法人属性。直到目前为止，通常的情况是各国的法律体系对法人犯罪仅适用行政刑罚性质的处罚措施。这带来的总体上的问题是除刑罚以外，这些处罚方法的地位和作用是什么。目前通常认为这些行政刑罚性质的处罚措施是非常有效的，特别是这些措施由旨在修复环境损害的直接方法所组成。然而，我们应当清楚这样一个事实，行政程序并不能像刑事诉讼程序那样提供相同的保障，因此应当意识到并不是所有的环境法律执行都可以托付于这些行政刑罚体系。另外，应当经常检验这些行政刑罚性质处罚措施的目标是否和刑罚方法的目标相区别。如果两者没有区别，对于一个类似的违法犯罪可能会采取两种不同的应对方法，这也许会和法律规定中的"一事不再理"原则相冲突。

在有关刑事处罚方面，可以看到除罚金以外其他处罚措施的使用相对较少。这一情况不仅在自由刑上成立（自由刑仅适用于情节非常严重的案件），而且禁止令的情况也是如此。司法实践中旨在遏制实施特定行为或从事特定职业的禁止令（性质上既可以为行政也可以为刑事）几乎从未使用过。当引进法人刑事责任时，应当增加使用可以直接针对法人实体本身的处罚措施。的确，司法体系应当认识到的事实是其他处罚措施对法人来说可能比自然人更加合适。令人惊讶的是即使在包含法人刑事责任的司法系统中，例如荷兰，针对法人的处罚措施也几乎没有使用过。然而，我们却可以看到发生在行政机关和违法犯罪主体之间的一种谈判协商过程，行政机关以此寻求违法犯罪主体遵守环境法律的规定。通过这些非正式的机制，通常也能达到同样的目的，和法人处罚措施主要的目的相一致。这也可以解释为什么法人处罚措施在实践中并不经常使用的原因。

二、行政法或刑法？

上文中提到的非正式的谈判协商程序是大量争论的焦点。支持者强调行政机关谈判的有效性使得违法主体遵守法律或者受到行政刑罚的处罚。然而，这种行政机关和违法犯罪主体合作的模式带来了一个问题，当谈判并不能带来预期的结果，行政机关是否有能力进行有效的调查。另一个批评在于谈判协商的发生没有公诉人的有效监管。因而有观点表示行政机关应该有义务向公诉人报告每一起犯罪案件；在这种情况下，最终是否起诉的决定权仍然掌握在公诉人手中。这个问题显然和国家刑事诉讼体系内部调查机关和公诉人的地位和作用有很大的联系。一些国家的公诉人被迫会对每一起案件进行起诉（所谓的强制起诉原则），例如奥地利，这显然对接受行政机关的谈判协商政策有一些困难，同时这也会导致环境犯罪并没有被报道和起诉。然而，在允许公诉人并不需要起诉所有犯罪的国家（例如荷兰），也可以听到批评的声音，行政机关在谈判的过程中将环境案件"占为己有"的时间过长，因而在开始正式的刑事诉讼程序前花费了大量的时间。

但是，与违法犯罪主体进行谈判的并不仅仅是行政机关。谈判主体有时也可以是公诉人。一些案件没有被起诉的原因在于犯罪案件情节较轻微；在其他案件中，公诉人为了使违法者遵守法律规定，警告违法主体如果没有满足特定的条件，他/她将被起诉。这种非正式的机制在某种程度上来说是广泛的刑法条款的产物，通过谈判协商赋予公诉人大量的权力。谈判的结果最终应该是成功的，因为公司大多愿意遵守公诉人的条件，如果这样做，可以避免起诉时的听证和对不良结果的宣传。然而，由此产生的问题是对谈判协商过程的系统运用（显然在一些司法体制中环境刑事执法的状况即是如此）在民主和法律原则的角度下是否可行。我们也的确可以质疑公诉人是否对刑事责任的条件进行了充分的验证，并且在谈判协商的过程中被告的权利是否得到了足够的尊重，谈判有时是在"被曝光"的威胁下进行的。另一个质疑在于公诉人是否有权力在事实上实施处罚还是只有通过听证，满足了刑事责任的条件并且在做出一个公平的判决之后再使用这些措施。然而,在环境案件中发挥作用的即席判决和听证的减少(例如在德国处罚决定)的确放宽了程序的规定但有着实践上的重要性。有关刑事责任限度的决定性权力从法官手中转移到公诉人和行政机关手中当然容易受到批评。显然,不再是一个公平的法官来决定事实上是否满足了刑事责任的要件。风险在于由于刑事诉讼的威胁,很多环境案件的当事人仅存在违法犯罪的嫌疑也倾向于同意支付高额罚款或按照指令行事以规避刑事诉讼。此外,口头听证的公开也会有一些附加的预防效果,因而从政策的角度来说也是可取的。但是,由于涉及花销,并非所有的案件都会进行听证。所以,我们可以预期地看到欧盟成员国内立法上的趋势,在将来会越来越多地使用(行政)体制来处理轻微的(环境)案件。

三、走向一体的欧洲环境刑法?

显然,这项研究表明欧盟成员国内的司法实践确实存在一些类似(例如,公诉人在刑事法律执行中的核心作用,结合行政和刑事处罚措施的使用),但也存在一些重要的区别。区别有时和实体的刑事法律规定有关(例如有关法人刑事责任或者有关受害者提起刑事诉讼的权利),但在其他一些案件中不同成员国之间的环境意识有着显著的差别。相比较其他国家,例如环境意识很高的北欧国家丹麦,令人惊讶的是意大利的国别报告提到环境意识在意大利仍然较低。环境意识上的区别理所当然会对环境刑事执法的有效性产生影响。如果环境意识比较低,个人可能不会,例如愿意向警方举报环境违法案件。

我们可以轻易地指出成员国内司法实践的不同,这个事实带来的问题在于是否需要实现进一步的融合。相对而言我们更容易作出一个政治上正确的论断,鉴于成员国内仍然存在的不同,应当努力实现进一步的融合。然而,应当考虑到这份报告只对司法实践进行了探讨,并没有比较实体环境刑法的不同。显而易见相比较司法实践,实体环境法的融合更加容易。

另外,尽管仍然存在区别,我们应当注意到成员国内有关环境刑事执法不断增加的合作和协调是可能的。对其他司法体制来说不断增加的合作是一个重要的起点。这份报告也在试图努力改进现有的状况,并且考虑了各种不同融合环境法律的努力。这一点可以参考欧盟理事会《通过刑法保护环境的协定》以及《第15届国际刑法大会决议》。因此，在开始任何新的方法之前，最好等待这些创始性协定的实际效果，例如试图协调司法实践。我们应该清楚的是在刑事法律执行的背景下协调司法实践是一件非常困难的任务。这份报告中讨论的很多不同和环境法的不同并没有太大的联系，更多的是有关实体刑事法律的不同。这些不同的方面，例如行事诉讼程序中被害人的角色，可能和具体成员国中的文化认同有关系，两者的联系使得为了改善环境法律的执行改变不同国家的这些区别（如果非常有必要）变得不太现实。

此外，欧洲环境刑法的一些最新的发展在这里值得一提。欧盟委员会在2001年3月11日采纳了欧盟议会和欧盟理事会的一项指令性提议，通过刑法保护环境。这项指令性提议基于最初错误并且要求成员国对于违反其附录中所列出的共同体的指令和法规的行为实施刑事处罚，因而迫使成员国引进有关违反具体环境指令的刑事法律规定。这被认为是对缺少执行的必要补救。这项提议在成员国内部遭到了刑事律师的强烈批评。批评的观点认为环境法律的执行最好通过实施行政处罚措施，也有一些学者认为仅仅关注刑法过于片面。

与此同时，欧盟理事会采纳了一项关于通过刑法保护环境的框架性决议。这项决议基于丹麦在2000年2月的一项先驱性规定，其观点是采纳一项理事会框架性决议以应对情节严重的环境犯罪。这项框架性决议最初只是强制成员国在处理被认定为"情节严重的环境犯罪"时引入刑事处罚措施。然而，在最后接受并在2003年1月27日通过的最新的版本中，欧盟理事会采纳的框架性决议很大程度上受到了欧盟理事会公约的启发。

很显然，存在两个并行的通过刑法保护环境的文件是一个显著的问题，这表明在界定两个文件的效力时存在一定的困难，一个是所谓的"第一支柱"（指令性提议基于此产生），另一个是框架性决议的基础，所谓的"第三支柱"。最后，欧盟委员会向欧洲法院提交了一份申诉，认为欧盟理事会在环境刑法领域并没有适格的权力。

在这个阶段，并不能确定欧洲法院关于这个问题会作出何种决定。然而，同样清楚的是欧盟委员会和欧盟理事会选择的解决问题的路径是根本不同的。

一方面，欧盟委员会显然认为引进刑事法律的规定解决缺乏执行的问题是必要的。执行欧洲环境法需要在特定具体的违法案件中采取行事处罚措施；另一方面，欧盟理事会的框架性决议更多地遵循《通过刑法保护环境公约》中的规定，规定了环境犯罪的最低标准并在总体上寻求环境刑法的一体化。

第三章 欧盟各国司法体制介绍

第一节 奥地利

奥地利是由九个独立的州组成的联邦制国家,司法权完全属于联邦,联邦对于案件有专署的管辖权,法官、检察官、律师等法律职业由联邦法律规定。

一、法院体制

奥地利的司法体制和审判制度属于大陆法系,但刑事审判采纳英美法系的陪审团制度。需要说明的一点是维也纳还有行政法院和宪法法院,其本身都是最高法院,它们相互独立,互不隶属。同样,联邦最高法院和它们之间也是如此。[①] 宪法法院于1920年创建,是世界最早的宪法法院。普通法院认为其所适用的法律违反宪法或所适用的法规违反法律,均可以向宪法法院申请废止该法律、法规。普通法院体系分为地方法院、一审法院、上诉法院和最高法院四级,管辖地域不按行政区划而按传统范围划分,负责审理民事、刑事案件。民事案件实行三审终审制,刑事案件实行两审终审制,刑事案件主要依据所犯罪行轻重及可能量刑状况确定管辖法院。行政法院由联邦政府设立,实行一审终

[①] 参见〔荷〕兰布克、〔意〕法布瑞编:《法院案件管辖与案件分配:奥英意荷挪葡加七国的比较》,范明志等译,法律出版社2007年版,第102页。

审制。奥地利法律规定民事、刑事案件的管辖法院确定原则与中国相似,基本以标的额和可能判处的刑期为标准。民事案件 1 万欧元以下的民商事案件、婚姻家庭纠纷由案发地的地方法院受理,多为独任审判。1 万欧元以上的民商事案件和涉及劳工法、社会法、行政法等案件由联邦法院受理,一般也实行独任审判。上述案件,均为三审终审。最高法院每年受理 2000 件左右民商事案件。刑事案件,可能判处 1 年以下有期徒刑的案件由地方法院一审,可能判处 1 年以上 5 年以下的案件由联邦法院一审,一般为独任审判。高等联邦法院由 3 位法官组成合议庭二审。可能判处 5 年以上的案件由联邦法院的 1 位法官 2 名陪审员组成合议庭审理,每年约 6000 件。重大、恶性案件由联邦法院的 3 位法官和 8 名陪审员组成合议庭审理。涉及罪与非罪的案件可以直接上诉至最高法院二审。对刑期判决不服的,上诉至高等联邦法院二审。奥地利法律取消了死刑。法律没有规定各类案件的审限,因此,奥地利法院的审理周期普遍较长,效率不高。据统计,案件审理期限短的 240 天左右,最长的达 450 多天。奥地利法院一般在送达起诉状后确定 4 周的自动履行期,当事人不履行的,进入诉讼程序。特别重视庭前和解,当事人双方在法院主持下达成和解,由法院出具和解书,庭审后一般不再调解。约有 85% 的债务纠纷案件通过和解方式解决。奥地利司法部负责法院的行政事务,并设有民事、刑事管理部门,每个部门又设有若干小组,负责了解法律执行中的问题,提出废除、修改或立法的建议,但并不干预法院的具体审判工作。各级法院之间互不隶属,没有领导与被领导关系,但联邦法院可以管理地方法院审判以外的有关事务。①

二、检察制度

奥地利的检察机关为检察官办公室。通常,它有权对公诉案件,尤其是其职责范围内的案件提起刑事诉讼。每一个检察官办公室有一名检察长和一名助理检察长。办公室也可以组合成不同的工作组,由"组长"作为负责人。在地方法院检察官办公室,检察官的职责由所谓的"代理人"来履行。一审法院有 16 个检察官办公室。另外,在二审法院有高级检察官,在最高法院有检

---

① 参见姜明川:《关于荷兰、奥地利司法制度的考察报告》,载《山东审判》第 23 卷总第 175 期,第 111 页。

第三章　欧盟各国司法体制介绍

察总长和助理检察总长。为履行职责，公诉机关人员独立于其所任职的法院。一审法院检察官接受高级检察官的指示，而高级检察官和最高法院的检察总长服从司法部长的指令。①

第二节　比利时

比利时位于西欧中心，西隔多佛尔海峡与英国隔海相望，南邻法国，北依荷兰，东接卢森堡、德国，位于拉丁文化与日耳曼文化的交汇点。根据1999年统计数据，比利时人均年收入26730美元，居世界第九，是一个发达的工业国家。比利时首都布鲁塞尔是著名的国际城市，欧盟的主要机构以及北大西洋公约组织总部均位于该市，是欧洲的政治及军事中心。

比利时历史上曾属于罗马帝国，中世纪曾先后被西班牙、奥地利、荷兰统治。比利时在历史上与荷兰的关系极为密切，比利时在历史上被称为南尼德兰，中世纪时曾是西欧的商业中心，也是现代商法的发源地之一。1830年，比利时借法国大革命之时宣布独立。独立后的比利时王国为单一制国家，境内南部为讲法语的瓦隆区，北部为讲荷语的佛兰德斯地区，还有东部与德国接壤的一小块德语区。法语曾为全比利时的官方语言，但法语区与荷语区积怨颇深。1993年，经过和平斗争，比利时变为一个联邦制国家，法语区和荷语区各自获得了自治权。现在荷语、法语为比利时的共同官方语言。

比利时全国分五个大区，联邦体制，但法院系统是统一的并完全独立于其行政系统。各级检察长由国王根据政府提名任免。比利时高等法院是最高法院，实行两审终审，全国设222个治安审理所，26个初审法院，5个上诉法院，1个最高法院。10省各设1个重罪法庭。三级法院均有相应的检察机构。各级法院的法官均由国王直接或根据同级议会的提名任免，终身任职。税务、贸易、刑事等案件由法院审理。但宪法争议和行政争议不由法院处理，有专门的机构。法院的诉讼费用不高，主要是律师的费用。比利时的法官是终身制，

---

①　参见〔荷〕兰布克、〔意〕法布瑞编：《法院案件管辖与案件分配：奥英意荷挪葡加七国的比较》，范明志等译，法律出版社2007年版，第102页。

由国王任命。高等法院的主要任务是审核下级法院的判决是否符合法律规定以及判决的幅度是否适当,除此之外是制定相关的法规。比利时法院系统不实行遵循先例原则,高等法院的判决对下级法院没有拘束力,但其他法院通常应当遵循。这与美国不同但又有些相似。最高法院主要进行书面审理。高等法院有30多名法官,其中15个来源于法语区,15个来源于夫拉蒙语区。人数比例是平衡的,这主要是从政治的角度考虑。审判庭一般由3、5、9个法官组成,根据案件的重要性决定法官的人数。少数意见不写入判决。民事案件14个月,刑事案件6个月结案。高等法院还有一个附属的任务是指导法院诉讼程序、信息的电子化管理,到2007年所有案件都实行计算机管理;其另一职能是发展与其他国家尤其是与欧盟国家法院之间的关系。

第三节 芬 兰

一、法院制度

芬兰的法院有两个相对独立的系统:一是普通法院系统;二是行政法院系统。芬兰普通法院由地方法院、上诉法院和最高法院组成。行政法院由地方行政法院和最高行政法院组成。另外,芬兰还设有特别法庭,包括土地权利法庭、水权益法庭及其上诉法庭、劳动法庭、保险法庭和市场法庭。

1. 普通法院系统

普通法院处理刑事案件和民事纠纷。绝大部分案件先经过初级法院审理,再经中级法院审理。很少案件到最高法院审理。初级法院原来有66个,现在只有60个左右。初级法院审判案件一般由1名法官、3名陪审员审理。陪审员由市级一个委员会专门选举产生。陪审员不具有法官资格,不是法官,但在审理案件时有审判权。陪审员与法官权力不平等,实行少数服从多数原则。审理刑事案件出现意见分歧,各方观点支持人数相当时,适用有利于被告的原则。审理民事案件出现意见分歧,各方观点支持人数相当时,由庭长裁决。另一种合议庭由3名法官组成,审理情节比较严重的犯罪或纠纷。审理简单的案件也采用独任法官审理。严重的案件、较大的案件由赫尔辛基法院审理。当事人对初级法院的判决不服，可以上诉到中级法院。中级法院有6个。中级法院有近1/3的案件开庭，2/3的案件书面审。对中级法院的判决不服，可以上诉，但有限制。

最高法院是否审理，由最高法院发许可证。每年上诉到最高法院的案件有2000多件，但受理的仅有10%左右。最高法院不受理的案件二审终审生效，所以芬兰审级制度是二级半终审制度。最高法院的工作人员有90多人；有22名法官，30多名独立自主的律师担任法官助理，参与案件事实的调查和对案情的分析，调查以前是否有过类似的案件，写出书面分析总结报告，提出初步建议。法官助理不参与审判，由法官作出判决。

2. 行政法院系统

行政法院依照宪法，对所有违法的行政行为和裁决都有权纠正。行政法院系统只设二级，即地方行政法院和最高行政法院。行政法院作出的判决可以上诉到最高行政法院。最高法院作出的判决是终审判决。行政法院审判案件一般由3名法官组成合议庭。有的案件涉及少年儿童或精神病，还请一两名专家参加审判。

最高行政法院有25名法官，有1名临时法官。最高行政法院设有3个部门：一个审理税收、环保、知识产权案件；一个审理国家公务员案件；一个审理市场竞争、保险法案件。必要时它们都可以请专家参与审判。在保障法院独立审判方面：一是尊重法官的意见。虽然法官的经费是政府拨发的，但政府对具体案件的审理不得提出意见。二是法院与法院之间也需要独立。即使是上级法院也不能指示下级法院如何审理案件。三是法官要与参与诉讼的各方没有任何联系，与他们保持距离。四是法官不应受外部影响，包括不得参加具有政治倾向的社团，也不得从事额外的工作。五是保障较高的经济收入。

二、检察制度

芬兰检察院是司法机关的一部分，不隶属于议会，也不隶属于司法部，在法律地位上是独立的。检察院主要是代表国家追诉犯罪嫌疑人，目的是保障犯罪嫌疑人得到公正客观的审判。除总检察长和副总检察长外，全国有12名国家检察官、270 名地区检察官。检察官在接受警方移交的刑事案件后要进行审查，有权决定是否提起公诉，如认为违法性质不足以构成犯罪可以不予追诉，检察官没有指控的案件，法官不能审判。检察官认为警方提供的证据不足可以要求警方补充侦查，警方必须侦查以提供更充分的证据。检察官不参与民事诉讼，不得提起抗诉；但唯一例外是在刑事附带民事诉讼中，检察官可以代表被害人提起民事赔偿要求，法院一并审理裁决。芬兰所有检察官都具有法律专业大学以上学历。总检察长任命检察官，其中 13 名国家检察官由总检察长提名，国务院批准。总检察长和副总检察长由国务院提名，总统任命。检察官是终身职业，没有法定违法事项不得解职。检察院的行政事务由司法部管理，预算由司法部与总检察长办公室谈判，再由总检察长办公室分配给各地检察院。

三、警察制度

芬兰警察负责刑事案件调查和维护社会治安。芬兰警察局是内务部内设机构，内务部部长是芬兰警察的首脑。内务部警察局下设 3 个部门：国家警察司、地方警察司和赫尔辛基警察司。海关和边防军在打击走私和非法移民等方面享有警察的权力。国家警察司设有国家刑侦警察部门、国家交通警察部门和国家安全警察部门。国家刑侦警察的主要职责是：打击和调查跨国犯罪、有组织犯罪、职业犯罪、经济犯罪和其他严重犯罪，提高预防犯罪和调查犯罪的能力，评估犯罪的发展趋势，执行刑事司法鉴定等。地方警察司主要维护社会治安，预防和调查一般犯罪行为。全国共有 90 个地方警察局。地方警察局与当地政府没有隶属关系，直接受内务部警察局的指挥和领导，资金由内务部警察局直接下拨。赫尔辛基警察司负责首都赫尔辛基的警务工作。

在芬兰，职务犯罪由警察部门侦查，但警察的职务犯罪调查应有检察官参与。警察可以自主地开展刑事侦查活动，但如果对犯罪嫌疑人采取监听和逮捕的强制措施时，必须得到法官的批准。警察部门拘留犯罪嫌疑人必须在 4 天内向法院报告，由法官作出裁定是否继续羁押接受调查。犯罪嫌疑人被拘留后必须立即送到监狱关押，警察可以到监狱讯问，司法部监狱管理部门的工作人员不在讯问现场，也不监听，但律师必须在场。

第四节　法　国

法国是实行三权分立的国家，但它与典型的三权分立的国家相比却有着自己的特色。议会行使立法权，政府行使行政权；而司法权不仅归属于司法机关的法院，也归属于行政机关的行政法院。除此之外设最高司法委员会，归总统领导。法国的行政领导实行总统和总理共同领导的双重制。

一、审判制度

法国是单一制国家。法院主要分为两个系统：普通法院系统、行政法院系统。法国三权分立的分权原则表现为立法和行政机关都不受司法机关的干预和监督，司法机关不能对行政损害行为作出法律赔偿的判决，而由自成体系的行政法院审理。

（一）法院的设置及管辖

1. 普通法院的设置和管辖

（1）初审法庭。基层民事法院，全国有400多所，主要是调解民间纠纷和审理诉讼标的在5000法郎以下的民事案件。每个法庭只有1名法官，审理案件实行独任制。

（2）警察法庭。审理轻微刑事案件的基层法院。审理法定刑为2个月以下监禁或者6000法郎以下的违警罚金的刑事案件。不服判决的，可向上诉法院上诉。全国有400多所。法庭由1名法官、1名检察官、1名书记官组成。

（3）大审法庭。审理较大民事案件的第一审级，也受理初审法庭等的上诉案件。全国共100多所。每个大审法庭有3名或3名以上的法官。民事案件实行公开审理，但涉及个人隐私的案件除外。不服大审法庭判决的，可向上诉法院或最高法院上诉。

（4）轻罪法庭。处理罪行较严重的刑事案件的基层法庭，全国有100多所。每个法庭由3名法官、1名检察官和1名书记员组成。主要审理法定刑为2个月至5年徒刑或者6000法郎以上罚金的刑事案件。轻罪法庭是大审法庭的刑事分庭。

（5）专门法庭。专业性法庭，处理比较突出的各种社会问题的法庭和有关私法方面的问题。全国共有500多所。法庭只配备兼职法官。法庭的种类很多，但主要有劳资协调委员会和商务法庭等。

（6）上诉法院。一般民事案件和刑事案件的上诉机构。有权直接审理重大的民事案件和刑事案件。全国有31所上诉法院。内设有民事法庭、未成年人专门法庭、社会法庭、起诉法庭和重罪法庭。由法院院长和检察长主持上诉法院的工作。上诉法院主要侧重对案件的事实审。

（7）国家安全法院。主要审理违反军队纪律的犯罪案件及审理叛变、间谍、危害国防等在和平时期进行颠覆活动的案件，该法院通常由政府指派1名审判长、2名法官和1名将军级或校级军官组成，政府可任意撤换。最高法院是它的上诉法院。

（8）重罪法庭。与上诉法院平行的法院。重罪法庭是审理重大刑事案件的终审法庭，又称巡回法庭，是非常设性机构，按行政区划（省）设立，每省设1所，开庭是定期的。它受理的重罪案件必须是经过上诉法院预审庭审查同意起诉的，审理法定刑为5年以上徒刑、苦役等刑事案件。其判决是终审判决，一般不能上诉，但可就法律问题向最高法院申请上诉。

（9）最高法院。普通法院中的最高审判机关，下设民事、刑事审判庭，受理任何法院或法庭的民、刑事案件的上诉案件。最高法院对上诉案件只审查适用法律是否适当。任何案件的判决生效后都可以向最高法院申诉，最高法院的审理采用书面审查，而不开庭审理。

2. 行政法院的设置及职能

行政法院独立于普通法院，审理国家机关之间、国家机关或行政官吏在行使公务过程中由于违法引起的公民之间的纠纷，分为专门行政法院和普通行政法院，前者主要是对特定的行政事项有管辖权，如审计法院；后者是对除由专门行政法院管辖外的行政争议有管辖权，又称普通行政法院。行政争议法庭、行政法庭、上诉行政法院、最高行政法院等构成了法国的普通法院系列。普通行政法院的设置和职能如下：

（1）行政争议法庭。行政争议庭是法国海外没有建省的领地内受理行政诉讼的机构。当事人对行政争议法庭的判决不服的，可向最高行政法院上诉。

（2）行政法庭。全国共有33所，每个行政法庭至少设一个审判庭。行政法庭有审判职责和行政咨询职能。行政法庭对初审行政案件一般都有管辖权。

（3）上诉行政法院。它是上诉审行政法院，对地方行政法院判决不服的上诉案件一般都有管辖权。全国共设5所。上诉行政法院由院长和法官组成，院长由最高行政法院的高级行政法官担任，法官至少具备地方行政法庭一级法官资格，且已有6年工作经验，其中4年必须从事审判工作。当事人对上诉行政法院的判决不服的，可以向最高行政法院提起复核审程序。

（4）最高行政法院。是政府在制定法律草案和行政管理措施时提供意见的咨询机关，也是受理行政诉讼的终审法院。院长由政府总理担任，但实际上由司法部部长代表出席。最高行政法院的职能主要是：

——司法职能。由司法组行使，受理一审行政诉讼案件；审理下级行政法院的上诉案件。

——咨询职能。就政府的法律、法令、条例、其他法规草案提出意见和建议、审查它们是否与现行法一致；就行政管理和行政改革的措施提供咨询意见。

——监督职能。监督和管理行政措施在政府部门的实施情况。

3. 权限争议法庭

权限争议法庭设立的目的是保障行政法院的权限不受普通法院的侵犯，解决普通法院和行政法院的司法管辖权的争议。它由9名法官组成：司法部长为主席、最高法院和最高行政法院各出3名、上届争议法庭的成员2名，任期3年（主席除外），另设检察处。它的职权主要包括：（1）对两种法院都认为不属于自己的管辖范围的案件，权限争议法庭有权决定应由哪种法院受理。（2）对行政法院认为普通法院受理的案件应由行政法院受理而产生的争议，权限争议法庭有权作出判决。（3）两种法院都受理了某一案件，都认为自己对此案件有管辖权，权限争议法庭有权要求后受理的法院停止诉讼并将案件移送过来，以便裁决。（4）两种法院都受理了某一案件并作出了相互冲突的判决时，当事人可以请求权限争议法庭撤销判决，作出终审判决。

4. 宪法委员会

由固定成员和非固定成员组成：历届前任共和国总统为当然的固定成员，非固定成员由9名委员组成，任期9年，不得连任。主要行使司法审查权，审理总统、议员选举中的诉讼案、监督公民投票并宣布结果等职权；充当总统的法律顾问。宪法委员会作出裁决期限为1个月，在紧急情况下缩短到8天。它所作出的裁决具有强制执行力，是终审裁决。

5. 特别高等法院

专门审理共和国总统所犯叛国罪、政府成员所犯渎职罪、危害国家安全罪的特别法院。它由最高法院成员的高级陪审员组成。

二、检察制度

法国检察机关隶属于司法部，其性质上是行政机关。总检察长对司法部长负责，领导全国的检察工作。检察机关仍履行重要的司法职能，是重要的司法机关。上下级检察机关实行垂直领导，自成统一、独立的有隶属关系的组织体系。总检察长对所有检察官有指挥权，下级检察官必须服从上级检察官的命令，上级检察官对下级检察官都可下达命令或指示，检察官有严格的等级之分。

（一）检察机关的设置及职能

法国实行审查合署，即各级检察机关派设在各级法院内。按照法院的级别相应设最高法院检察院、上诉法院检察院、大审法庭检察院、军事法庭检察院、国家安全法院检察院等。每级刑事审判法院都有检察官代表。最高法院设总检察长1人，检察官若干人；上诉法院设检察长；重罪法庭和轻罪法庭分别设检察官；警察法庭不设检察官，只派驻公设律师。

检察院兼有司法和行政双重职能。检察官具有法官的身份，与法官的地位一样，穿同样的制服，领取的薪水也相同，享有同样的特权和保障，可互换职务，被称为"站着的法官"，法官被称为"坐着的法官"。主要职能如下：

1. 侦查职能。检察官亲自接受申诉和告发，有权自己或指挥法院辖区内的司法官或司法警察采取措施追查违法犯罪活动。

2. 控诉职能。一般由检察官根据侦查结果起诉。重罪案件必须经上诉法院起诉庭审查决定；被害人向警察法庭或者轻罪法庭提出诉讼后，检察官要干预以后的诉讼程序。

3. 提出上诉程序的职能。除重罪法庭判决不能上诉的外，其他的案件检察官和被告都有权上诉。

4. 执行判决的职能。检察官和检察长有权直接要求警察协助执行判决。有权直接动用武力，确保判决的执行。

5. 法律监督的职能。主要体现在刑事案件中：侦查阶段，对预审法官在预审活动中采取的各种措施，如搜查、扣押、讯问、签发逮捕证等的法律监督；审判阶段，检察官代表国家参加辩论，法院所作的判决在事前应听取检察官对争议事项的意见等。

6. 行政职能。领导所属司法警察；有权监督和控制经纪人、拍卖估价人、和司法助理人员（律师、公证员等），并调查他们的档案；有权核实、检查户籍登记以及确认亲属关系等事项提出建议和意见；监督司法档案的管理。

三、警察制度

法国内政部是法国警察机构的领导机关，内政部下属的国家警察总署是警察机构的直接领导机关。法国的警察由行政警察和司法警察组成，二者都属于行政机关。行政警察的职责主要在于通过保障法律、条例、规章不被违反来预防犯罪，维护社会秩序，因而具有治安管理性、日常保卫性和预防性。司法警察的职责则是刑事追诉性的，即根据刑事诉讼法典的规定发现和查明犯罪，查找犯罪行为人，收集犯罪证据，协助共和国检察官和预审法官完成有关侦查活动。

第五节 德 国

德国实行联邦制，全国划分为联邦、州、地区三级，联邦和各州均有自己的立法机构、行政机构及司法机构，并根据《德意志联邦共和国基本法》之规定履行各自权力。

一、法院制度

德国主要设有六类法院,即宪法法院、普通法院(包括专利法院)、行政法院、财政法院、劳工法院、社会福利法院。此外还设置有纪律法院。

宪法法院。德国设有联邦和州两级宪法法院。两级宪法法院各自独立设置,没有隶属关系。德国16个州中14个州有宪法法院。宪法法院管辖违宪案件,保证宪法实施。联邦宪法法院地位超越其他各类联邦法院,是德国最高司法机关和最具权威的宪法机构,不从属任何权力机关,具有"司法审查"、"行政权限裁决"、"弹劾案审判"等广泛职权;州宪法法院仅管辖违反州宪法的案件。宪法法院诉讼程序不同于专门法院,其审理案件实行一审终审制。宪法法院外的5个法院系统不按地域、而按案件类别划分管辖范围。五类法院的联邦级法院还建立有"联邦法院联席会议"协调彼此工作。这五类法院的设置、管辖和审级分别是:

普通法院。德国设置区法院、地方法院、高等法院、联邦最高法院四级。全国有区法院约700个、地方法院116个、高等法院25个,联邦最高法院包括分设在全国5个地区的12个民事审判合议庭、5个刑事审判合议庭、8个专业委员会及联邦司法部长在联邦最高法院所在地外设立的民事、刑事审判机构。普遍法院审理刑事、民事案件。其中区法院是一审法院,管辖刑期为3年以下的轻微刑事案件;地方法院既是区法院的上诉审法院,同时也审理一审刑事案件;高等法院主要审理对地方法院二审判决不服的再次上诉案,对反国家罪和恐怖活动案件行使初审管辖权并受理州司法部指令管辖的案件;最高法院是民事、刑事案件的最高审级法院,主要受理不服地方法院和高等法院的上诉案件。普遍法院审理案件实行四级三审终审制。

专利法院归属普通法院体系,附设于联邦最高法院,与高等法院同级。它审理专利、许可和针对联邦专利局的案件。

行政法院。德国有行政法院52个,分地方行政法庭、州高等行政法院和联邦行政法院三级(其中国家律师附属于联邦行政法院)。行政法院审理行政机关侵犯公民合法权益案件,实行复议前置。行政案件上诉原则上要经上一级法院同意,但对于州高等法院不准上诉的地方法院一审案件,公民可直接上诉到联邦行政法院。行政法院审理案件实行三审终审制。

财政法院。德国有财政法院 19 个，分联邦财政法院和州财政法院两级。纳税人状告国家财政税务局的案件一般归财政法院审理，触犯刑法时由普遍法院管辖，发生管辖权争议时由"联邦法院联席会议"协调。财政法院审理案件实行二级二审制。

劳工法院。德国有 124 个劳工法院，分联邦劳工法院、州劳工法院和地方劳工法院三级。劳工法院审理劳动纠纷和社会纠纷，且仅受理双方有书面合同的争议，否则归普通法院管辖。劳工法院审理案件实行三级终审制。

社会福利法院。德国有社会福利法院 69 个。分联邦社会福利法院、州社会福利法院和地方社会福利法院三级。社会福利法院负责审理保险、事故、失业金、退休金、社会救济等由政府、行政机构负责的赔偿以及国家法律规定的福利费等。企业福利发放产生的纠纷由普通法院管辖。社会福利法院审理案件实行三审终审制，不收费，不许律师参与，主要是调解结案。

纪律法院。德国设有官员、法官、士兵、公证人、律师、会计师、建筑师、医生等职业纪律法院。每种纪律法院分联邦纪律法院、州纪律法院两级。纪律法院审理公职人员和其他职业人士触犯纪律问题的案件。

二、检察制度

（一）检察机关体制

德国检察机关是联邦或州司法部内部的一个具有较强独立性的部门，由两大部分构成。一是联邦检察院。它是德国最高检察机关，但不是州检察机关的领导机关，与各州检察机关之间只是诉讼程序上的关系。联邦检察院受联邦司法部长领导。二是州检察机关。州检察机关分设州高等检察院和地区检察院两级，分别对应于州高等法院和地区法院，初级法院的检察事务由地区检察院负责。州检察系统内存在领导和监督关系，州高等检察院检察长统一领导州的检察工作。州高等检察院检察长受州司法部长领导。检察机关的职能一般有：指导刑事侦查（少数情况下自行侦查）；对刑事案件提起公诉；作为国家利益和社会公共利益代表提起民事诉讼和行政诉讼。

欧盟为保护生态动刑

（二）负责调查和起诉的机构

负责调查和起诉的机构是公诉人（检察官）、刑警和专门警察机构，例如海事防护警察和专门负责首先接触案件的警察。现有大量的警力存在。联邦州的警力负责大部分调查工作，而联邦的警力集中力量负责调整协作工作：

——警察局/总指挥部（联邦州机构）。负责调查环境犯罪中的专有部分，有时也会有额外的工作，例如监督某些州的废弃物运输。

——联邦调查局：主要负责调查国内和国际的环境犯罪，情报工作，信息交换；配合国外的刑事调查和特殊情况下的国内调查，开展有关特殊利益案件的自行调查，制订应对措施，与国际刑警组织进行相关合作。

——国家/州调查局。主要负责调整工作。

——海事警察局（联邦州机构）。负责对大河流域和港口的调查。

——联邦边境警察局。负责对领海和专有经济区的调查，对联邦境内铁路交通的调查。

——海关（联邦机构）。监督货物的进口和出口，还有对相关联犯罪的调查。

——矿业机构（联邦州机构）。（非主要任务）负责煤矿方面的犯罪调查。

三、（刑事）调查和对环境犯罪刑事诉讼体系的简要资料（国内法律诉讼系统的结构）

在德国，联邦州的刑事调查和起诉主要是由州的相关机构负责，这些机构不受联邦机构的监督。

通常由州公诉机关引导调查，州警察协助公诉人。公诉人可以质疑执法主体（少有的例外，如州权力机关）。总的来说，执法主体有义务根据内部指引向公诉人举报犯罪。

联邦公诉人主要负责上诉案件，联邦警察主要调节国内国际的警务工作。

第六节　荷　兰

一、荷兰的法律框架及法院设置

荷兰是实行地方分权的单一制国家的典型，由一个统一的中央政府和多个地方政府组成。中央政府实行君主立宪的议会制民主政体。荷兰是法治国家，政府制定的全部法案都必须以议会的法案为依据，法院不能溯及既往地适用刑事法律。荷兰法的渊源由议会法案、法典、条约及案例法组成。荷兰女王是国家元首，由首相负责的内阁是政府的领导机构。荷兰的立法机关是被称为国民大会的两院制议会。任何一项法律都要经过两院的多数通过才能生效施行，下院是唯一有权倡议立法和修订内阁提交的法案的机构，上院必须批准在下院通过的法律。荷兰属于大陆法系国家，法律制度深受法国、德国影响，但因其特殊的地理位置、历史传统，又吸纳了海洋法系等其他法律体系的法律制度及做法，形成了特有的法律制度。荷兰的司法系统大体分为两个子系统：一般系统与行政法系统。女王和内阁作出所有的司法任命且其任命为终身制，但宪法规定法官70岁退休。荷兰公民在一定条件下可以参与法院的司法活动。荷兰法院分如下等级：1个最高法院、5个上诉法院、19个地区法院和62个地方法院。此外，还设有军事法庭、行政法庭等若干特别法庭。争议标的额较小的简易案件和一般刑事案件由地方法院管辖，实行独任审判；重大刑事案件和复杂的民事案件可以直接诉至地区法院，实行合议制审判；上诉法院负责审理上诉案件。最高法院负责审理高级官员履行职务中的犯罪案件，同时有权复议适用法律错误或违反正当程序和程序公正规则的裁决，是所有民事、刑事案件的终审法院。荷兰的地区法院中有一个独立的部门专门负责审理与行政法有关的纠纷，可以上诉到国务委员会所属的行政法委员会。行政机关所作决定的内容如与法律和公共利益相冲突，可以被撤销。

二、荷兰法院对简易案件的审理

荷兰法院审理简易案件没有统一明确的法律规定，而是散见于不同的法律规定中。受理简易案件的类型和范围十分广泛，凡是事实清楚、争议不大和标的额较小的案件，都可以由法官独任审理。简易案件可以上诉，当事人初审中可以不请代理人，但在刑事案件和普通民商事案件及二审程序中，实行律师强制代理制度。法院受理简易案件的程序十分便捷，当事人将纠纷情况和相关证明材料以书面形式邮寄到法院的专门信箱，法院将登记费发票邮寄给当事人，当事人在规定期限内以银行转账方式将费用转入法院的银行账户，诉讼程序即行开始。如逾期未交费，法院则书面通知当事人不予受理。现在，随着网络化的普及，当事人还可以通过网络进行递交材料和银行转账。整个立案过程，当事人不需要往来于法院。法官将起诉状转寄给被诉人，要求其书面答辩解释，并提交抗辩证据。审查双方材料后，法官认为事实清楚的，可以径行判决。法官认为当事人必须到庭的，则开庭审理后判决。法官非常重视并促成当事人之间的和解，或主持调解，以快速解决纠纷，降低当事人的诉讼成本，节约有限的司法资源，维护生活和交易秩序的稳定。法官作出裁决后，法院并不负责执行，当事人多数尊重法院的裁决，自动履行的在 90% 左右。个别当事人不履行法院裁决的，申请人可以向法院提出申请，法院将对被执行人处以每天一定数额的罚款。在个人信用机制较为完善的荷兰，因不执行法院判决被处罚属于十分严重的信用污点记录，对个人的社会生活和工作很不利，其后果远较法院罚款严重。

三、检察制度

荷兰实行检审合署，检察机关同法院设在一起，分为三级：全国设 1 个最高法院检察院、5 个上诉法院检察院、19 个地方法院检察院。此外，荷兰司法部内专门设有一个检察委员会，负责制定指导检察工作的刑事政策，管理检察行政事务，是检察机关的最高管理部门。

荷兰检察机关的管理极为独特，具体体现在两个方面：第一，上诉法院检察院与地方法院检察院之间相互独立，不存在上下级行政隶属关系，主要是案件审级的关系，都由司法部检察委员会领导。第二，最高法院检察院不处理普通刑事案件，仅负责对政府部长、议员等重要政治人物犯罪的案件提出起诉，既不指导全国检察工作，也不受检察委员会的管理，是一个完全独立的检察机构。其设立纯粹是为了从司法上制衡立法、行政机关。

荷兰检察机关仅负责处理刑事案件，地方法院检察院和上诉法院检察院的主要职能有：

1. 对刑事犯罪的侦查、监督。荷兰对刑事案件的侦查实行的是"检警一体化"体制：侦查通常是由警察来进行，但检察官对侦查工作最终负责，侦查活动要在检察官的指示下进行，以确保警察在侦查活动中遵守法律的实体和程序性规定；同时，根据办案需要，检察官可以授权警察使用某些侦查手段，如逮捕未在现场抓获的嫌疑犯等，但有些侦查手段需要经过法院同意。

2. 对刑事犯罪的起诉。在荷兰，刑事起诉权专属检察机关，其他任何机关或公民都无权自行起诉。检察官享有广泛的起诉裁量权，可以根据案件的具体情况和公共利益，决定撤销案件、法庭外处理或起诉。撤销案件有两种情况，一种是认为证据不足，二是出于刑事政策方面的考虑，如犯罪行为轻微，行为人已经就被害人的损失进行了赔偿等。法庭外处理就是检察官对某些轻微案件的当事人直接处以罚金，当事人如接受，就可以不被起诉到法庭。这与美国的"辩诉交易"有不同之处，即当事人要么接受罚金处罚，要么被起诉到法庭，不存在讨价还价的问题。

3. 保证刑罚的执行。法院作出判决后，由检察机关负责确保判决的执行。检察机关中有专门部门负责这方面的工作，主要是负责把判处监禁的罪犯联系送交刑罚执行部门，对被告人履行罚金等判决情况进行监督。

第七节　葡萄牙

法院独立是葡萄牙司法制度的基本原则之一。葡萄牙共和国宪法明确规定法院和议会及行政机关同样是主权机关。法院独立于议会和行政机关，其行为准则为法律的规定。根据法律的规定，葡萄牙被分为四个司法辖区，这些辖区又可以进一步分为不同的巡回审判区，巡回审判区所辖范围可能包含一个郡，也可能包含几个郡。法律同时明确规定了不同郡法院的驻地及其所管辖的范围。

根据宪法和其他法律的规定，葡萄牙的法院体系包含以下几个类别的法院：宪法法院，最高法院，一审法院和二审法院，最高行政法院，行政和税务一、二审法院，审计法院，仲裁庭或特设仲裁庭以及治安法院。宪法法院专门负责处理宪法案件，行政案件由单独的行政法院系统负责。有关刑事和普通民事案件由司法院负责。①

葡萄牙司法工作由普通法院和特别法院管辖，包括：一个宪法法院；高等法院，高等法院设在里斯本，由一名首席法官和大约60名法官组成；五个上诉法院，在里斯本、波尔图、科英布拉、埃武腊和甘玛雷斯；设在每个区的初审法院；特别法院。葡萄牙在1976年重新引进了陪审团制度，但只有在检察官或被告请求使用陪审制度时，陪审制度才得以使用。

葡萄牙的司法体系是独立并且公正的。公民享有广泛的、受到法律保护的、基本的公民权利和政治权利，这在葡萄牙《宪法》中得以明确规定。由国民议会选举产生的一名监察专员，任期4年，作为全国最高民事和人权官员履行职责。葡萄牙的法律制度属于大陆法体系。葡萄牙有保留地接受国际法院强制的司法管辖。根据宪法规定，葡萄牙法院体系包括：宪法法院、高等法院、高等行政法院（高等法院和高等行政法院又都由一系列下属法院组成）、各种各样的特别法院以及军事法院系统。宪法表明法院是"以人民的名义掌管司法权力的最高权力的机构"，葡萄牙宪法同时指出法院系统"独立并且只服从于法律的规定"。宪法法院是在1982年宪法改革过程当中应运而生的，其任务是裁定法律行为是否合法并且合宪。除其他职责外，高等法院首席大法官享有行使法官职权的权力，包括检验国际条约是否具有合宪性，等等。高等法院的13名法官中的10名由国民议会选举产生。葡萄牙高等法院是"法律指定的最高法院"，但其不能侵犯宪法法院的司法管辖权。高等法院在审理民事和刑事案件的法院系统中处于最高的地位，初审法院为市、区的一级法院系统，二级法院，通常来说，为上诉法院。在20世纪90年代初，葡萄牙司法体系曾包括4个上诉法院。高等法院在一些案件中可作为初审法院，但在另一些案件中又可作为上诉法院。

---

① 参见［荷］兰布克、［意］法布瑞编，范明志等译：《法院案件管辖与案件分配：奥英意荷挪葡加七国的比较》，法律出版社2007年版，第245页。

高等行政法院负责审查政府机构的财政和行政行为,这种审查并不涉及国家的政治决定和相关的立法活动。高等行政法院的一个部门负责处理行政争议,其下包括4个初审法院;另一个部门处理有关税务并且包含初审和二审法院的支持。除了上述这些法院以外,在财政部下还设有一个审计法院。

法官的提名、培训、晋升、调任以及对法官的职业行为监督的权力主体为最高法官委员会和行政财政法院高级委员会,这些主体也有权规制法官不符合法律规定的行为。负责保护公民权利的主体是检察专员,其由国民议会选举产生,任期4年。在20世纪90年代初,检察专员每年约收到3000件葡萄牙公民申诉的案件,申诉人认为其受到了国家机关不合理的对待。

葡萄牙法律和司法体系基于罗马法发展而来,并受到了法国司法制度的深远影响。它不同于美国或者英国的普通法司法体系,原因在于其法律制度完全存在于法典中。司法推理为演绎推理,先前判决的案例或先例并不发挥什么作用,因而法官作为人民公仆其角色,是发现并使用恰当适用法典中的法律规定,而并非诠释法律或适用社会学的新发现。因此,葡萄牙法官并不像基于普通法系的法官那样享有较高的社会地位。除此之外,葡萄牙法律相对于美国法律来说更加固定和不可变,虽然经过一段时间法律也会发生一些变化。葡萄牙历史上政府的独裁主义性质往往归结于中央集权和等级分明的法律体制。

葡萄牙1976年宪法大大改变了警察的作用,以保障公民权利。它规定了刑事调查和处理嫌疑人的一些指导性原则。宪法明确指出,没有一个明确的判决或未经审判,任何人都不得被监禁,不能由于政治原因剥夺公民个人的公民权利。人身保护令原则得到了重申,并无例外地适用于民事、刑事法庭和军事法庭。法官在8天内应当对人身保护令的请愿书作出回复。严刑逼供和非人道的拘禁方法被认定为非法。对私人信件和电话沟通中个人隐私的保护也在宪法规定的保障措施之中,并且未经司法授权强行进入家中搜查被法律所禁止。

第八节 西班牙

西班牙是一个君主立宪制国家,具有两千多年王权统治的历史,而其政体又是联邦制。该国的司法制度曾经在欧洲无足轻重，因它在历史上经历了佛朗哥政权36年的独裁统治，无政党、无民主、无法制，被排除在欧洲大家庭之外。20世纪70年代末期，同中国改革开放同一年，该国经历了从专制到民主的和平过渡，成功地制定了现行宪法，形成了符合国情的民主体制。现在西班牙的经济发展水平在欧洲仅次于德国、法国、英国和意大利这几个经济大国，其司法体制更是吸收了英美法系和大陆法系的共同优点，博采众长，成为欧盟中具有典型特色的司法制度。1978年颁布了现行宪法，确立了议会君主制的政体，规定司法权独立，不受行政机关、社会团体和个人的干涉。

西班牙的司法系统主要有宪法法院和普通法院之分，宪法法院享有充分的违宪审查权，议会通过的法律公布前要交由宪法法院审查，对于政府公布的法规，公民、法人可以向宪法法院提起违宪诉讼，普通法院法官对案件涉及的法律法规问题等认为有违宪之嫌时，要中止审理，先交由宪法法院解决是否违宪问题，更为重要的是宪法法院享有宪法解释权。普通法院设置为：最高法院、全国法院、大区高级法院、省级法院和市级独任法院，大体实行两审终审。全国法院是西班牙法院系统中的特殊法院，西班牙没有独立的行政法院系统，而是在普通法院中设立分工明确、相对独立的行政诉讼部门，按照被告的等级，实行由高一级的法院行政庭行使管辖权的原则，并且明确规定普通法院法官与同级政府的部门负责人同级。

1. 宪法法院。西班牙宪法法院于1979年成立，是一个权威的独特机构，亦称是司法的保护机构。西班牙法律规定，宪法法院由12名法官组成，他们均是从法官、检察官、大学教授及律师中挑选，必须是有名望的法学家组成且至少有15年职业经历。其中8人由众议院、参议院3/5多数投票提名，2名由政府提名，2名由最高司法委员会提名，最后由国王任命。宪法法院院长由全体成员提名，国王任命。院长任期3年，其他法官任期9年，每3年改选三分之一，不得连任。宪法法院法官不得兼职其他工作，具有完全的独立性，任职期间不得罢免。宪法法院的职能主要是解释宪法，确认法令、政令是否违宪。中央各机构之间、中央政府和自治州之间以及各自治州之间的权限或立法发生冲突时，可以向宪法法院提起诉讼，要求宪法法院裁决；法官在审理案件的过程中认为适用法律存在违宪的问题时，亦应向宪法法院提出。宪法法院审查后，可以裁定违宪的法律无效，其裁定具有普遍约束力，全国法院必须遵守。同时宪法法院具有维护人权、审理涉及侵犯基本人权案件的职能。

2. 最高法院。受理要求撤销判决和重新审核的上诉。受理不服全国法院和高级法院一审判决的上诉，受理涉及部长以上官员和国会议员的刑事案件，实行一审终审。

3. 地方法院。主要依据刑事案件的性质，划分一审管辖权，其中市级独任制法院受理极其轻微的刑事案件；大区高级法院和省级法院的一审案件采用陪审制，陪审团由9人组成，只对是否有罪作出决定，法官在特殊情况下有权解散陪审团。

4. 全国法院。西班牙法院系统中一所特殊的法院。它负责审理针对君主及其亲属和国家高级官员的犯罪案件；涉及毒品、洗钱的犯罪案件；全国性的重大刑事案件，包括严重的恐怖案件、有组织犯罪、涉及引渡问题的案件等。全国法院一审的案件采取合议制，不设陪审团，共有12名职业法官，分为4个合议庭，按照最高司法委员会制定的工作规则来分配案件，重大案件由12名法官共同审理。每个法官平均审理案件每年为200至250件，其中涉毒案件占全年案件的一半以上。欧盟的司法机构认为，西班牙全国法院这种体制高效、快捷而且专业性强，值得推广。

这些刑事案件的前期调查工作由该院的调查法官控制。可以上诉到最高法院，但涉及引渡问题的判决为终审判决，不得上诉。

为确保司法独立，管理好法官队伍，西班牙成立了最高司法委员会作为司法自治机构，其本身并没有司法管辖权。此为西班牙司法制度中具有特色之处。根据西班牙宪法规定，最高司法委员会由主席1名、委员20名组成。委员中12人是法官，8人为法学界人士，所有委员均由议会选举产生，并经过国王任命，任期5年。主席由20名委员选举产生，必须是从事司法的杰出人士且有15年以上职业经历；主席任期9年，可以连任，一经选出，同时兼任最高法院院长。最高司法委员会的职权主要体现在任命方面，例如，任命最高司法委员会主席和最高法院院长，任命宪法法院的2名法官，任命初级法官等；有权根据当前状况决定司法系统财政需要和提出立法动议，向国会报告；另外还负责监督、检查法院工作，制定对法官管理、晋升的规定，负责对法官的职业教育和培训。司法委员会的设置受到西班牙司法界人士的普遍肯定，创立像最高司法委员会这样的机构使法院的工作不受影响，便于监督，保证法院财政方面的支出。

第九节　瑞　典

瑞典是位于北欧的君主立宪制国家，实行立法、行政、司法三权分立的基本政治制度，强调司法独立。

一、法院制度

瑞典的法院分为三级，即最高法院、中级（上诉）法院和初级（地区）法院。在法院体制上，瑞典拥有民事法院和行政法院两套各自独立的法院体系，由80个地区法院、6个上诉法院和1个最高法院组成，审理刑事、民事、商事等一般案件。

瑞典的司法审查为三级终审制，即每一个案件都要从地区法院开始审理，并且可以经过两次上诉，直至最高法院作出终审的裁判。但在实际上，得到最高法院审判的案件是极少的，这是因为在瑞典对中级法院的判决提出上诉，首先要由最高法院的专门部门进行审查，只有少量符合条件的上诉才被受理。瑞典法律明确规定了得到最高法院审判的条件：第一，此案无先例；第二，最高法院受理此案有明显的必要，即地区法院、中级法院的审判"有明显的错误"。对地区法院作出的刑事判决上诉，虽然接受上诉的中级法院也有一个上诉审查的前置程序，要发给上诉许可证，但条件要宽松许多，仅为"有理由上诉"即可；而对于地区法院作出的民事判决上诉，一般不需要上诉许可证，除非争议标的在一定的金额以下。由此可见，大多数案件经过两审即完毕。瑞典的刑事审判实行陪审制度，它既不同于中国的人民陪审员制度，也不同于英美法系的陪审团制。它的一个显著特点是，每名法官与陪审员具有同等范围和效力的表决权。瑞典地区法院适用普通程序审理刑事案件和抚养权争议的民事案件，由1名法官与3名陪审员组成合议庭；瑞典上诉法院审理刑事案件，由

3名法官和2名陪审员组成合议庭。

二、检察制度

瑞典的检察官在司法体系中扮演着重要的角色。在诉讼中，检察官指导对犯罪的侦查、决定不同的强制措施、提起诉讼、出席法庭。检察官掌握案件进程，不论在调查阶段还是在庭审过程中，都由检察官组织诉讼程序。当今的瑞典检察机构是一个现代化的、不断进步的机构，它致力于通过合法、公正而有效的法律途径，确保那些实施犯罪的人受到应有的惩处，以此来减少犯罪。在大约有1100名雇员的瑞典检察机构内，750人是检察官，而其他人是从事辅助工作的人员。在三个大都市地区，每个地区有一个以上的地方检察室。在绝大多数地方检察室，有一个特别的检察官来协调检察室的工作，和日常犯罪作斗争。还有一些其他类型的特殊检察官，如办理环境犯罪、严重自然暴力犯罪、与毒品有关的犯罪等方面的检察官。检察官的职责主要有以下几个方面：

第一，前期调查。瑞典的检察机关和警察局不属于一个机构，都有各自的最高领导，但两个机构均隶属于司法部长。检察官和警察在刑事案件的侦查、起诉过程中联系密切。从抓获犯罪嫌疑人12小时之后，警察就需要与检察官联系，看是否要继续羁押犯罪嫌疑人。在羁押犯罪嫌疑人达到96小时之前，必须提请检察官向法院申请逮捕令。因此，检察官很早就介入了刑事侦查活动，但检察官并不就此参加侦查，只是根据警察汇报的情况，决定是否亲自指挥侦查。因此，瑞典警察和检察官在案件的侦查上有分工，主要体现在侦查活动的指挥权上，小而简单刑事案件的侦查活动由警察进行和高级警官指挥，较复杂的刑事案件的侦查活动也是由警察来进行，但由检察官进行指挥。事实上，检察官对于一切的刑事案件都有指挥权，但根据长期工作形成的分工和现实必要性出发，只是对一些重大案件的侦查活动进行指挥。

第二，公诉。一旦前期调查结束，检察官决定是否开始诉讼程序。如果检察官认为普通公诉名录下的罪名被触犯，而且有足够的证据指控嫌疑人，检察官必须对嫌疑人提出指控。这就是所说的必须起诉原则。尽管如此，根据通常的规则，检察官也可以在个别情况下对一些案件决定不起诉，尽管这些案件事实可以被证明。在犯罪事实通常不被判处监禁刑的情况下，检察官可以作出一个罚金或缓刑决定。这就是所说的即时裁决。如果嫌疑人认罪,案件不是必须经过法庭审理,即时裁决的效力等同于法庭作出的法令。

第三,法庭审理。检察官工作的另一重要内容是出席法庭。检察官通过指控决定和对犯罪行为的描述,建立起一个犯罪行为的总体轮廓,推动案件审理进程。一旦地方法院作出了判决,检察官或者被判罪者可以就该裁决上诉到上诉法院。这个法院作出的裁决可以接着被上诉到最高法院。

瑞典的检察机关兼有司法性和行政性。检察机关在瑞典是按照等级建立的全国性机构,实行检察长负责制和上下监督制的模式。总检察长是全国检察机关的领导和行政负责人。检察官拥有指挥警察侦查、行使对刑事被告人的起诉、对轻型犯罪拥有自由裁量权和代表国家参与民事诉讼等权力,有很强的独立性,具有司法官员的特性。瑞典的检察官拥有较大的自由裁量权。根据瑞典的有关刑事法律规定,检察官对于一些轻度的犯罪,认为不需要诉至法院审判的,可以直接对犯罪嫌疑人作出罚款和较轻刑罚(包括缓刑)的处罚决定,还可以对犯罪嫌疑人处以赔款和没收的决定。

三、瑞典的议会监察专员制度

瑞典的另一个别具一格的司法制度为议会监察专员制度。瑞典议会监察专员办公室是在1809年成立的,它是当年通过的瑞典新宪法的一个组成部分。新宪法规定建立议会监察专员制度,它完全独立于行政部门,并只对议会负责。如今,虽然瑞典监察专员制度基本上沿袭了第一位监察专员产生时的情况,但由于瑞典公共管理的发展和瑞典社会的其他变化,这一组织及其工作方法也进行了一些变革。一个明显的变化是,监察专员人数逐渐从1个增加到4个。这是因为公共管理增加了,该组织的工作量也随之增加。另一个变化是关于监察专员作为检察官的作用问题。监察专员认识到,如果他们也干预不那么严重和无需采取法律行动的违法行为,他们的工作可能要有效得多。监察专员如今普遍采取以下重要的工作方法:发布没有约束力的公告和建议,声明一个机关或官员采取的措施是否违法、是否错误或不适当的。

监察专员制度如今在宪法体系中的作用与地位同1810年时基本上一样。其任务是为了公众利益代表议会并不受行政干预地对法院和公共管理进行司法监督。与其他大多数国家不同的是，瑞典不存在部长制度，其部长并非政府各部门的首脑，他们的任务集中在决策活动上。这意味着瑞典的内阁部长不是通常意义上的各部首脑，通常情况下手下只有100到200名工作人员，负责准备议案、政府法令和内阁决定。管理工作是由独立的管理部门完成的。在履行议会通过的法律条例和就个人或法人的权利与义务作出决定时，它们拥有与法院和行政法庭一样的宪法赋予的独立性。每一个部门和部门内的每一个官员都有独立的责任确保在一件事情上的做法和作出的决定在其他方面也是正确和合法的。

在这一背景下，通过以下方式对政府进行宪法控制被视为合情合理：议会通过其宪法委员会监督部长和内阁；议会监察专员监督管理部门和法院；议会审计员监督公共资源的使用。在描述瑞典监察专员制度时，独立是一个关键词。公众相信监察专员能够保证普通人的权利不受行使公共权力者侵害的一个前提是，监察专员不仅在理论上，而且事实上都是自由和独立的。监察专员应尽可能独立于赋予其权力的议会，也被视为不可或缺。

监察专员的监督范围包括政府机关、地方政府及其工作人员。他们还监督行使公共权力的其他人。然而，他们不监督内阁部长、议员以及市政委员会。需要注意的是，在许多情况下，监察专员可以就一个政府机构作出的决定向行政法庭提出上诉，有权对决定进行全面审查。这意味着监察专员通常无需调查涉及这类决定的实质内容的问题。监察专员主要关注程序问题，他们最重要的任务之一是促进实现良好的管理和司法行为。

监察专员可以就他们监督的任何官员工作中的犯罪行为向一家普通法院起诉。虽然监察专员如今不经常起诉，但起诉玩忽职守官员的权力仍是监察专员办公室的一个重要的权力，这使监察专员发布的重要公告有了特殊分量。

监察专员现在的主要武器是对玩忽职守的官员提出批评和警告。如果监察专员发现一位官员作出的决定或采取的行动是错误的、不适当或不明智的，但又不能根据刑法予以惩罚，他将表明应该如何处理这一问题。监察专员还有权根据个案发表声明，以便确保正确履行法律。监察专员还有权在内阁或议会发表讲话，要求或建议修改法律。

第十节 英 国

英国的政体为君主立宪制,且是议会君主立宪制。国王是英国的象征和国家元首、最高司法长官、武装部队总司令和英国圣公会的"最高领袖"。议会是最高司法和立法机构,由国王、上院和下院组成。政府实行责任内阁制。由女王任命在议会选举中获多数席位的政党领袖出任首相并组阁,向议会负责。尽管英国是一个统一的中央集权的国家,但没有全国统一的司法体制,这是英国司法体制的一大特点。英国的司法体制分成三个系统:英格兰与威尔士、苏格兰和北爱尔兰。

一、英国的法院设置及管辖

(一)英格兰和威尔士刑事法院

由低到高依次为:

1. 治安法院。属刑事初审法院。治安法院法官由1名领薪法官和2至7名兼职法官组成。治安法官由法律大臣以女王的名义任命。审理的大部分刑事案件涉及家事关系,还受理税收、社会保险等法定义务案件。在刑事管辖权方面,对重罪案件进行初步听审,审理并裁决轻罪案件。治安法院审理案件没有陪审团。

2. 皇家法院。皇家法院设立于1972年,属英国最高法院的组成部分,是严重刑事案件的审判机关。皇家法院审理的刑事案件包括:治安法院就皇家法院专属管辖的可公诉犯罪移送的案件;可由治安法院审理,亦可由皇家法院审理的案件;治安法院判罪处刑的被告,对治安法院裁决提起的上诉。

3. 上诉法院。上诉法院分为民事审判庭和刑事审判庭,法庭及办公室位于伦敦的王座法院。上诉法院的法官包括:首席大法官、上诉法院民事审判庭首席法官以及35名大法官。上诉法院对所有法院的民事、刑事上诉案件进行法律审。

4. 上议院。议会的司法职能由上议院行使,它是大不列颠及北爱尔兰联合王国的最高上诉法院，对涉及重大事项的上诉案件进行法律审。在刑事方面，有权受理来自上诉法院和北爱尔兰的上诉案件。但它对苏格兰的刑事上诉案件无管辖权。

5. 欧盟法院。英国成为欧共体成员国后，改变了议会至上的地位。就涉及欧洲因素的案件而言，当事人可向欧盟法院提起上诉，欧盟法院为终审法院。任何与欧盟法律相关的案件皆可提交欧盟法院，欧盟法院裁决的效力高于上议院裁决和英国立法。

（二）英格兰和威尔士民事法院

由低到高为：

1. 治安法院。治安法院对颁发许可证、非诉离婚以及分居、非诉未成年人监护、青少年保护令和依据1995年精神健康保护令拥有民事管辖权。

2. 郡法院。属民事初审法院，审理各种民事案件、家事案件以及对治安法院的上诉案件。

3. 高等法院。高等法院管辖一审案件和上诉案件，一审管辖并无金额限制，包括一切诉讼，但主要审理复杂、重大的民事案件，二审管辖权主要是受理对郡法院裁决上诉的案件。高等法院设衡平法庭、后座法庭和家事法庭3个法庭。

4. 上诉法院。上诉法院受理来自高等法院、郡法院和各种裁判所的上诉，可以维持、改判或撤销下级法院的判决。

5. 上议院。上议院是英国的终审法院，有权对民事和刑事上诉案件进行法律审。在民事事务上，有权审理来自苏格兰最高民事法院、北爱尔兰上诉法院、英格兰和威尔士的上诉法院民事分庭的上诉案件。但上诉到上议院的案件受到严格的限制，每年只有很少的案件才可以上诉到上议院。

（三）苏格兰的法院结构

苏格兰虽属英国的一部分，但为独立的法域，享有一定的立法权和独立的司法权。

1. 地方法院。苏格兰审理民事案件和刑事案件的初级一审法院。地方法院的办理的业务主要包括民事案件、刑事案件、代表事务，主要负责死者个人遗产的处理。

2. 高等民事法院。苏格兰最高民事审判机构，由大法官负责，审理各种民事案件和上诉案件。高等民事法院分为初审部和复审部，前者系高级一审法院，后者为第一级上诉法院。

3. 高等刑事法院。负责审理刑事上诉案件和重大刑事案件，院长称为首席大法官。高等刑事法院审理案件，一般皆有陪审团参与审理，投票确定裁决。尽管该法院设在爱丁堡，但可依便利原则在苏格兰各地进行审判。

4. 法院总会计师。主要职责为：依法院指定，为不能亲自监护财产的未成年人或精神病人监管财产和提供咨询。

（四）北爱尔兰的刑事法院

由低到高为：

1. 治安法院。负责对公诉案件进行初步听审，审理并裁决细微刑事案件、涉及青少年犯罪案件和部分民事、家事案件。

2. 皇家法院。对严重刑事案件即公诉刑事案件拥有排他性管辖权，皇家法院首席大法官担任院长，上诉法院、高等法院乃至郡法院法官有时亦在皇家法院处理案件。北爱尔兰皇家法院共设有9个审判地点。

3. 上诉法院。位于贝尔法斯特的王座法院内。上诉法院法官包括首席大法官即院长和3名上诉法官。在刑事事务方面，上诉法院审理对皇家法院裁决不服的刑事上诉案件，也受理对郡法院、治安法院以及部分审裁处的裁决有关法律问题提起的上诉，即上诉法院对所有法院的刑事上诉案件进行法律审。

4. 上议院系英国最高上诉法院，对来自北爱尔兰的涉及重大事项的上诉案件进行法律审。

（五）北爱尔兰民事法院

由低到高为：

1. 郡法院。郡法院管辖的民事事项非常广泛，刑事管辖权仅限于对治安法院有罪判决不服的刑事上诉案件。

2. 高等法院。高等法院审理诉讼标的金额相对较大、案情复杂、重大的民事案件以及对郡法院上诉的案件。高等法院由3个法庭组成，即衡平法庭、王座法庭、家事法庭。每一法庭分工审理不同类型的民事案件。

3. 上诉法院。上诉法院审理对高等法院民事裁决不服的民事上诉案件以及郡法院、治安法院以及部分审裁处的裁决有关法律问题提起的上诉，即上诉法院对所有法院的民事上诉案件进行法律审。

4. 上议院系英国最高上诉法院，对来自北爱尔兰的涉及重大事项的民事上诉案件进行法律审。

二、检察制度

在1986年以前，英国没有检察机关，是由警察行使公诉的权力。现在英国的公诉机关——皇家检察院是在1986年根据1985年《犯罪起诉法案》设立的独立机构。在内阁中由检察总长代表皇家检察院，而皇家检察院的实际领导是检察长，向检察总长负责。

（一）英格兰和威尔士检察机关的机构设置及职能

英国设置皇家检察院作为全国的最高检察机关，领导全国检察机关，在英格兰和威尔士分为42个区，42个警区正好对应。每个区由1位主任检察官负责。在每个区内又设置98个检察分院，作为检察机关的最基层机构。皇家检察院是全国性的起诉机关，它的职责包括：起诉由于刑事犯罪受到指控的人；对可能提起的诉讼向警察提出建议；审查警察的指控。它赖以建立的原则是明确区分侦查权（属于警察局）与起诉权（属于皇家检察院）。

（二）英格兰和威尔士检察官的选任、晋升

英格兰和威尔士的检察官是通过公开竞争的方式由检察长依职权任命的。他们必须是合格的法律工作者，而且可能被任命为临时的、定期的或终身的检察官。任职期间的晋升或提拔仅仅以工作业绩为依据。晋升是由晋升小组决定的，晋升小组由皇家检察院的资深成员组成，他们根据年度评估会见候选人。

（三）苏格兰的检察制度

苏格兰检察院划分为49个区。每个区都有1名检察官。苏格兰检察官通过检察总长向议会负责。检察总长对决策进行指导。在现实中检察机关实际上扮演的角色远比在英格兰法中规定的更为重要。苏格兰所有刑事程序均由苏格兰检察长负责，并有苏格兰副检察长和若干为国家服务的代理律师协助工作，通过设在爱丁堡的一个机构和分散在各处的检察官来执行。苏格兰检察官有权在侦查刑事案件方面对警察进行指导，这一权力由检察系统的首脑——检察长针对个别案件或者某类案件而行使，检察官是检察长在地方的代表。警察当局不能作出任何起诉决定，而只是向检察官报告每一个案件，由检察官决定是由自己提出起诉，还是交由上诉代理律师提出起诉。而且对于贪污案件，检察官全权负责侦查和起诉，警察的犯罪行为也由检察官调查和起诉。

三、警察制度

（一）警察的机构设置及职能

全英共划分为英格兰和威尔士、苏格兰、北爱尔兰3个警备区。英国警察管理有两大类：其中英格兰和威尔士警备区受内政部、地方警署和警察局局长三重制约；苏格兰和北爱尔兰警备区由地方政府领导。

在英格兰和威尔士，没有统一的警察局，而是由43个独立的警察局分管着大小不等的地区；另外还有一些负有特殊责任的警察局，如不列颠交通警察局负责管辖本国的铁路运输系统；国家犯罪情报署负责搜索和共享有关国际犯罪的信息，包括同其他国家的警察机关共享有关国际犯罪的信息，国家刑事侦缉队的成员从全国各地的警察局调配，以对付跨警区犯罪和跨国界的犯罪。

（二）警察机构的管理机制

内政大臣是英国警察体制中的最高长官，内政部是管理警察体制中的最高权力机构，不仅直接管辖着伦敦警察总局，而且根据议会制定的警察法对地方上几十个警察局进行监督和指导。地方各警察局的机构编制、人员配备以及经费的划定、分配等重大事项均由内政部决定；同时，各郡警察局要按时向内政部报告工作情况，并且接受内政部的检查和监督。内政部下设警政司，专司警备方面的管理与协调工作。在英国警察局内部，依照法律规定及其惯例，实行警察局局长负责制。英国警察局一般下设4个处，即侦查逮捕犯罪处、行政处、交通管理处和训练管理处。近年来，为了适应形势发展的需要，每个警察局内又增设了一个对外联络部，专门负责加强和协调警察同一些社会公共团体，特别是同青少年组织和少数民族团体之间的联系。

附录1 调查问卷

刑事诉讼问题研究特别推进工作组

1. **法人环境犯罪的刑事责任**
   (a) 法人能否承担环境犯罪的刑事责任?
   (b) 法人董事/经理是否与法人一样,可以承担刑事责任?
   (c) 在实践中,法人的责任是如何构成的?例如,法人是否有必要举证证明引起污染事故的员工应负责任?
   (d) 如果对于(a)的答案是不能,那么以其他什么方式可能使法人因污染事故而受到处罚?
   (e) 如果对于(a)的答案是不能,可否说明在你国的法制体系下,因不能对法人的环境犯罪起诉而导致任何你所知晓的缺点?

2. **执法主体和个人在环境犯罪中的角色**
   (a) 列举出在你国可以对环境犯罪提起刑事诉讼的执法主体。
   (b) 个人是否也能对环境犯罪提起刑事诉讼?
   (c) 在起诉开始之前,是否要求得到检察官或者相关权威的允许?
   (d) 如果对于(b)的答案是能够,请从程序上描述个人怎样提起诉讼?能否列举出你所描述的允许个人向法院提起诉讼的法律体制的优点或缺点?
   (e) 如果对于(b)的答案是不能,是否还有其他方式使个人能够影响或参与到公诉当中？

（f）特定主体和个人能够对环境犯罪提起刑事诉讼的做法，是否影响了公诉人的地位和作用？

（g）执法主体、个人、警察、公诉人和其他主体在环境犯罪的调查中所充当的角色是什么？

（h）你认为在你国，执法主体和个人对于环境法立法和执法的贡献是什么？

3. 刑事处罚

（a）请描述可以适用于环境犯罪责任主体的刑事处罚。

（b）在实践中哪些处罚是最常适用的？请举出罚款/自由刑方面的例子。

（c）在实践中哪些处罚是极少适用的？

（d）针对问题（b）和问题（c），给出此答案的原因是什么？

（e）刑事处罚是通过法庭？公诉人？还是其他特等法庭或权威机构强制作出的？

4. 行政处罚

在一些国家存在这样一种规定，即通过混合处罚或行政罚款的方式，征收罚款或实施其他处罚而不需要诉诸法院。

（a）行政主体可以不经刑事诉讼程序而处以罚款吗？

（b）是否可以把这种罚款归类为刑罚中的一项纯粹的行政处罚？

（c）在你国如果存在有民事处罚或行政处罚，请说明它们与刑事处罚的关系。民事处罚或行政处罚在适用范围上和效力上是否和刑事处罚相当？

（d）这种罚款的适用频率？

（e）在你国执法主体实施的这种行政罚款，对环境法立法和执法在多大程度上有贡献？

5. 旨在遏制个人实施类似行为的现行制度

（a）在你国的环境立法里是否有一项法律条款，规定了用于禁止个人从

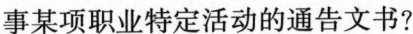

事某项职业特定活动的通告文书?

(b) 如果对于(a)的答案是有,那么这种法律文书或通告是一种刑事处罚还是行政主体所使用的一种行政工具?

(c) 这种通告文书是通过法庭、公诉人,还是行使行政权力的权威机构发布的?

(d) 请描述在你国这种法律文书或通告,在实践中以什么方式在什么情况下被使用?

(e) 在你国这种法律文书或通告文书的使用频率?

(f) 这种法律文书作为一种对个人在其他公司或法人实体掩盖之下行事的威慑,其实际效果是什么?

6. 跨国污染事故

(a) 请描述任一你国所经历过的跨国污染事故的诉讼调查。

(b) 在处理跨国污染事故中,调查主体和诉讼主体所遇到的特殊问题是什么?

(c) 在你的经历中,在盟国之间是否存在完备的正式条约或其他协议,以便能促成有效的调查和/或跨国污染案件中受案主体的引渡?请说明曾遇到的问题。

7. 环境犯罪中公务员和政府机关的刑事责任

(a) 在你国公务员和政府机关是否能承担环境犯罪的刑事责任?

(b) 如果对于(a)的答案是不能,那么公务员和政府机关会以其他什么方式承担环境犯罪的责任?

(c) 如果对于(a)的答案是能,请说明该法律机制的详细运作情况。

(d) 如果公务员和政府机关能够承担环境犯罪的刑事责任,那么这是否会影响到公务员和政府机关开展工作事务?

8. 其他

(a) 以你的经验,你觉得作为一种法律威慑,行政处罚是否与法院判处的刑事处罚一样有效？

（b）通常情况下，你是否认为诉讼的开始或行政处罚的实施主要是因为违反了你国的环境法？较轻微的违法，比如由行政主体、公诉人、政府所引起的对环境不会造成太大危害的技术性违法，是否会减免处罚？

（c）如果有情报部门的存在，那么它在环境犯罪的调查中会扮演一个什么角色？在你国，情报部门、警察和负责调查环境污染事故的机构之间是否会有合作？情报部门所提供的信息是否能在刑事诉讼过程中被使用？

附录 2　国别报告

一、奥地利

答卷人：佩特拉·斯穆特尼

1. 法人环境犯罪的刑事责任

（a）不能。

（b）能。

（c）—

（d）有一种可能性，即没收由环境犯罪得来的收益。

2. 执法主体和个人在环境犯罪中的作用

（a）警察、行政机构、环境保护机构（非政府组织）、媒体机构、政治团体。

（b）能。

（c）不需要（至少在刑事起诉的最初阶段不需要）。

（d）个人提起刑事起诉，首先要向警察报告。

（e）—

（f）不影响。

（g）请参看第三部分的回答。

（h）经常有经验的交流，直接的贡献难以确定，但是从过去几年许多法律修订中（可以得知）这种贡献是存在的，看得见的。

3. 刑事处罚

（a）刑事制裁有最高三年的有期徒刑和最多 360 天的日罚金（最高罚款：1.82 亿奥地利先令）

（b）最常用的罚款是从 60 天到 180 天不等的日罚金，所有被判处的有期徒刑都会适用缓刑，从 3 个月到 6 个月不等。

（c）请参看问题（b）的回答。

（d）在奥地利，环境刑法最大的优点在于预防的有效性。有期徒刑适用缓刑比适用长期的徒刑能更好地达到这个目标。

（e）法庭。

4. 行政处罚

（a）可以。

（b）行政处罚也可以是一种刑事规定，但是在行政刑事程序和刑事司法程序之间有着很严格的区别。

（c）行政处罚在适用范围上不及刑事处罚，但是由于其适用的规定不太严格而被更频繁地使用。

（d）没有可利用的信息。获取详细资料请联系格哈德博士（Dr. Gerhard Gödl, Amt der Steiermärkischen Landesregierung, 8001 Graz, Landhausgasse 7.）

（e）在很大范围上有帮助，但是没有准确的数据。

5. 旨在遏制个人实施类似行为的现行制度

（a）没有。

（b）——

（c）——

（d）——

（e）—

（f）—

6. 跨国污染事故

（a）举个例子，发生在斯洛文尼亚和我国边境的大范围的河水水污染事件，两国都展开了调查和诉讼。

（b）公诉人会报怨在一些案件中很难从邻国得到非常重要的信息。

（c）请参看问题（b）的回答。

7. 环境犯罪中公务员和政府机关的刑事责任

（a）能。

（b）—

（c）公务员可以因环境犯罪被起诉，也可以因滥用权力而被起诉。

（d）无可利用的信息。

8. 其他

（a）请参看第 3 个问题（d）的回答。

（b）不是。

（c）没有。

（d）有国际环境犯罪调查权力的机构是内政部。其提供的所有材料都可以在刑事诉讼过程中被使用。

二、比利时

答卷人：安娜－玛丽·盖普茨

1. 法人环境犯罪的刑事责任

（a）因为 1999 年 5 月 4 日生效的刑法规定了法人责任，所以根据该法，法人是要承担刑事责任的；但是政团法人，例如联邦州、各地区、社区、省、直辖市等和社会公共福利机构例外。

（b）由于可确定的自然人的危害行为，导致法人需单独地承担刑事责任时，只有犯了最严重错误的法人才会受到处罚。如果自然人是故意犯错，那么他会被判处与法人共同承担责任。

（c）根据刑法规定，法人因环境犯罪而需承担的刑事责任，与犯罪目标的实现和犯罪利益的体现在本质上是相关联的；或正如在具体情况下所表现出来的，法人以自身的名义实施了环境犯罪行为。换句话说，立法者倾向于建立一种法制体系，它假设法人可以犯错，可以表现出应受谴责的行为，可以在无需法官介入法人内部惩处自然责任人的条件下受到处罚。在上面（b）项的回答中所提及的法人和自然人共同承担责任——法人的责任会因为自然人的过错行为而减轻，但是这并不能违背一条基本原则，即惩处法人不必确定自然责任人。

（d）自从1999年5月4日的刑法生效以来，大量的具体处罚开始适用于实施环境犯罪的法人。从刑事处罚和警察处罚的方式来看，包括罚款和特殊形式的没收处罚。除了上述的制裁方式，还有四种处罚可以适用，分别是（企业）意见（决策）的公布、关闭企业、禁止企业开展某项属于企业目标的工作，以及在一系列严格条件下的企业解散。行政刑事处罚、行政处罚、强制措施也都可以适用于法人。最后，企业也可能在中间程序审理或者民事审理之前被传唤出庭。

2. 执法主体和个人在环境犯罪中的作用

（a）公诉机关是唯一有权力对环境犯罪提起刑事诉讼的主体。

（b）个人当且仅当在（d）阐述的条件下可以提起诉讼。

（c）就（b）提及的情况，不要求有公诉机关或者相关权威机构的先前批准。

（d）宣称受到环境犯罪侵害的个人可以在主管预审法官审理前作为原告提起诉讼，要求对损害进行赔偿。原告也可以在刑事法庭的法官开始审理案件之前直接向犯罪嫌疑人要求损害赔偿。

（e）—

（f）原告起诉要求损害赔偿的做法对于公诉机关的权力在某种情况下会产生影响，即在预审法官终止司法调查之后，如果有足够不同的因证据不足的异议，公诉机关只能向法庭要求秘密地查阅或撤销案件。在这个时候，因纯粹投机取巧的原因而和解或是放弃起诉是不可能的。

（g）一方面，环境犯罪的构成主要由特定机构来确定（在确定环境犯罪构成时，主管人员具有刑警的权力）；另一方面，普通警察机构在一般确立权力范围下工作。

（h）尽管特定机构和普通警察机构都应依职权工作，但是个人和环境组织的意见对环境犯罪的规制也起着重要的作用。

3. 刑事处罚

（a）关于可以适用于法人的处罚方式，在问题1的（d）项中我们已经提及。对自然人而言，多数环境法包含了自由刑、罚款和其他处罚方式，例如停产停业，没收所得，征收包装污染费，判令处理非法留置的污染物或是交纳处理污染物的费用。以上处罚方式也适用于法人。

（b）刑罚中的罚金刑是最常使用的。自由刑也可适用，但明显地适用范围较窄，并且通常情况下部分或全部地使用缓刑。以结果的满意程度来考虑，罚金平均从20000比利时法郎到1000000比利时法郎不等（不论是否判缓刑）。

（c）停产停业，征收包装污染费，但上述提及的处罚都是很少使用的。在过去的几年里，尽管法官越来越多地判处（a）中所介绍的处罚，例如处理污染物的违约罚款，但是还不能把它当做总的趋势。

（d）主要适用罚款和自由刑（缓刑）的原因在于环境立法中规定了一种行政处罚，即环境违法一旦确立，行政机构就能够立即实施处罚（详细内容请参看第4个问题的回答）。当刑事法官接管一个案件时，此案件通常都会被受理。

（e）刑事处罚由法官作出。

4. 行政处罚

（a）对于有限的几种环境犯罪，主要都是适用调整肥料污染方面的法律

（例如，没有尽到交纳肥料生产税费的义务，非法处理肥料，非法处理肥料废弃物），行政机构无需向司法机构报告即可实施行政罚款。

（b）因此，上述提到的行政罚款应该被认为是一种纯粹的行政处罚，因为其使用不需要优先适用刑法条款。

（c）存在有一系列的强制性规范，包括从口头或书面的警告到停产停业、查封工具、关闭企业、侵害者付费由行政机关依职权处理污染物、把污染物返送回原属国等命令。危害较小的环境犯罪会被处以行政处罚，如果还要向法庭起诉要求判以另外的刑罚通常就会显得多余。而对于危害较大的环境犯罪，选择同时适用行政处罚和刑事处罚是为了保证环境法规更好地执行。

（d）行政刑事处罚会适用于法律明确列举规定的一些犯罪，主要是规制废弃物污染行为。

（e）从严格的法律可能性来看，行政刑事处罚对环境法的执行贡献很小。而另一方面则对公诉机关有帮助，可以要求犯罪者交纳一定的金钱（和解方式）。这个罚金可以终止诉讼。甚者，这种和解方式被认为是一种对环境法的实施十分重要的方法。

5. 旨在遏制个人实施类似行为的现行制度

（a）满足一定条件的环境组织、行政机构、当市政当局不提起诉讼时代表市区的居民，以及公诉机关，在一审法院的主审法官审理环境犯罪或严重的环境违法之前，经授权可以提起要求停止侵害的诉讼。在紧急情况下，一审法院的主审法官可以在中间程序中预先作出判决。行政机构（如市长、环境侦查员、市环境保护官员）同样可以采取行政强制措施，例如清理措施、停产停业、查封工具、关闭企业。颁发执照的机构还可以吊销执照或者中止执照效力。

（b）上面提到的处罚（非刑事处罚）由一审法院的主审法官宣判。另外，行政强制措施由行政机构，通常是执法官员来实施。

（c）请参看（b）的回答。

（d）一项请求停止环境侵害的起诉可以使已经开始的行动停止下来，或使其采取措施以防止环境破坏，例如当一家无执照的企业欲开展一项需要该执照的活动时。犯罪一旦构成就会采取行政强制措施：通常情况，首先下达命令，如果在规定期间该命令没有被执行，那么就会采取更多的措施（如停产停业，查封工具，关闭企业）。

（e）特别是环境组织，较低层面代表市区的居民，应充分利用请求停止环境侵害的诉讼。警告（如清理措施）经常地被使用；通常情况下，只有当最初的处罚措施没有被执行时，其他的处罚措施或诉讼程序才会开始。

（f）既然以上所述的措施都旨在打击一定的行为，那么个人在其他企业掩盖之下行为的情况（除开有组织性的犯罪案件），总的来说对于处罚措施的有效性不会有太多的影响。现在出现的问题更多的是违法行为的刑事归罪。

6. 跨国污染事故

（a）大多数的跨国环境犯罪案件都与非法转移废弃物和非法处置濒危动植物有关。特别是非法转移废弃物，各种票据（如运输票证、发票）记载的发出地、目的地和废弃物的属性都是伪造的。当权力机构的调查逐渐接近犯罪者时，他们就会把作案地转移到另一个更好的地方：从荷兰到佛兰德地区，再到布鲁塞尔和瓦龙地区，最后他们会在法国北部非法倾倒废弃物。通常他们都是利用复杂的公司网络来操作，但总是由相同的人来操控，并持有唯一一个目的，即防止这种非法的废弃物循环转移被发现。总的来说，非法处置濒危动植物的系列案件由于海关的调查而被曝光。

（b）通常在跨国污染案件中，不仅要确定犯罪的实质构成，还应该针对个人承担刑事违法责任的情况展开调查（例如国外废弃物和濒危动植物的寄送人与接收人）。或者通过委托调查函，在国外继续开展这种调查，或者把转移诉讼的要求发送到国外。在那里特定的诉讼程序必须被遵守，尽管他们会用去大量的时间。对于进入国境的调查，必须征得对方相关机构的同意，这个过程通常需要较长的时间，也要满足一定的条件。各国依然都太强调自己的主权问题。总而言之，（各方）公诉机关在着手起诉之前应该就达成一致意见，以避免双重起诉，另一方面也为了防止某些犯罪者应该被起诉而逃脱起诉。

（c）大多数条约要求委托调查函的使用需满足特定的条件。委托调查函的使用旨在搜查某处生产场所或者没收某物，例如，只有可能发生引渡（比荷卢三国引渡条约）时才能使用委托调查函。申根协定也同样使得委托调查函的许可使用是为了搜查某处生产场所或者没收某物，并满足委托调查函的要求，可被判处的自由刑最多不能超过 6 个月。例如华盛顿公约规定的可被执行自由刑的犯罪，刑期不能超过 3 个月。在一些双边协议的规定中，引渡和委托调查函的使用只对特定种类的犯罪适用。环境犯罪不在限制名单之列。

7. 环境犯罪中公务员和政府机关的刑事责任

（a）公务员可以承担环境犯罪的刑事责任。由一般法律规制的法人可以分为公共机构和政治团体。除社会公共福利机构外，其他的公共机构都可以承担刑事责任。然而，像联邦州、各地区、社区、省、直辖市等政治团体可以在应承担刑事责任的法人中被排除。

（b）—

（c）正如（a）所阐述的，对于政治团体来说，有必要找出谁代表政团作出了行政行为，法人内部谁有权力作出决定，谁有权力决定停止违法；而对于公共机构来说，确定的自然人和机构本身可以被起诉。

（d）在以前，权威人士对于遵守环境法律法规的态度是非常不在意的。而在过去的几年里，也许是因为大量的环境违法被定罪和人们对于环境问题的意识逐渐被唤醒，最终导致形势大有转变。

8. 其他

（a）行政处罚和刑事处罚一样有效。有效的环境保护需要行政处罚和刑事处罚不断地相互作用。为了达到那个目标，行政机关和司法机关之间的磋商是非常重要的。

（b）不存在减免处罚特定环境犯罪的体系性的规定。但是在一定程度上（主要是在自治的程度上，虽然一个市区和另一个市区有很大的不同）宽容的态度是可见的。环境犯罪的犯罪构成给缺乏现场调查的地区也留下了许多可想象的空间。环境立法中规范警察工作的具体做法也是难以令人满意的。

（c）管理环境事务的行政机关主要负责控制引导工作，也能采取行政措施。当需要对环境违法作出构成确认时，它们就有义务提交一份报告给公诉人。它们主要为公诉机关、预审法官和负责当下案件的普通警察机构提供技术辅助。至于各机构之间还会开展经常性的磋商会议。特殊的技术知识在刑事诉讼过程中也经常被用到。

三、丹　麦

答卷人：玛丽安娜·克里斯坦森

1. 法人环境犯罪的刑事责任

（a）根据丹麦的法律规定，法人可以承担环境犯罪的刑事责任。

（b）和法人一样，法人董事/经理在具体案件中也可以承担刑事责任。

（c）即使没有证明污染事故是由某个特定的员工引起的，只要法人对污染事故应该承担同样多的责任，那么公司也要承担刑事责任。

（d）——

2. 执法主体和个人在环境犯罪中的作用

（a）公诉机关是唯一有权力提起刑事诉讼的机构。

（b）个人不能提起对环境犯罪的刑事诉讼。

（c）需要。

（d）——

（e）个人可以首先就可能存在的犯罪向警察报告，之后还能作为证人根据自己知道的情况作证。如果民事责任存在疑问的话，个人还可以在审理期间请求对损害进行赔偿。

（f）——

（g）执法主体应该与警察和公诉机关有着紧密的合作，以便于提交必要的证据和提供技术支持。关于个人的角色问题请参看（e）的回答。

（h）我认为，没有特定执法主体的积极活动就不能期望环境法的实施。在一定程度上，个人在刑事调查方面也起着重要的作用。

3. 刑事处罚

特别备注：

丹麦环境保护法（后附）第 110 节规定了相关原则。根据第 1 条的规定，在法理和实践上，主要原则是犯罪者会被处以罚款。根据第 2 条的规定，刑罚可能是拘留或者最高两年的有期徒刑。根据第 110 节第 5 条的规定，没收违法所得。

如上所述，绝对原则就是罚款，也可能结合没收违法所得。立法旨意当然是禁止个人从环境犯罪中获益，也应该为法庭判处固定罚款确立基本标准。然而，这种立法旨意是否能够通过罚款完全地反映出来是非常难以评定的。不能说明丹麦的法庭有固定的做法，而且最高法院出台的意见非常少。但是，我会描述一下极端情况并给出一个意见，即多数罚款的标准，以及相结合的处罚、罚款和没收的标准。

下列关于刑事案件的表格，其来源于政府部门最新的关于环境犯罪的报告，且把它当做一种参考。

	案件数量	罚款次数	拘留/有期徒刑	罚款总额（丹麦克朗）	没收总额（丹麦克朗）
农业	93：61 94：99	60 96	— 	302000 390000	—
工业	93：81 94：70	75 65	1 1	1017000 1427000	648000 1423000
领水	93：46 94：45	45 41	— 	86000 60000	200000 0
总计	93：188 94：214	180 202	1 1	1400000 1874000	848000 1423000

在农业领域的平均罚款大约是 4000 丹麦克朗。在工业领域的平均罚款大约是 21900 丹麦克朗。

第 2 条的规定（拘留/有期徒刑）在很少的案子中被适用，最重的一次刑罚是 40 天的拘留。当下有一件还未判决的案子，其中公诉方迫切要求法庭判处有期徒刑。但是法官是否会判处有期徒刑，判刑又会是多长，现在要预测仍然为时过早。

上述第 2 条的规定是很少适用的。并且第 110 节 b 之规定，关于失去从事某项活动的权利，由于去年夏天刚刚生效还从来没有被适用过。

刑事处罚是法官使用的主要处罚形式。我参考的是第 4 个问题的回答。

4. 行政处罚

特别备注：

我参考的是第 110 节 a 之规定。政府机构没有掌握相关案件的信息。由于海洋石油污染引出了行政罚款的问题，但是还没有决定。

至于具体的问题，由于缺乏资料而不能作答。

5. 旨在遏制个人实施类似行为的现行制度

特别备注：

我参考的是第 110 节 b 之规定和后面附上的备忘录。迄今还没有任何案件报告给政府机构。在起草过程中预计每年的案子数量大约有 10 件。

6. 跨国污染事故

特别备注：

我们处理过几件非法越境运输废弃物和海洋石油污染的案件。

7. 环境犯罪中公务员和政府机关的刑事责任

（a）是的，他们能够承担刑事责任。

（b）—

（c）公务员和政府机关刑事责任体系的运作和法人刑事责任体系的运作相类似。

（d）是的，我认为会影响。

8. 其他

（a）这要根据行政处罚的具体内容来评价。

（b）案件的危害程度会体现在处罚上。危害较小的犯罪通常处罚也较轻。

（c）情报部门通常在环境调查中不发挥任何作用。然而，如果在个别案件中有必要，相关部门间的联系可以很容易地建立起来。

特别备注：

立法者旨意很清楚，如果违法行为被认定为只是形式上的但并没有带来环境损害结果，也是可以被起诉和罚款的。法官判决的罚款额会因为环境犯罪只是形式上的而受到影响。

附：

一、丹麦刑事司法体系的结构

1. 法院的分级

在丹麦，刑事案件由普通法院审理。普通法院分为三级：第一级是地区法院，共有82个；第二级是高等法院，共有2个；第三级是最高法院。

被告通常在地区法院接受审理，除非法律明确规定要由高等法院的陪审员出席。对地区法院的判决不服通常上诉到高等法院，此时高等法院就相当于上诉法院。同样，对高等法院（作为上诉法院）的判决不服可上诉到最高法院，此时最高法院也相当于上诉法院。然而，上诉到最高法院需要有法院特准，原则上只有案件涉及公共利益时法院特准才会被作出。这个特准由特许委员会准予，此独立的委员会由最高法院、任一高等法院、任一地区法院的各一位法官、一名律师（在最高法院审理案件前授权出庭）和一名杰出的法学家组成，他们都是由国王指派的。

有可能被判处4年及以上有期徒刑的刑事案件或者政治犯罪案件，当高等法院作为一审法院进行审理，而陪审团不同意高等法院的判决时，被告方即使没有特许委员会作出的法院特准，也可以向最高法院上诉，尝试进行无罪辩护。但是，最高法院不能给出关于证据是否被错误认可的意见。

2. 诉讼体系

通常诉讼机关的最高长官是司法部长。

司法部长负责管理警察机构和公诉机关。他还负责制定和修订关于警察体制和诉讼体制的法律并将其提交给国会，同时司法部长还采取必要的财政措施以便于警察机构和公诉机关可以正常运转。在实践中司法部长也负责为警察机构和公诉机关委任律师（身份为公务员）。最高级别的司法部部长通常由国王任命。

司法部长可以对公诉机关检察长和整个诉讼机构进行指导，但是他很少这样做，留给公诉机关检察长一定的特权和例外。

司法部长一般不会去干涉个别案件的诉讼进展。但是公诉机关检察长给出的意见可以优先适用，例如是否决定起诉的意见。但是在一些牵涉到针对国家的犯罪案件中，比如间谍罪和叛国罪，是否起诉的意见都是由司法部长作出的。

公诉机关检察长在实践中是整个国家最高的公诉权威，他是公诉机关组织上的领导。他手下有2个代理人和8个全职、5个兼职助理律师，都是由国王或者司法部长指任的公务员。

各公诉机关会就需要特殊关注的案件向公诉机关检察长请教。同样地，各公诉机关的不同意见，例如由于证据不足取消怀疑或是否不起诉的争论都会提请检察长。他还可以指定特定的案件让其查阅，甚至可以决定某些类型的案件应该提交查阅。通常他会给各公诉机关和警察总长进行指导，也会就刑法和法律程序的问题给出解释和指导意见。在一些法律本质问题上，例如刑法的修订，他会给司法部长担当法律顾问。他能决定对于高等法院的审判是否需要上诉到最高法院，他和他的2个代理人，其中2个全职律师会作为公诉人出席刑事案件的庭审。

在公诉机关检察长之下，设有一个公诉部门：

其中共有6个地方诉讼机构。每一个诉讼机构都有1至2名代理公诉人和几名全职、兼职的助理律师。

除了地方诉讼机构，还有一个特别诉讼机构专门负责在全国范围内调查疑难案件或是较大的经济犯罪案件。机构有3个代理人和14个全职助理律师。作为唯一的一个特别诉讼机构，其手下有大量负责调查、侦查的警察。

对于特别严重的刑事案件，是否起诉的意见都由公诉机关首长作出。他（其代理人或助理律师）都会出席高等法院审理前的陪审团事实审和所有高等法院作为上诉法院对案子进行的审理。

警察总长会受到地方诉讼机构的监督。他们所有关于起诉的意见都会在地方诉讼机构之前提出，而地方诉讼机构可以修改警察总长关于是否起诉的意见，还可以就此意见作出指示。地方公诉机构也可以决定对于地方法院的判决和意见是否要上诉到高等法院。

在地方公诉机构之下，共有53个由警察总长委任的地区警察和一个单独成立的服务于哥本哈根市的城市警察，最高长官由警察局局长担任。

警察总长和警察局局长通常是律师。他们都有代理人（也是律师），最大的警察管辖区有几个代理人和很多助理律师。

警察总长（和警察局局长）有双重功能：首先，他们是当地警察力量的领导，在这个层面上主要负责对犯罪的侦查。除此，他们及其代理人、助理律师还负责向第一级法院（特别是地区法院）提起诉讼。他们负责所有普通案件的开始程序和向地区法院提起诉讼，同时还处理源于公诉机构控告的案件。从这两个方面来看，警察总长和他们的法律团体是诉讼机关的一部分。

丹麦环境保护组织

执法和立法部门

1997年11月24日

二、关于丹麦环境法施行新原则的备忘录

在1997年的夏天，丹麦国会采用了许多关于施行环境法的新原则，以期确保在环境领域有更多的法律和规则。

在丹麦，开展重污染活动的许可体系在1972年就已经公布了，适用的法律是最初的丹麦环境保护法。重污染活动是否被许可，环境专家目前只能根据他们对申请者的生产计划和产品设备来评估。许可体系没有包涵规范污染方面的法律条款，而是通过通告令或禁止令来调整。

工业和其他污染活动的开展不需要特别的个人授权或是对产品的评估。但是，任何公司管理者都必须提出开展活动的环境许可申请，如果它们满足了监督机构对于产品环境方面规定的要求。公司运营管理能力的要求不包括在这份环境许可的申请范围里。

随着1997年新环境保护法的出台，申请程序也发生了变化。简要地说，新的环境法法律原则包含了三个新要求。

第一，环境责任成为申请开展新的污染活动的一个标准。缺失环境责任会纳入污染活动是否被许可的意见中。当个人或公司对产品生产的决定性意见事先违反了丹麦的环境法律法规，或当被法庭裁决取消继续从事污染活动的资格，或当没有尽到环境机构要求个人或公司应承担的与治理污染有关的众多责任时，环境责任就会丢失。

环境责任意在说明，如果公司管理不符合开展污染活动的要求，环境机构就会拒绝授予环境许可或是取消特别许可条款。如果个人申请者或代表公司的管理人员申请者丢失了环境责任，那么这样的程序就会启动，这也会被认为是缺少开展污染活动的能力，这时诉讼程序也会开始。

甚者，在已有许可的经营管理中缺失环境责任，还有可能导致环境机构取消新的许可条款，安全条款的要求成为继续持有许可的必要条件，否则环境许可可能会完全被取消或是生产被停止。

第二，公司环境责任的缺失，与公司运营管理有直接关系的情况。例如，许可持有人、董事会成员或其他对公司有重大影响的人没有尽到环境责任。当个人或公司与其他公司没有尽到环境责任有全部或部分关联时，或者没有尽到环境责任的个人是管理层成员时，环境责任可能缺失。

第三个新要求是一种新的登记，其列举出没有尽到环境责任的个人或公司。这种登记的实行与环境机构施行的新原则是相互联系的，考虑到在进行污染活动许可申请时要突显环境责任的重要性。只有当环境机构掌握了个人或公司行前的违法行为时，这个原则才能被充分地运用。

在开展污染活动中严重违反了环境法律法规的个人或公司，被认为在将来不能以健全的方式去从事污染活动。这里新的法律原则提供了取消违法者从事污染活动的新方法。现在可以通过法庭的裁决取消许可资格，新原则还完善了拒绝授予或取消从事污染活动资格的行政权力。

综上所述，新原则反映出丹麦显著加强了利用先前的记录来推测个人或公司违反环境法的程序。新原则的施行以期在环境领域有更多的法律法规和限制丹麦国内严重污染事故发生的次数。新原则的施行还期待加强事故责任者赔偿原则在将来的施行。

四、芬　兰

答卷人：玛蒂·尼西宁

1. 法人环境犯罪的刑事责任

（a）根据芬兰刑法典第9章第1—9节和第48章第9节的规定，法人可以承担环境犯罪的刑事责任，但是行使公共权力的法人不承担环境犯罪的刑事责任（芬兰刑法典第9章第1、2节）。

（b）能。

（c）法人责任的构成需要证明管理层的某人有罪或是负有勤劳和谨慎义务的某人在开展公司业务时没有行使预防犯罪的职责（芬兰刑法典第9章第2、1节），所以即使不能确定哪一个人（员工）引起了环境污染（匿名犯罪），或者即使确定了责任人但是由于其死亡或刑事诉讼程序的限制没有进入审判程序，是可以处罚法人的。

(d) —

(e) —

2. 执法主体和个人在环境犯罪中的作用

(a) 不管是针对环境犯罪还是对其他犯罪，只有公诉人可以提起诉讼。然而，如果考虑到刑事案件原告的例外情况，在满足（c）所阐述的原则下，执法主体也可以提起刑事诉讼。

(b) 只有一种情况个人可以被当做原告，比如被污染物的所有人。

(c) 不需要特别的许可，但是只有在公诉机关通知称将不提起对犯罪的刑事诉讼后，个人（或执法主体）才可以提起刑事诉讼（芬兰刑事诉讼法第1章第14节）。

(d) 个人提起的刑事诉讼程序和公诉人参与的普通刑事诉讼程序是相似的。案件的侦查由警察负责，法庭审理案件之前需要填写一份申诉书（控诉的申请表）（芬兰刑事诉讼法第7章第1节）。

(e) —

(f) 不影响。

(g) 警察负责侦查。警察长，通常是一名刑事侦查员，负责指挥侦查。公诉人可以和侦查员进行商议，就补充侦查作出引导和提出要求。

执法主体以提供背景资料的方式协助侦查的进行，例如分析污染物中所含的化学成分。甚者，执法主体有特定职责去监督环境法是否得到遵守。

(h) 大多数的环境犯罪案件都是危害比较小的。通常都由执法主体实施行政处罚来处理。个人也曾经向警察和环境机构举报过环境犯罪。

3. 刑事处罚

(a) 自由刑、日罚款、小额罚款可被适用。所有的处罚规则都阐明了有疑问的刑事处罚，最重的处罚和最轻的处罚也都在规则中提到了。法人也可能接受以上处罚。

(b) 通常适用日罚款。罚款以一定的天数（从1天到120天不等），以确定的日数额适用。犯罪者的月收入和资产决定罚款的数额。对环境犯罪的平均日罚金是大约20—30欧元。不交纳罚款可以转为自由刑。

（c）自由刑很少适用，但是有必要时也会适用。

（d）犯罪的性质决定适用哪种处罚方式。

4. 行政处罚

（a）不能。

（b）不会适用此种罚款。

（c）当基于合理的行政意见并且为了强化处罚意见时（例如为了停止污染的继续），行政处罚——比如附有条件的罚款（不是日罚款而是固定罚金）就可以被适用。这些罚款十分有效，因为（罚款行为）能很快地作出而且（惩罚）强度够大。

（d）没有可使用的数据，但罚款经常被适用。

（e）（问卷的问题（f））对环境法立法和执法有很大的帮助。

5. 旨在遏制个人实施类似行为的现行制度

（a）有。

（b）原则上讲，禁止从事某类商业活动的禁止令是可能存在的。

（c）这类禁止令是辅助性的刑罚。

（d）由法庭发布，由公诉机关请求（发布）。

（e）在环境犯罪案件中还未曾使用过。

（f）一旦被使用，它将会是十分有效的；为了禁止个人在其他公司或法人的掩盖之下行为，监督仍然是十分必要的。

6. 跨国污染事故

（a）我仅知道一个案例。从芬兰流向俄罗斯的一条河流被芬兰的一家纸板厂污染。工厂的两个负责人都被起诉和处罚（分别是25天的日罚款和22天的日罚款）。事实上，这起案件淡化了越境的概念，在起诉调查时并没有造成特殊的麻烦。俄罗斯的相关机构并没有参与到诉讼中来。

（b）然而，当船上的溢出物（污染物）流向海洋的时候，就要针对案件采取某些措施了。

（c）（参看（b））MARPOL公约不允许船舶在公海海域停留，所以调查就延迟了。

7. 环境犯罪中公务员和政府机关的刑事责任

（a）他们都能承担。

（b）—

（c）在几件案子中，一位代表行政机关的公务员连同一些代表公司的个人被一起处罚，因为（公务员）在监督公司活动时没有尽到勤劳义务。在这些案子中警察报告了对（公务员）监督不充分的质疑。

（d）我认为没有直接的影响。也许责任观念更加重要。

8. 其他

（a）非常难以作出比较或者衡量。也许涉及公共大众的案件被起诉到法院会产生特殊的影响（较差的公共关系）。

（b）有，也应该有一定的减免，例如一些技术性的违规。

（c）至今在环境犯罪的调查中，情报部门没有担当过任何角色。

五、法　国

答卷人：马塞尔·贝勒博士/教授，利莫日大学

1. 法人环境犯罪的刑事责任

（a）根据1994年新刑法典第121条第2款，法人可以承担。

但是，国家犯罪不承担刑事责任。通常情况下，地方公共机构不承担此责任，只有代表私人企业在开展活动时构成环境犯罪，才承担刑事责任。

环境犯罪的刑事责任不是普遍适用于每个企业。只有法律中明确规定需要承担刑事责任的环境犯罪，企业才承担刑事责任。在实践中，大多数的环境犯

罪已经在法律规则中有所规定。现在，环境刑法中普遍设置了这种责任。

（b）根据刑法典第 121 条第 2 款和第 3 款的规定，法人董事或经理可以承担。自然人，不管是主犯还是从犯都不会因为公司承担了刑事责任而免于被起诉。然而，法律 2000-647（10/7/2000）规定了一个重要的例外情况。此法补充了刑法典第 121 条第 3 款的第 4 项规定，即当管理层的轻率和粗心只是犯罪的一个间接原因时，可以免除其责任。只有在个人对于安全和警告职责存在典型的过错或明显过失的情况下，才可能承担刑事责任。特别是由于个人对于安全和警告职责存在典型过错或明显过失引起的环境犯罪，他们就可能承担刑事责任，特别是环境犯罪的刑事责任。

请参看第 7 个问题（d）的回答。

（c）即使易于证明管理者有过错，但是这种责任是固定的。当然，在这种情况下是可以处罚法人的；并且不管引起污染事故的个人是确定了还是不能明确，或者即使确定了也会因为诉讼程序规定的局限性而不起诉个人，这种情况下也可以处罚法人。要处罚法人，只需证明法人在活动时没有尽到勤劳和谨慎的义务去防止犯罪的发生就足够了。

（d）——

（e）——

2. 执法主体和个人在环境犯罪中的作用

（a）严格说来，只有公诉人和一个特定的行政机关（农业森林管理部）可以对犯罪者直接提起两类诉讼。第一，捕捞罪（农村法第 437 条第 15 款）；第二，在公共森林的森林犯罪，包括在森林的捕猎犯罪（森林法第 153 条第 1 款到第 10 款）。

广义地说，法国境内的众多行政机构，特别是负责其他犯罪的农业部（DDAF）、地区环境管理部门（DIREN）、地区工业研究理事会（DRIRE）、渔业高级委员会（CSP）、国家捕猎和野生动物办公室（ONCFS），这些部门都可以对环境犯罪进行调查。依照下面（b）的回答中所说明的为个人起诉设置的原则，许多公共法人也可以对犯罪提起诉讼。这些公共法人有：环境能源管理处、水利署等等。

（b）可以，但实际上不是他们亲自提起诉讼。他们可以投诉某人或某法人，但还是得请求公诉人对环境犯罪提起刑事诉讼。个人不能行使政府机关的权力，但是他可以要求司法部门行使公共权利，即使个人可以在刑事审理之前很容易地提起民事诉讼。

（c）不需要。大多数情况下，在诉讼开始之前要求公诉人采取行动，但是有一个重要的例外情况：任一个受害者都可以申诉。验尸官会收到这个申诉。如果事件符合刑事要求，那么这个受害者申诉可以促使刑事诉讼的开始。刑事诉讼法第85条至91条规定了这项原则，但并不是专用于环境犯罪。即使公诉机关没有宣称将不会提起对犯罪的刑事诉讼，这项原则也是适用的。

（d）受害者、个人或非政府组织，可以在验尸官处登记申诉，但必须向法庭的书记员交纳一定的费用，交多少由验尸官决定。实践这种法律机制会产生滥用权利的风险。如果申诉人没有使被申诉方受到处罚，那么交纳的这笔钱就不能退还。对于权利的滥用是一种很好的保障。

这种法律机制的一个重要优势在于，能促进更加有效的环境保护。受害者、个人或非政府组织成为监督者［请参看问题（h）的回答］。

（e）—

（f）不会影响，因为公诉人可以凭职业道德自由决定是否起诉；但是检察官称，当他们不愿意起诉的时候，而非政府组织却倾向于起诉要求赔偿的做法让他们有一点困扰。

（g）首先，行政机构的贡献对于预防犯罪是极其重要的。这些机构会发表意见，发出禁令，必要时发布命令：如果正在进行违法活动的企业没有意识到它们应该停止污染行为或已经造成了环境破坏，相关的执法主体就可以实施处罚。如果禁令没有效果就会处以一定金额的有条件的罚款。

第二，在环境犯罪的调查中，执法主体必然会给公诉机关提供重要的技术性资料。他们会帮助警察确定犯罪的构成。但是，在很多的环境犯罪案件中，首先由执法主体作出选择，然后再由公诉机关作出抉择。不过很少有环境犯罪者被刑事起诉。

第三，受害者，特别是非政府组织作为受害者，在诉讼中的角色是很重要的。

（h）从社会学的观点来看，自 1980 年至今的主要现象是环境社团的活动成倍增长，其作为环境犯罪的受害者提起过诉讼，要求了赔偿。特别是像垂钓俱乐部、小鸟俱乐部和非政府组织，比如大联邦环保协会、法国自然环境组织（FNE）提起过很多诉讼。这种现象正在逐渐加强环境刑法的威慑力。它威慑住了一部分环境违法分子。公众对于环境问题的注意力正在加强并达到了一个较好的程度，所以这种法律体系看起来还不错。

3. 刑事处罚

（a）一些基本原则：

——法典里只规定了罚金的最大数额和自由刑的最长期限。法官可以在此范围内自由判处低于最大数额和最长期限的罚金和自由刑。

——对于累犯而言，罚金的数额和自由刑的长度都会增加 2 倍。

——对法人的罚款和个人一样，但数额比个人的要多 5 倍。

现有许多法律规定。生态威胁论是一种非主流观点。主流观点之一是对水污染的规定和环境法第 432 条第 2 款中经常适用的法律规定。在这种情况下，对于单个犯罪者可适用的处罚是 2 年的有期徒刑和高达 18000 欧元的罚款。在同样的情况中，对于法人的处罚则是高达 90000 欧元的罚款和适用刑法典第 131 条—139 条所规定的各种处罚。但是这些针对法人实体制订的各种处罚，在实践中却很少使用。

法律规定的刑罚	经常适用的处罚	案例	很少适用的处罚
生态威胁论（刑法典第 421 条—422 条）： *长达 15 年的有期徒刑（如果造成受害者死亡，则判处无期徒刑） *225000 欧元的罚款（如果受害者死亡，则罚款变为 750000 欧元）	罚款	个人引起的严重水污染案件中，可判处 450 欧元的罚款和一个月的自由刑（缓刑）	不能减刑的有期徒刑

法律规定的刑罚	经常适用的处罚	案例、	很少适用的处罚
其他犯罪： *长达 2 年的有期徒刑 *针对自然人的罚款：通常是 75000 欧元（环境法第 216 条第 6 款的举例） 针对企业的罚款： *同样的罚款但要增加 5 倍			

（b）罚款最常适用。

例如，违反关于捕猎的禁止性规定，个体犯罪者可能被判处 1500 欧元的罚款和 3 个月的自由刑（缓刑）。

其他例子：一个大公司，因污染水资源犯罪，可能被判处 3000 欧元，但对公司来说这笔罚款不算什么。

法国法律规定的对于企业的罚款增加 5 倍的做法并不合理，因为这种罚款对于一个小公司而言算是比较多，但是对于一个大的企业集团而言根本不算什么。应以公司营业总额的百分之几作为罚款（比如百分之五）。

（c）针对个人而言：不能减刑的有期徒刑。

针对企业而言：刑法典第 131 条—139 条所规定的处罚；比如，关闭污染工厂，没收以污染方式生产的产品，停产停业。

（d）主要是社会原因：贸易联盟组织起来反对这种处罚，即使它们的财产有被处置的可能性。只有少许的法官是环境法方面的专家，并且一些法官对白领犯罪者有一丝敬意。

（e）只有法庭可以判处刑事处罚。

4. 行政处罚

（a）可以。一些行政机构要求地区行政长官对某些案件处以罚款，例如对某些分类装置的罚款（环境法第 514 条第 1 款）。另外负责环境事宜的行政机构还可以实施其他类型的行政罚款，例如对废弃物问题的处置（环境法第 541 条第 26 款）。

（b）在这些例子中，罚款都是一种纯粹的行政处罚，没有法官和刑事法庭的干涉。

（c）关系很简明，与公诉机关近似的执法主体否定了报告书，诉讼也不会相继进行，那么公诉机关就不会起诉。所以，在许多案件中，行政处罚比刑事处罚更加有效。如果犯罪者不服从行政处罚，那么他就算是再次违法，刑事诉讼就会成为可能。

民事处罚通常和刑罚相结合，但是在范围上和效力上不及刑事处罚。民事违法者只进行补偿而不被处罚。

行政处罚对于较小的犯罪有威慑力。

（d）比较常用。

（e）这种罚款确实有效，因为刑事司法体系对行政体系有潜在的强化作用。不服从行政处罚就是刑事违法，在此种情况下，公诉人就会起诉。

5. 旨在遏制个人实施类似行为的现行制度

（a）在刑事领域有。这种文书的名称是犯罪记录。它可以告知任一自然人和任一法人有罪。

在行政法领域，不确切。通常情况下，每个行政机构都会告知它所决定的处罚并且在某些情况中，行政机构可以撤销被处罚者的一个新的安装设备的许可。但是重新创建一家公司继续从事这样的活动是很容易的。

（b）它（犯罪记录）是一种刑事工具。例如，如果犯罪者被禁止在5年内从事商业活动，那么这种公告对于个人是有效的。如果他们不服从这种个人限制，那么他们就是严重违法。对于法人而言，它不一定有效。

（c）在取得从事某项活动的许可之前，特别是在商业领域，申请在商业登记簿上登记的人需要上交一份公告文书的摘录（犯罪记录的摘录）。有时，这套系统用于取得一项新的活动许可。（环境保护的装置）

（d）犯罪记录和执法主体之间没有必然的联系。但是，当一个人在申请一项新的登记时，就需要上交其公告文书的摘录。

（e）在商业登记簿上进行新的登记是成体系的；当某人已经在商业登记簿上进行过登记，那么对新活动的许可是临时的。

(f) 尽管丧失了许可资格，但是很容易就能重设一个新法人开展活动。

6. 跨国污染事故

（a）法国曾经和瑞士（莱蒙湖污染）、比利时、卢森堡、德国、西班牙（高危害：核能、化学、森林大火）之间产生过问题。但是在那种情况下，使用刑事手段并没有被认为很重要。双方同意举行互助的会议：与西班牙的会议，1959 年；与卢森堡的会议，1962 年；与德国的会议，1977 年；与比利时的会议，1981 年；保护莱蒙湖的特别会议，1977 年。还有其他一些关于防止水资源磷酸化的会议。

但是这不是刑事方面的会议，而是主要致力于民事保护。

（b）总的来说，和邻国之间的合作很满意。

（c）—

（d）

跨国污染事故的描述	特殊的问题	正式条约有效吗？
与瑞士有关的水污染事件（莱蒙湖）。与西班牙、卢森堡、德国、比利时之间召开的关于高危害的会议。	总的来说，和邻国之间的合作很满意。	不太有效，因为条约没有规定足够的刑事方面的内容。

7. 环境犯罪中公务员和政府机关的刑事责任

（a）在实践中不会，但理论上可以。公务员和政府机关不可以免罪，所以他们可以承担各种犯罪的刑事责任。但是在实践中，行政机关在执行公务时给出了错误的意见或是犯了错误，即使一定程度上导致了污染的发生，但都不算是犯罪。公务员只有在贪污、共谋犯罪、鼓动犯罪的情况下才可能承担刑事责任。实际也很少出现这种情况。

（b）公务员贪污、共谋犯罪、鼓动犯罪，可能承担环境犯罪的刑事责任。参看第 1 个问题关于法人责任的回答，特别是地方公共机构，只有当他们代表私人企业从事某项临时的活动时，才会承担犯罪的刑事责任。

（c）—

（d）公务员不会受到影响。

对于公共法人，自从 2000 年 7 月新刑法典生效以来，当地的议员对间接因果关系给公共法人带来的姑息感到担忧。今后，只有在对于安全和警告职责存在典型的过错或明显过失的情况下，公共法人才承担犯罪的刑事责任，特别是在环境犯罪的案件中（刑法典第 121 条第 3 款）。在新法生效以前，当地的市长和一些议员拒绝成为选举候选人，因为个人承担刑事责任的风险。

8. 其他

（a）不会。

通常来说，一些行政处罚如我们所阐述的那样有效，因为刑事司法体系潜在地有助于强化行政体系。为了达到威慑目的，我们认为对于私人企业的管理层来说，使其承担自由刑的风险来达到此目的更有效，特别是当他们犯罪后被判处几个月的有期徒刑缓刑时，他们就不会再次犯同样的罪。但是在法国很少这样做，并且法人的刑事责任是由管理层来代替承担的。

（b）对于企业及其经理来说，较小的犯罪是可以减免处罚的，但是在捕鱼、捕猎、或者对待动物的残酷行为方面，较轻的个人犯罪是不能减免处罚的，从犯也不能减免处罚。通常在经济领域还有很大的减免空间，甚至在一些主要涉及环境的犯罪案件中。

（c）除了在环境威胁论领域里有一定作用外，没有其他作用。

六、德　国

答卷人：埃克哈德·迈耶尔－鲁茨

1. 法人环境犯罪的刑事责任

（a）不承担，但是根据行政管理法（秩序违反法）可以处以法人非刑事罚款。

（b）如果法人董事或经理承担刑事责任，那么法人要承担的责任和（a）所说明的一样。

（c）与行政管理法相关的法律法规要求，除其他事务外，法人、其他公司或组织的主要代表犯了罪或是违反了行政管理法——要么是法人没有尽到职责，要么是法人应该加大责任。行政管理法涉及以下情况，如预防犯罪的监督职责，主管代表违反行政管理法，可减轻下属人员犯此罪或违此法的处罚。即使能确定其中至少一个代表犯了相关的罪或是违反了行政管理法，也没有必要确定这个责任代表人。

（d）请参看（a）—（c）的回答。

（e）调查中一个主要的不足或困难是找出和证明大公司为特定行为应负的责任。当前一些德国政客为公司的刑事责任站出来说话。同样参看（a）—（c）的回答。

2. 执法主体和个人在环境犯罪中的作用

（a）在法庭审理之前主要由公诉人提起诉讼（对于受害者的例外情况会在后面提到）。但是最初的调查主要由大量的警察和其他机构［在公诉人的监督下，参看（g）的回答］展开和协作：

——警察局/总指挥部（联邦州机构）。负责调查环境犯罪中的特别部分，有时也会有额外的工作，例如监督某些州的废弃物运输。

——联邦调查局。主要负责调查国内和国际的环境犯罪，情报工作/信息交换；配合国外的刑事调查和特殊情况下的国内调查，开展有关特殊利益条件的自行调查，制订应对措施，与国际刑警组织进行相关合作。

——国家/州调查局。主要负责调整协作工作。

——海事警察局（联邦州机构）。负责对大河流域和港口的调查。

——联邦边境警察局。负责对领海和专属经济区的调查，对联邦境内铁路交通的调查。

——海关（联邦机构）。监查货物的进口和出口，还有对相关犯罪的调查。

——矿业机构（联邦州机构）。（非主要任务）负责煤矿方面的犯罪调查。

（b）不能，除了（e）所提到的情况。

（c）—

（d）—

(e) 环境犯罪的个体受害者，特别是任何被侵犯权利的个人，可以参与到刑事诉讼程序中；刑事诉讼法从这个层面上赋予个人一定的权利。但是个人不能作为共同原告出现在法庭上。此外，受害者还被授予特殊的法律补救措施，即反对公诉人不起诉的申诉。

(f) —

(g) 通常由公诉人引导调查，警察协助公诉人。公诉人可以质疑个人和执法主体。但是专门的警察团队一般都比公诉人更有经验且更专业，所以实践中通常都由他们开始调查，并给公诉人提出建议。

(h) 环境行政机构的角色是十分重要的。它们通常能在行政机构处理法律问题时提供关键资料。这些机构和一些专门性机构能够给予技术性和科技性协助。个人通常起这样的作用，即发现犯罪并向相关机构举报。

3. 刑事处罚

(a) 针对犯罪的主要处罚是自由刑和罚金刑。此外，以下处罚和措施也可使用：没收生产工具和违法所得（例如所节省的支出费用），禁止生产，撤销生产执照。行政管理法所规定的相关处罚都是非刑事罚款（也包含了没收违法所得）；如果法律有明确规定，也可以没收生产工具。通常都是和违反环境行政管理有关的案件。

(b) 在刑事案件中罚金是最常适用的，在违反行政管理的案件中，通常处以非刑事性罚款（比如10000欧元的罚款）。

(c) 自由刑很少适用，即使在判处有期徒刑的情况下，也是最多两年的缓刑。

(d) 多数案件中犯罪者的犯罪性质都并不恶劣，而且多数都是初犯。由于犯罪性质比较复杂，导致诉讼时间延长，这种情况下也可能施以较轻的处罚。

(e) 刑事处罚只能由法庭做出。公诉人可以连同法庭针对轻微犯罪采取责令改正措施而非处以刑罚（参见德国刑事诉讼法第153节a）。

4. 行政处罚

(a) 可以。行政管理法在处理程序中有自己的原则；通常都要比刑事诉讼程序原则简单，但是刑事诉讼程序原则也是时常适用。

（b）由行政机构实施的罚款是行政刑事性的处罚。立法确定了刑事处罚和行政处罚之间清晰的界限。立法者对这种界限的评价多年后会发生变化。法庭对于刑事犯罪主要处以自由刑或者刑事罚金。

行政机构对于违反行政管理法的首次处罚主要是非刑事性罚款。

（c）参见（b）的回答。不交纳行政罚款会被处以强制性拘留，但是不同于有期徒刑。

行政罚款在范围上和效力上都可以和刑事罚款相比拟。最重要的是环境法规定了高达 50000 欧元的罚款。法律同样规定了，罚款总额应该高于所有的违法所得［参见德国行政管理法第 17 节（4）］。刑事罚金可以高达 180000 欧元。

（d）经常使用。

（e）对于法律的执行有十分重要的贡献。

5. 旨在遏制个人实施类似行为的现行制度

（a）有，例如禁止从事专门性活动的禁令（根据刑法典、商法、工业法的规定）。相关措施还有禁止特定的设备安装行为。

（b）它可以是刑事措施（甚至可以是在调查期间或诉讼进行期间临时性的处罚）、行政裁决，或者两者同时使用。

（c）根据处罚措施的性质来决定是由法庭作出还是由相关行政机构作出。

（d）刑事禁令和行政禁令在实践中只对性质严重的案件使用，特别是针对累犯。

（e）很少见。1996 年发布了两个刑事禁令。法理上说，行政处罚措施有很广的影响范围（加重责任；禁令，包括停止安装）。

（f）难以估计。可以肯定的是"犯罪网"很难控制。

6. 跨国污染事故

（a）非法跨境运输废弃物，跨境河流污染，非法出口和进口受保护的动植物。在一些特殊警察组负责调查的案件里，曾出现过非法出口超过 5000 吨危险废弃物的情况。这是出口到西欧国家的最大量。

(b) 搜集证据的问题；犯罪结果和犯罪起因的关系问题；犯罪责任主体的问题，特别是企业的工作人员实施了违法行为时；双方在法律程序上的协助和合作问题。

当犯罪行为已经过了很长一段时间以后，调查是非常困难的。

在环境犯罪和白领犯罪的混合犯罪的大案件中，调查官员的双重培训是必须的。在一些案子中，由于环境法的不同标准或使用、分析案例的不同标准会引起麻烦。

(c) 至少，国际合作组织的数量是足够的。这种合作应该从强度上加深，而不是从规模上扩大。进一步的完善值得期待（阿姆斯特丹条约下申根协议的申请国数量广泛增加；欧盟和欧洲理事会层面上的双方司法协助也有所进步）。此外，要更加有效地打击环境犯罪，就要求警察官员、公诉人和法官接受良好的培训。

7. 环境犯罪中公务员和政府机关的刑事责任

(a) 如果公务员所在的行政机构像企业一样运作，那么他就可能承担刑事责任。如果公务员作为颁发许可执照或行使监督权力的行政机构的代表，主要犯罪者的刑事责任取决于犯罪的构成形式。此外，公务员还可承担因其行为造成损害的责任，当这种行为促使了环境犯罪的发生时。纪律措施和纪律处罚也可适用。

(b) —

(c) 公务员，如承担非法许可责任的，可以是主犯、从犯、协从犯和教唆犯。

举证很困难，因为通常公务员行为时都很谨慎。因果关系的问题和是否有罪的问题就会产生。

(d) 公务员/政府机关都变得十分小心谨慎。掩饰自身行为成为一种趋势，例如要求更高的权威。

8. 其他

（a）行政措施和行政处罚都很有效；性质严重的案件中，处以自由刑的威慑力也是不可低估的。

（b）难以作出评价，因为在许多案件中，对于刑事违法处以较少使用的刑事罚款，对于行政违法处以非刑事罚款。在行政领域里这是由州的罚款目录反映出来的。这没有排除刑事警告的其他用法；如果交纳一定金额的钱给慈善机构或环保组织，或者赔偿损失就可以终止刑事诉讼程序。

（c）情报部门不承担重要角色。警察很重要，但是在一定程度上要依靠环境机构所掌握的信息和知识，而这些信息材料是不太容易获得的。

附：

一、负责调查和起诉的机构

负责调查和起诉的机构是公诉人（检察官），刑警和专门警察机构，例如海事防护警察和专门负责首先接触案件的警察。现有大量的警力存在。联邦州的警力负责大部分调查工作，而联邦的警力集中力量负责调整协作工作：

—— 警察局/总指挥部（联邦州机构）。负责调查环境犯罪中的专有部分，有时也会有额外的工作，例如监督某些州的废弃物运输。

—— 联邦调查局。主要负责调查国内和国际的环境犯罪，情报工作，信息交换；配合国外的刑事调查和特殊情况下的国内调查，开展有关特殊利益案件的自行调查，制订应对措施，与国际刑警组织进行相关合作。

—— 国家/州调查局。主要负责调整工作。

—— 海事警察局（联邦州机构）。负责对大河流域和港口的调查。

—— 联邦边境警察局。负责对领海和专有经济区的调查，对联邦境内铁路交通的调查。

—— 海关（联邦机构）。监督货物的进口和出口，还有对相关联犯罪的调查。

—— 矿业机构（联邦州机构）。（非主要任务）负责煤矿方面的犯罪调查。

二、联系人及地址

1. 埃克哈德·迈耶尔－鲁茨

联邦环境部（Federal Ministry of the Environment）

柏林 10178 亚历山大广场 RefL G15（RefL G15，Alexanderplatz 6，10178 Berlin）

电话＋＋49—228—305—2252；传真＋＋49—228—305—2225

2. 施拉格尔卡拉格博士（Dr. Möhrenschlager）

联邦司法部（Federal Ministry of Justice）

波恩 53170 海奈曼大街 6 号（Heinemannstraße 6，53170 Bonn）

电话＋＋49—228—58—4214；传真＋＋49—228—58—4525

3. 克劳斯－皮特·霍尔茨（Claus-Peter Holz）

联邦调查局（Federal Bureau of Investigation）

威斯巴登 65173（65173 Wiesbaden）

电话＋＋49—611—55—5738；传真＋＋49—611—55—5753

4. 马丁·伊特沙根（Martin Ittershagen）

联邦环境署（Federal Environmental Agency）

柏林 14193 俾斯麦广场 1 号 FG I 2.1

（FG I 2.1 Bismarckplatz 1，14193 Berlin）

电话＋＋49—30—8903—2124；传真＋＋49—30—8903—2906

三、（刑事）调查和对环境犯罪刑事诉讼体系的简要资料
（国内法律诉讼系统的结构）

在德国，联邦州的刑事调查和起诉主要是由州的相关机构负责，这些机构不受联邦机构的监督。

通常由州公诉机关引导调查，州警察协助公诉人。公诉人可以质疑执法主体（少有的例外，如州权力机关）。总的来说，执法主体有义务根据内部指引向公诉人举报犯罪。

联邦公诉人主要负责上诉案件，联邦警察主要调节国内国际的警务工作。

七、意大利

答卷人：马里奥·斯卡拉梅拉

1. 法人环境犯罪的刑事责任

（a）不能。不像刑法其他体系中所研究的可以使法律明确规定的人（包括法人）承担刑事责任的可能情况，意大利的法制体系里只承认自然人的刑

事责任。这是众多法庭和评论者结合意大利宪法第27条第1款和第27条第3款所给予的固定的解释，即一个借鉴了"法人不能犯罪"的原则。当法人从事刑法禁止的经济活动时，由法人的法人代表来承担刑事责任。

（b）可以。股东、董事、普通经理和原则上的所有法人代表都可以承担责任；其他如果有特别授权的人（负责某项特别的任务）也可以承担责任。

（c）要区别开可能被判处刑罚的环境犯罪和被处以行政处罚的环境犯罪。在后者的大多数案例中，（违法行为）通常与主观因素不太相关：发生了污染的事件，（行为人）就有义务去赔偿损失或恢复原状。在所有的其他案件中都要通过举证证明来承担相应的责任。根据法人代表责任的治理原则，环境安全义务由具有法定权力代表法人行为的人来承担。根据法律规定，如果这些人负有举证义务，那么他们必须证明其在采取预防环境事故的措施时履行了勤勉义务。当安全义务转移到其他代表法人行为的人或者实际造成污染事故的人时，这种授权代表的可能性必然要接受司法审查，并理清事实。至今虽然不能无遗漏地分析每一个案件，但是我们仍然可以宣称这种授权代表必须是清楚的，由相对人自愿接受的，并且相对人应该掌握开展工作必要的科学技能，并能自主作决定。

（d）法人可以被判处间接惩罚，例如经济制裁，停产停业。法人也能被判处赔偿损害损失。

（e）通常法人会承担最严重和影响较大的环境犯罪刑事责任，这是由于环境保护法制系统的显著缺陷导致处罚无力。在处罚自然人的时候，刑罚（比如罚金）会根据自然人的财力而不是法人的财力来作出。此外还应该注意一些特别法（如治理水污染方面的法律）也规定了特别的处罚方式，例如判处赔偿损失，恢复到先前的环境条件等等。最后，在处理自然人时，由于犯罪者的不可归罪而导致刑罚的终止。

2. 执法主体和个人在环境犯罪中的作用

（a）意大利法律规定的对环境犯罪的审判程序和其他犯罪的程序一样，分为三个相互连接的步骤：1）对犯罪的确认，2）着手对犯罪进行调查，3）合理的诉讼，包括官方调查和审判。在最后一个步骤里，新修改的意大利刑事诉讼法（1991年）确定了一个文职官员，公诉人作为负责案件的权力主体。所有的警力和具有刑警资格的行政机构都会配合法院调查环境犯罪（更多内容请参看在丹麦召开的第一届 WPG 上所提交的调查问卷）。

（b）刑事诉讼的开始取决于公诉人，但是个人或者公共协会可以向环境犯罪行为发生地的公共机构报告（犯罪通知书）。他们也可以在刑事诉讼程序中提起要求损害赔偿的（附带）民事诉讼。

（c）是的，这样的许可对开始诉讼是必要的。

（d）他们可以向犯罪行为发生地的公共机构报告，以便根据刑法集中处理犯罪。在审讯的第二个步骤中，只有公共机构（比如环保组织或者公共研究所）可以结合典型受害者的所有权力和权利参与到诉讼程序中（刑事诉讼法第 91 条）。他们还可以在民事诉讼程序中提出损害赔偿（刑法诉讼法第 74 节）。

（e）请参看问题（b）和（d）的回答。

（f）是的，他们都可以帮助公诉人搜集信息，还会支持对抗有时会成为高度敏感话题的公民社会地位问题/人权问题。

（g）根据意大利刑事诉讼法，公诉人主要负责引导调查，刑警、所有的警力和具有刑警资格的行政机构都有义务去支持官方调查，同时还负责在先前开始的非官方调查中去核实犯罪通知书。透过所有环境方面的警察机构我们可以得知：国家警察部门，隶属于内政部，不处理个别的环境犯罪，但有时会处理涉及严重的集团犯罪和涉及公共安全问题和健康安全问题的自然保育案件。军事警察部门，隶属于国防部，会处理生态单元的操作问题（核生态操作）。税务军事警察部门，隶属于财政部，已经处理过数以百计的涉及依职权没收财物和经济问题的环境犯罪的调查，现在正处于发展为专业环境警察的过程。国家林业部门，隶属于农林部，已经呈现出成为具有动植物保护和国家公园保护方面专业知识的环境警察的趋势（关于此问题的更多内容请参看第一届 WPG）。

（h）在意大利由于缺乏公众对环境问题的关注，导致了执法主体和个人对环境法的合理执行贡献较少。

3. 刑事处罚

（a）有两套处罚体系：刑事的和行政的。行政处罚包括根据犯罪严重性而实施的罚款；刑事处罚只针对环境犯罪，包括拘留和赔偿一定量的金钱。还有其他类型的处罚，"补充性惩罚"，例如停产停业。对于各种违法行为（包括犯罪），法律规定了必须对损害进行赔偿或者恢复到以前的环境状态。

（b）行政处罚是最常适用的。我们以实例的形式来分析其实质和内容，引用以下例子：

——水污染：不经授权许可而使用新的污水管道，单处2个月到2年不等的有期徒刑或者并处2个月到2年不等的有期徒刑和大约300欧元到5000欧元不等的罚款。在保护区域犯罪：处以12个月的有期徒刑和大约110欧元到22000欧元不等的罚款。关于这个问题的更多内容，请参看我们对丹麦工作组的第一个调查问卷的回答。

（c）自由刑和固定金额的罚款。

（d）处罚的类型有明显的区别是由于公众缺乏对环境保护法律规范重要性的注意意识，以及经济利益的影响。从这个层面上就非常容易理解对有限实体的行政处罚是很容易作出的，同时考虑到更多的非正式司法道路形成了这种处罚局面。

（e）总是并且有必要由法庭或者独裁司法机构作出处罚。在特殊条件下，根据法律明确规定，公诉人（自身作为地方行政官员）可以发出禁止令。值得注意的是，这样的禁止令虽然也可以带来履行结果，但是它并不是一项刑事处罚。

4. 行政处罚

（a）是的，行政主体可以不经刑事程序而实施罚款。

（b）不能。在处理违法事件的法律规定里和在司法程序的本质里，它们都是行政性质的。权威机构被认为是有能力处理相关案件的。

（c）意大利法律体系中，我们已经提到，的确有两套针对环境犯罪的处罚方式。第一种是行政处罚或一般违法的处罚，适用于轻微的犯罪，通常能更加迅速地使犯罪者丧失财产。第二种，能带来刑事结果，通常适用于严重的犯罪。但是只有经过完整的刑事诉讼程序后才能适用刑罚，因此就要求更多的时间和繁杂的正式性。不必说，给予犯罪者的不同处罚结果，这刑事处罚和行政处罚的关系，在范围上和威慑影响力上就是一个较主要，一个较次要。

（d）这种处罚不会频繁使用，但是要比罚金刑更加常用。

（e）它对于我们所期望的影响程度并无贡献，由于在环境法的实施过程中缺少控制，所以这种行政罚款很少固定地使用。

5. 旨在遏制个人实施类似行为的现行制度

（a）有。意大利的整个环境法律体系都是基于在开展经济活动或其他活动时的环境责任原则。至今，在几个案例中能找到这样的规定，在环境犯罪的案件中，可以撤销执照或禁止行业或活动的继续。

（b）可以是行政处罚和附属刑罚两者。

（c）这个公告或者规定根据犯罪的性质，可以由法庭，公诉人或者行政权力机构做出，于是就有了（c）中所特别描述的处罚。

（d）正如已经阐述过的，这种公告是普通法律规则及适用的附属性处罚。通过列举几个例子，我们可以引证：凡是违反生物资源和海洋渔业资源的保护法规的，会被吊销捕鱼执照和禁止海上捕鱼作业。

（e）经常使用。

（f）尽管经常使用，但是这些文书并不总是能够达到令人满意的效果，主要原因在于，追寻事故负责人和经济活动的对象是十分困难的问题。

6. 跨国污染事故

（a）勒佐卡拉布里亚的公诉机关，和其他 7 个地区的公诉机关达成一致意见，调查过大约 80 艘轮船的沉船案件，包括来自意大利国内和国际水域的不同国家的放射性污染。犯罪嫌疑人是一家瑞士公司的意大利籍经理，参与了在海洋的军资运输和放射性废弃物的处理。轮船被发现沉入了不同区域的海底（达 2500 米深和离岸 30 里远），刑警通过与情报机构（意大利国外情报机构和民主安全情报局）和国际顾问的强力合作发现并掌握了运输核物质的犯罪证据。

（b）从我们的经验来看，所面临的主要问题是没有或很少有当地官员在调查和起诉时协助支持，国际刑事警察组织和海关警察没有发挥实际执行功效，欧盟内的组织机构和研究机构缺乏司法实践，还有完全缺少国家之间秘密信息的交换。

（c）大多数情况下没有。在（a）所描述的案子中，举了一个很清楚的例子，沉船之一的船长和船主拒绝接受调查，希腊公民即利用国家主权寻求庇护又不配合接受调查。希腊一方的相关权力机构没有提供任何帮助。

7. 环境犯罪中公务员和政府机关的刑事责任

（a）是的，公务员和政府机关都可以承担环境犯罪的刑事责任。

（b）—

（c）除了承担刑事责任，公务员还可以向国家承担损害赔偿责任。

（d）由于缺少法律控制，没有质疑的方式。

8. 其他

（a）行政处罚由于可以直接适用并且能够使违法者丧失金钱，原则上更加有效。然而，这种有效性由于4（e）和5（f）说明的原因而大打折扣。

（b）对于危害较轻的违法是可以减免处罚的，因为在极度困难和主权退化的局势下是很难以一种非常严格的方式介入案子中去的，有时候或多或少还会发生权力机构之间的冲突。

（c）不是。

（d）关于监管犯罪的常识，警察会接受情报机构的情报开始初期调查。两个主要的安全和信息情报机构是内政部下的民主安全情报局和国防部下的意大利国外情报机构。政府大臣发出的关于特别关注国家和国际安全新挑战的命令会直达这两个情报机构，环境安全问题将证实它们是这个领域里的新角色。

附：

一、环境犯罪的调查和刑事诉讼程序体系的简要资料
（国家法律诉讼体制的结构）

调查起诉

在刑事司法条件下，有可能会确立不同的诉讼步骤：

1）犯罪的确认；

2）对可疑犯罪的首次调查；

3）为向法院提交证据而展开的正式（官方）调查；

4）一审审理。

以下是不同审判阶段的法律程序。

意大利新刑事诉讼程序法（1991年）规定了公诉人的角色（文职官员）、诉讼调查的方向；刑警只在上述的诉讼程序中的第1点和第2点中承担任务，在获得犯罪通知书之后48小时内，刑警有向法院报告的责任，同时还承担了如下所述的协助公诉人的责任。

所有的警队和具有刑警性质的行政机构负责环境犯罪的调查。在环境问题上，很少有警察合作的情况。最重要的警力有国家警察部门、军事警察部门、税务军事警察部门、国家林业部门。这些警力是在1991年刑事诉讼程序法中明确规定具有合法性的（即第55条）；根据法律（环保部），这些警力还作为环境警察和负责组织处理环境问题的特别单位。

国家警察部门（100000个成员），隶属于内政部，不处理个别的环境犯罪，但是有时会处理涉及严重的集团犯罪（例如1991年适用环境法处理的黑手党遗产案件，没收了高达百亿意大利里拉的财物）和涉及公共安全问题和健康安全问题的自然保育案件。

军事警察部门（112000个成员），隶属于国防部，配备了可供操作的生态小组（核心生态问题），和西班牙宪兵部队生态小组一起都是欧洲历史最悠久的组织，现在由140个隶属于环境部的基本人员组成，并和部门的组织结构有关（数以百计的办公室、工作台和特别小组）。在过去的三年里，生态小组着手处理了80000个案件，确立了43000起违法和47000个违法分子（其中的47个被逮捕）；在1500次行动中，3500万的房产被扣押。一个负责放射性废弃物调查的特别的环节和如今每一个城镇都建立起生态小组办公室的事实，更加确立了这个机构的长足发展。新的废弃物法（所谓的隆奇法令，包括20条，给予了生态小组特殊的和典型的环境警察的功能。这样就可以把军事警察部门当做是主要的环境调查机构。

税务军事警察部门（66000个成员），隶属于财政部，已经展开过数以百计的环境调查，有时会涉及没收财物、经济财物的要求。此外，还创建了特别的部门单元来管理他们的海军和空军机构。该部门已请那不勒斯大学帮其制定了高标准的环境警察指挥战略体系，以管理不同的司法机构、海军和空军，以便它们将能够依次建立下属机构：在几个月之内，财政机构也将作为专业的环境警察部门发挥管理作用。

国家林业部门，隶属于农林部，是国内负责管理森林警察的机构。在环保部门组建以后它转变了工作任务和目标，增强了具有森林火灾调查，动植物保护和国家公园保护等更多专业知识的环境警察的发展。

一个新的国家环保机构和一些地区机构作为环境方面的权威机构负责统筹管理,它们的角色包括司法审判功能和具有特殊权力和典型功用的行政警察。在不久的将来,这些行政机构将展现出实用性,全职调查关于法律适用性和科学分析实用性方面的环境问题。

负责国内或当地的环境调查的其他司法警察部门还有:

——海岸警卫队,海域方面的权力机构,作为海岸环境警察开展工作;

——动物保卫队,隶属于保护动物的社会团体;其他的志愿保护者隶属于内政部授权的环保协会;

——工业部警官;

——经授权负责监察公海和内海的保卫队;

——健康警官;

——武装部队的当地和下级机构的指挥官;

——内政部下的消防大队;

——电信部下的邮政督察员;

——渔业监察员;

——煤矿业监察员和工程师;

——海关;

——公共部警官;

——捕猎业警官;

——国家煤矿警官;

——市总队和警卫;

——省级机构和警卫;

(……)

控告主体

公民、私法领域下的协会、民众集会、政治团体、地方和国家行政机构是典型的控告和公告主体,它们发出了开始刑事诉讼的信号。在一般条件下作了一个简要的分析,可以确定诉讼的大部分阶段是由上述提到的地方机构和非政府组织开始的。由市政当局开始的诉讼程序从数据上看是最常见的,但是有时候它们认为大众媒体没有及时地报告案件或是根本就没有讨论(看起来大众对案件并不是很感兴趣);通常由士官和政治团体报告(在意大利两者的关系很密切)的案件都会显示出吸引大众和法院关注的有效性。有必要强调在司法审判中缺少士官和当地行政机构的参与,比如当地民众或环境犯罪的受害者(环保部门为士官参与司法审判的法律开销所创立的特殊基金,在第一年后由于缺少资金而停止)。

警察和行政机构(部、各地区、省、市、国家公园,组织和其他)应该就环境犯罪立即向公诉机关报告。法官在必要时会确定由其直接控制负责调查工作的警察,并提供所掌握的在一审之前要进行讨论的全部犯罪证据。如果有必要,还可能会提供不同审判阶段前所讨论的证据。

诉讼和法院

环境犯罪在刑事诉讼中可能涉及几种不同等级的法院:

——审理对水资源、石油、大气、野生动物或自然环境的犯罪,通常由法官独审,法官可以判处最高 4 年的有期徒刑和相关的罚款(刑法典里对不同的犯罪可能规定了处罚方式);基本上每一个市都有一位独审法官,隶属于地方法院。省级政府机关都包括有一个公诉机构(有时这些公诉机关设有致力于环境问题的特别部门)。

——组织性的或政府官员的环境犯罪和非常严重的破坏自然保育的违法行为都会由特别法庭管辖审理,其可以判处犯罪者最高 24 年的有期徒刑和相关的罚款(如刑法典中规定的)。每一个省和较大的镇都设有特别法庭,其下还包括了一个公诉机关办事处。

——法律规定可以判处无期徒刑和相关罚款的犯罪(比如灭种性的环境犯罪),由立法和上诉特别法院管辖审理,其主要分布在重要的大城市。普通公诉机关办事处负责巡回审判前的起诉工作和对审判不服继而上诉的工作;其位于这些法院的管辖区域并负责和该区域的其他诉讼机构进行合作。

最后的上诉案件由上诉法院之上的最高法院审理,该法院位于首都,其根据立法释义和法理所作出的判决是最重要的。和最高法院相对应的公诉机关是国内其他诉讼机构办事处和警察机构的协调者。

没有专门处理环境刑事案件的行政性法院的存在(针对少年犯罪可能会有此性质的法院)。还有一些法院可以对根据行政条例或行政法规定的违法案件判处行政处罚,例如处理水资源方面的问题(水上法院)。

行政机构和司法机构之间的合作

行政机构和司法机构之间的合作经常可以为环境法的适用提供一种重要的手段/方式:一些法律规则能促使当地官员(包括公诉人)指定一名个人顾问和采用行政机构的意见。这些行政机构和警察机构之间的合作也是可能的,并且官员们经常利用合作的机会给执法者提供分析服务和专业的环境知识。

如果这些建议被公诉人所采用,那么这部分调查得来的证据只能用在反证中(双方达到一致意见后判决才会作出);如果法庭或者警察在犯罪后且在公诉机关行动之前即刻采用了这些建议,那么可以作为法官审理时直接使用的证据。

公诉人和法官,在诉讼程序的任何时刻都可以要求行政机构提供与诉讼相关的资料证据。

八、荷 兰

答卷人:M. H. 德·韦尔特

1. 法人环境犯罪的刑事责任

(a) 可以。

(b) 可以。

(c) 由法庭来决定是否让法人来承担由一个或多个员工的犯罪行为所引起的刑事责任。只要很明显的法人能够判断比如污染事故发生了还是没有发生,以及只要公司明确地接受了或形式上接受了公司员工的行为,就没有必要去证明(事故)是员工的责任。

法人、法人领导和员工实际上都能承担环境犯罪和其他犯罪的刑事责任。他们中的一部分或者全部都能被起诉。

(d) —

(e) —

2. 执法主体和个人在环境犯罪中的作用

(a) 公诉人。

(b) 不能。

(c) 请参看(a)的回答。

(d) —

(e) 当公诉机关作出不起诉的决定,而个人与案件有直接的利害关系时,其可以向法庭申诉;个人还可以参与到刑事诉讼程序中并且要求补偿。

(f) —

（g）公诉人引导调查工作，警察在环境犯罪的调查中担当十分重要的角色——警察在调查时会得到许多执法机构的帮助和支持。

（h）行政执法主体当然对环境法的执行有贡献，它们对于法律的合理执行有充足的方法手段。唯一的问题就是，行政执法主体针对犯罪者采取行政措施之前看起来要等待很长一段时间。

刑事执法主体也对环境法的执行有贡献，他们对于法律的合理执行也有充足的方法手段。

个人可以控诉某个人或某个法人，还可以促使警察展开调查。

3. 刑事处罚

（a）处罚方式：

——罚款；

——自由刑；

——剥夺某项权利；

——关闭企业；

——没收财产；

——公布判决；

——没收法定收益；

——补偿受害者；

——判处继续完成余留的工作；

——判处恢复损害为原状。

（b）罚款

例如：

——没有执照的小公司：450 欧元；

——较小的水污染事故：650 欧元；

——向土壤施化肥而没有采取避免矿物流失的措施等：1100 欧元。

在性质非常严重的案件中可以处以高额的罚款，比如几十万欧元。此类案件中还可以判处个人自由刑。

（c）除开罚款和自由刑，其他都很少使用。

（d）其他的处罚方式会给犯罪者带来非常严重的后果；要执行这些处罚，公诉机关通常需要与行政机关合作。有时行政机构所适用的某项行政处罚会带来判处犯罪者刑事处罚相同的效果。

（e）通过公诉人和法庭。

4. 行政处罚

（a）不能。在荷兰，关于行政机构是否可以实施罚款的争论还在继续。

（b）——

（c）各种不同的处罚可以各自分开适用。然而，协调好这些处罚的不当使用是非常重要的。

——行政性处罚：其适用只为了能够影响以后的行为；

——刑事性处罚：其适用只能处罚现实存在的犯罪；

——行政性处罚和刑事性处罚的效果是相当的。

（d）——

（e）——

5. 旨在遏制个人实施类似行为的现行制度

（a）有，即剥夺某项权利的处罚。

（b）刑事处罚。

（c）法庭。

（d）在荷兰这种处罚在实践中很难适用。它只应该用在性质严重的公司犯罪案件中。这种处罚难以适用的主要原因是，在大多数案件中实施此种处罚并不是很有效，因为被惩罚者在公司的职位很容易地就能被其他人接管/替代。

（e）很少使用。

（f）请参看（d）的回答。

6. 跨国污染事故

（a）我们曾经调查过两起进口家庭垃圾的案件。没有履行欧洲法律规定的义务而进口从德国来的垃圾和出口垃圾到第三世界国家，在荷兰就是犯罪。

（b）从其他国家的权威机构得到必要的信息资料是要花些时间的。有时你并不能得到所有你要求的信息。有时其他国家的警察会以不同的方式来看待犯罪案件，这就会影响到该国的权威机构对这些案件的态度。

总的来说，与各邻国的合作是很好的。

（c）有。

7. 环境犯罪中公务员和政府机关的刑事责任

（a）可以承担，除非他们执行的是政府的特别任务。很长一段时间以来，关于政府机关是否可以承担刑事责任的问题都很不明了。如今，多亏了高等法院最近的一个判决，这个问题终于清楚了。

（b）——

（c）这个法律程序和起诉个人或公共机构时的程序是一样的。

（d）我认为会有影响，因为法院审理的刑事案件会产生很大的影响。刑事责任非常重要，因为在一些案子中公共机构的公共控制力根本找不到适用的地方。

8. 其他

（a）总的来说，行政处罚非常有效。然而问题在于，公共机构并不是十分倾向于施加行政处罚。

（b）公诉机关有一项政策可以对较轻的违法行为减免处罚。

公共机构：荷兰政府有项政策，目的在于缩减公共机构减免措施的使用（争论在于较严重的违法）。

然而，公共机构希望通过寻求权威机构和个人之间达成一致意见后，再使用强制力，因为它们总是认为个人和公司是值得信赖的。

（c）在荷兰，情报机构在环境犯罪的调查中担当了十分重要的角色。它们和警察一起工作。在环境案件的调查中，情报机构的角色和它在其他类型的调查中的角色是不同的。环境案件里的信息比起其他案件保密性会小一些。通常情况由情报机构提供的信息证据可以用在刑事诉讼程序中。

九、葡萄牙

答卷人：帕德罗·帕特古

1. 法人环境犯罪的刑事责任

（a）根据新刑法典 11 条和 12 条的规定，通常情况是由个人来承担刑事责任。

（b）可以起诉法人董事和经理。

（c）是的，法人有必要举证证明污染事故是由法人个别员工引起的。

（d）—

2. 执法主体和个人在环境犯罪中的作用

（a）通常情况下，公诉机关有这个能力。

（b）是的，个人和环保组织也有能力对环境犯罪提起刑事诉讼。

（c）需要。

（d）个人在诉讼过程中起协助的作用。优势在于他们可以自主决定是否提起控诉。

（e）—

（f）没有。现在这些机构和公诉机关之间有着令人满意的合作。

（g）执法主体，例如警察机构或者行政机构在调查中起着非常重要的作用，因为有了它们的权力，诉讼程序就会开始。

（h）这些主体（参与法律活动）程序的正当权利正在扩大。

3. 刑事处罚

（a）刑法规定的刑罚包括可以用罚金代替的自由刑。

（b）罚金刑。

（c）自由刑。

（d）1995 年 10 月 1 号新的刑法典里只规定了两类环境犯罪，一类是关于自然保护的（第 278 条），另一类是关于污染的（第 279 条），所以在这个领域里面还没有相关的法律渊源。

（e）只能由普通法庭判处。

4. 行政处罚

（a）是的，他们可以这样做。

（b）这种罚款是纯粹的行政性处罚。

（c）民事、行政处罚与刑事处罚的关系，总的来说主要在于是否要依靠诉讼程序。

（d）行政机构实施的罚款经常适用，程序也更加方便有效。

（e）我认为在葡萄牙，这种程序对于环境法的执行有很大的贡献。

5. 旨在遏制个人实施类似行为的现行制度

（a）是的，我们对于违法者有另外的补充性处罚。例如没收违法者的财物，扣留违法者的相关津贴，也可以暂停他们营业执照，效力最长两年。

（b）这种补充性处罚由行政机构来适用。

（c）这种公告由法庭或公诉机关作出。

（d）当我们谈及行政处罚时，行政刑法也有相同的规定，所以由行政机构连同法院负责的调查和做出的处罚决定，只有在上诉阶段可以实现。

（e）行政刑事处罚法规定的这种文书是很常用的。

（f）是的，很有可能。

6. 跨国污染事故

（a）我们没有处理过太多跨国污染方面的问题。

（b）特别的问题就是流经葡萄牙和西班牙两国的河流水资源问题。

（c）有。

7. 环境犯罪中公务员和政府机关的刑事责任

（a）个人和有公共机构头衔的主体可以承担环境犯罪的刑事责任。

（b）—

（c）这是一种普通的法律系统。

（d）不会。

8. 其他

（a）是的。

（b）行政处罚比刑事处罚更加有效。

（c）没有。

（d）是的，这些机构之间有着令人满意的协作与合作。

十、西班牙

答卷人：安杰利斯·纳夫

1. 法人环境犯罪的刑事责任

（a）不能。法人不能承担刑事责任。他们只承担行政性质的责任和附带民事责任。

（b）根据刑法典第31条的规定，不管是谁担任管理者，无论是实际上还是凭借着企业这个实体或者以企业的名义或者本身就是法人或者是其他企业的志愿代表，即使他并不满足作为犯罪主体所要求的条件、实质和关联性，如果这种情况发生在他所称的或代表的企业或法律实体上，他都将会以个人名义承担责任。因此，他所管理的或代表的企业造成的环境犯罪就由企业的管理者来承担环境犯罪的刑事责任。

（c）有必要证明（污染事故）是个人的责任，要么是引起事故的任何人，要么是法人的经理或者管理者。

（d）请参看（a）的答案。

（e）刑法典的适用。

2. 执法主体和个人在环境犯罪中的作用

（a）刑事法庭，省一级法院，上诉案件中的最高法院。

(b) 当个人受到直接侵害时可以进行控诉；如果不是这种情况，就只能通过公诉。

(c) 如果不是公诉，代理人就需要得到许可。

(d) 在刑事法庭或省一级法院或上诉案件中的最高法院审理之前开始此程序。

(e) 一

(f) 不影响。

(g) 非常重要，因为他们是刑事审讯中的参与者。

(h) 有积极的作用。

3. 刑事处罚

(a) 破坏自然资源和环境的犯罪，刑法典第 325 条是这样规定的：

若违反了环境法或其他相关的保护环境的法规，直接或间接导致、引起污染物挥发，污染物溢出，放射性物质的危害，过度提取和挖掘，倾倒废弃物，噪音污染，机械振动，向大气排放污染物，破坏土壤，破坏深层土壤，污染陆地水、海水和地下水，造成危害结果的，包括在边境区域的犯罪和用水过度导致严重地破坏了生态平衡，则会判处 6 个月到 4 年不等的有期徒刑，或者 8 个月到 24 个月不等的罚款，或者取消从事某行业的资格或禁止从事某行业 1 到 3 年。如果危害行为涉及人的健康，那么有期徒刑的适用会倾向于较高的刑期。

接着第 326 条是这样规定的：

当违法行为是第 325 条里所描述的任何一种情况，在不偏离刑法规定的相应的处罚方式下，以下任意一种情况出现，就会被判处高于应承担罪行的惩罚。

没有得到必需的授权或没有得到应该持有的行政机构的经营许可而暗中开展工业活动的；行政机构下达的整改或停止上一条款所列活动的行政命令没有得到执行的；关于上一条款所描述的环境方面的信息资料被伪造或隐藏的；行政机构的调查工作被阻挠的；发生不可恢复或灾难性的环境违法的；干旱时期非法过度使用水资源的。

发生上面两条所规定的所有情况，特等法庭就会审理判处短期或永久地关闭企业，冻结财产或停产停业。短期的关闭不会超过 5 年（第 129 条）。

（b）适用罚款比适用自由刑要更普遍。

（c）没有明确的分类到底哪一种处罚很少适用，但是有一种违法行为倒是很少被处罚，即森林火灾。

（d）数据来源于马德里高级法院刑庭律师办公室的年度报告。

（e）西班牙宪法只将这项权利授予法官和特等法庭。

4. 行政处罚

（a）可以。

（b）是的。

（c）在我们的法律体系中，存在着行政、民事和刑事处罚。一旦被判处了刑事处罚，那么就不可能再实施行政处罚，但是刑事处罚可以暗含着附带民事处罚。这三种处罚并不相当，因为行政处罚主要适用于经济方面的征税罚款，而刑事处罚则透露出使丧失自由或某项权利的可能。

（d）取决于（行政机关）所作的调查的数量。

（e）是的，毫无疑问。

5. 旨在遏制个人实施类似行为的现行制度

（a）是的，有这种规定。

（b）这是一种由司法法第 136 条和行政诉讼法规定的行政工具："根据规定处罚程序的法律原则，采取一项合适的临时性措施以确保最终处罚决定适用的有效性，这是可行的。"

（c）都可以。

（d）根据司法法和行政诉讼法的规定，一旦程序开始后，负责工作的行政权力机关就可能采取一项合适的临时性措施以确保最终处罚决定的有效性，但是临时性措施可能不会考虑到可能会侵犯了法律赋予（个人）的权利。

（e）经常使用。

（f）是一种预防性措施。

6. 跨国污染事故

（a）至今没有。还没有发生过一起会引发司法审判的跨国事故。

（b）不太清楚。

（c）没有。

7. 环境犯罪中公务员和政府机关的刑事责任

（a）可以。

（b）—

（c）根据刑法典的规定，如果公务员违反环境和自然资源方面的法律，则其会被加重处罚。推诿责任，特别是公务员在明知不合理的情况下而作出武断的行政决定，其会被处以离职或是担任 7—10 年的公共职位（第 404 条）。

然而，这种推诿责任的犯罪涉及环境问题时，性质就更加恶劣。公务员故意提交关于同意建筑项目的报告或者批准一项不利于城市发展的许可，加上第 404 条规定的处罚，其会被判处 6 个月到 2 年不等的有期徒刑或者 12 个月到 24 个月不等的罚款（第 320 条）。如果公务员或政府机关故意提交报告，是关于批准明显违法的授权经营重污染工业的许可，或是在其开展调查的情况下隐匿违法犯罪或隐匿违反管理他们自身的一般法律规范的行为，那么有期徒刑的期限将会从 6 个月到 3 年不等，或者 8 个月到 24 个月的罚款（第 329 条）。

（d）请参看上面的回答。

8. 其他

（a）不是太多。

（b）行政处罚或程序会以违法的程度来衡量和调整，也会以环境犯罪所导致的损害程度来衡量。

（c）有着良好的合作。这些情报机构提供的信息可以作为证据用在刑事诉讼程序中。

十一、瑞　典

答卷人：维多利亚·龙治

环境犯罪的调查和刑事诉讼程序体系的简要资料
（国家法律诉讼体制的结构）

公诉机关

公诉机关是官方机构——警察、公诉人、法庭和惩教机构（保护社区免受犯罪危害）之间非常重要的联系环节。公诉机关在刑事诉讼中占据着中心地位。它的主要职责是：

——引导犯罪的调查

——在诉讼问题上发表意见

——在法庭上代表公诉

最初调查的展开

当警察掌握犯罪的消息以后调查就开始了。当某人被合理地怀疑实施了犯罪，这个时候公诉机关就开始介入调查并作为调查监督者。不过在犯罪性质较轻的案件中，通常警察会持续调查直到调查结束。

然而，对于直接向公诉机关举报的环境犯罪，由公诉机关负责初期的调查工作。

公诉机关和警察紧密合作。机关工作人员在进行调查通常暗示了公诉机关打算与警察合作调查犯罪案件，并引导组织调查的方向，时刻通告他的调查进程以及对调查的继续作出指导。

公诉机关应该保证初期的调查快速并且有效，同时调查也要以一种谨慎的方式和犯罪嫌疑人也参与进来的方式进行。

公诉机关在初期调查的职责还包括对涉及发布逮捕令，禁止外出旅游，搜查房屋和其他强制措施的问题发表意见。如果在超出临时拘留的期限后仍有理由要限制犯罪嫌疑人的自由时，公诉机关必须要求法院下达命令，将已经被逮捕的犯罪嫌疑人继续拘留。

起诉理由的斟酌

公诉机关可以决定不开始初期调查或者如果认为证据不充足就可以决定停止调查。如果初期的调查已经完成，那么公诉机关就要决定是否起诉。

首先公诉机关应该确定犯罪是否构成，然后再看证明犯罪的证据是否充足。如果对这两个问题的回答都是肯定的，那么原则上公诉机关就应该提起诉讼，因为在瑞典的诉讼法律规定里这是一种义务，有其他规定除外。

公诉机关直接向地方法院起诉。但有时候由于法律中的某些特定原则的效力，公诉机关可能决定不再继续诉讼。这就是起诉的撤回。公诉机关经常撤回起诉，最常见的就是15—17岁之间未成年人犯罪。总的来说这会成为社会学专家研究的问题，他们会对未成年人犯罪应该采取哪些措施发表意见。有时候考虑到司法成本问题也可能撤回起诉，例如当一个已经被处罚的罪犯之后又发现了一项新的犯罪，但从处罚的角度来看新的犯罪并不会产生特别严重的后果（那么就可能撤回起诉）。

在一些较小的违法案件中，公诉机关通常会以罚款的方式进行简易的处罚。如果犯罪嫌疑人接受该处罚，那么案件就不必提交到法院。此时公诉机关的作用就相当于一位法官。

如果公诉机关决定起诉，他应该向法院送达一份传唤申请表。在申请表中他应该说明犯罪嫌疑人的情况，犯罪的大致经过和犯罪证据。公诉机关要通过对犯罪的描述为即将到来的法庭审讯设定一个大致的范围。

正如以上所述，并非所有的意见都会导致诉讼。在最近几年里，公诉机关已经对一年中270000多人的起诉原因进行了审查。这其中大约有75000人被起诉。大约有15000的起诉被撤回，而其中大概有8000人是未成年人；对超过75000人处以了罚款的简易处罚。在100000个案件中，公诉机关以不同的理由决定不起诉，主要是因为证据不足，还有一部分原因是因为违法行为不能被证明是犯罪，以及犯罪嫌疑人最后被证明是无罪的。

出庭支持公诉

公诉机关另一部分重要的工作就是出庭支持公诉的准备。大多数公诉人一周会有 1 到 2 天出现在法庭上。在许多案件中会有控诉人（原告），特别是遭受犯罪侵害的受害者，他可能会提出要犯罪者补偿和对损害赔偿的请求。在刑事诉讼程序中，受害方的请求通常由公诉人代为提出。

当地方法院宣读判决后，公诉人需要决定是否提出质疑或者将案件上诉到上诉法院。最高法院可以反对上诉法院的判决。在这种上诉案件中，通常也是由公诉机关提出上诉请求。由公诉机关上诉到最高法院的案子每年大约有 20 件。

公诉系统的组成

整个国家被分为 7 个诉讼管辖区域。其中一个区域是专门负责经济犯罪的。机关首长是每一个地方诉讼机关的主管。他负责引导和监督在其管辖区域的诉讼机关，并且还要采取措施保证强制性措施的规范、起诉的撤回、斟酌起诉的证据和准确公正地适用罚款的简易处罚。他可以复审和接管由地方公诉机关处理的案件。

地方公诉机关又由地方诉讼办事处组成。42 个诉讼办事处各自由 1 个主管检察官领导。

还有一个专门负责特殊案件的诉讼办事处，包括由主管领导的处理经济案件的部门。这个办事处的特别公诉人会提前执行公诉任务，特别是全国范围内对经济犯罪的诉讼。

检察总长

检察总长是在政府之下，全国范围内最高等级的诉讼权威机关，在整个诉讼体系中起着主管和引导的作用。他是最高法院对应的公诉人，通常由检察总长的其中一个助理公诉人出席法庭支持公诉。

检察总长可以驳回下属公诉机关作出的决定，还可以接管它们的任务。检察总长也是诉讼体系中的一个国家行政机关。

检察总长的另一个职责就是给公诉人提供关于履行职责的建议、信息、指导和调查下属机构。他根据法律的适用情况会持续地发布新案件的报告。

检察总长在一定程度上还可以在立法时作为参谋机构。

工作人员

在国家诉讼办事处下大约有1200人。

2/3的工作人员是公诉人。剩下的大部分是负责日志和记录的文职人员。

职业培训

以下的学历要求适用于希望进入公诉机关的候选公诉人。

1. 完成高中学业
2. 获得法学院学位（大约5年的课程学习）
3. 有法律书记员的能力，通常要求在地方法院工作2年时间。

候选公诉人在试用的基础上会在其中一个诉讼办事处实习大约9个月时间。在实习期间，候选公诉人被分配给诉讼任务，以便于熟悉诉讼的实际操作。

如果候选公诉人被认为继续留任是合适的，那么他就会被任命为公诉人助理。接着他就要参加由检察总长办事处为公诉人开办的2个月的学习课程。

已经工作了3年的助理公诉人会参加继续培训的学习，课程主要是关于怎样处理特殊案件的培训。一旦助理公诉人完成了3年的雇佣阶段，他就能获得地方公诉人的头衔。

瑞典环境法典

虽然瑞典对于问卷的第一次回答报告已经给出，但是现在瑞典的环境立法有较大的改变。在1999年1月1日，环境法典开始生效，汇集了现存的15部重要的环境法律法规。这项改变还促进成立了一个新的打击环境犯罪的组织。

环境法典的总体目标在于促进可持续发展，为这代人和下一代人创造一个健康和谐的环境。为了达到这个目标，各个法律环节的联系都必须行而有效（特别是目的、基本义务、许可证、调查、复议和对违法的处罚）。有必要从整个法律体系的高度来确保最后的一个联系环节，即刑罚，应该是当其他所有保护环境的方式失效后的最后有效手段。法律反响的重要性和刑罚作为威慑手段防止违法行为再次发生的重要性是相当的。

在 1998 年,检察总长办事处被分配起草一项调查各种环境犯罪的总的程序建议。这包括哪一个机构负责调查、协作以及权力分配,还有犯罪调查机构和侦查机构(包括该法律领域中国际案件的侦查)的合作。

检察总长的报告包括对当前形势的观察。在瑞典经报道的环境犯罪的数量是每年大约 350 件,随着新法的实行以及侦查机构和犯罪调查机构日益增强的合作,这个数量有望提升大约 50%。然而,实际案件的数量大大超过了预计。2002 年,超过 3000 件案子被提交到公诉机关。根据环境法典里一项特殊规则,侦查机构有义务将违法犯罪报告给警察或者公诉机关。

报告中提到的另一个问题就是犯罪调查机构的代表和侦查机构的代表表达的方式不一致,有时会导致不必要的误解。这里得出一个结论,两个机构应该更紧密地合作,这种合作还应该在实际操作的层面上,并且应该包括两个机构接受共同的培训。

环境案件仅靠数量有限的公诉人和有特殊能力的警察来处理。政府留存的打击环境犯罪的资源应该在这种性质的活动中被重视。

一个为打击环境犯罪的特殊核心部门在检察总长办事处下建立起来。这个部门的任务将是国际层面上的合作,包括与其他核心机构的交流、控制和后续行动、情报工作、培训和国际工作等。

这个打击环境犯罪的新组织在 2000 年 1 月 1 日开始运营。

十二、英　国

答卷人:布里奇特·马歇尔

1. 法人的刑事责任

(a)可以。

(b)法人和董事、经理都可以承担责任。替代责任(又称雇主责任、转承责任)则用于约束法人。替代责任是一种法律原则,确保法人因为其员工履行普通雇佣职责的行为而受到法律约束。

（c）众所周知替代原则作为一种原则的存在是约束法人行为。替代责任是一种法律原则，能保证法人会因为其员工履行普通雇佣职责的行为而受到法律约束。严格责任原则同样可能适用于许多环境犯罪案件。这意味着一旦证明了违法行为是由法人引起，即使犯罪意图不能被证实，犯罪也能成立。

（d）——

（e）——

2. 执法主体和个人在环境犯罪中的作用

（a）环保机构，健康＆安全委员会，污水治理处，地方机构，港口/海港机构，英国自然环境/乡村委员会，威尔士委员会。

（b）可以。

（c）通常不需要，但是在特殊情况下，例如对水资源污染的起诉，无论是环保机构自身还是公诉机关的检察长都需要得到许可。

（d）个人申诉到法院后法庭会开出传唤通知，这只能适用于犯罪嫌疑人。个人也可以作为原告出现在法庭上。我们把这当做在相关机构没有采取合理措施之后，对于个人而言一种非常重要的保障措施。

（e）——

（f）在英国检察长（公诉机关的领导）不会接手环境犯罪的案件。但是在苏格兰不同，检察官（只在苏格兰存在）会作为公诉人负责所有的环境犯罪案件。

（g）执法主体通常会负责整个的调查和随后的起诉。

（h）执法主体是主要的管理者，对于个人贡献最大的是能成为个人的安全保障和额外的监管者。

3. 刑事处罚

（a）自由刑，社区处罚，罚款，履行义务。

（b）罚款是最常用的处罚。废弃物污染犯罪平均处以2000英镑的罚款，如果附带着水污染的话，罚款还会更高。迄今水污染案件罚款最高的是750000

英镑。有些案件也适用了自由刑,但是绝不会超过 12 个月。

(c) 自由刑是最少使用的。

(d) 我们认为罚款通常都是很少的,因为法官在处理环境犯罪的案件时对环境方面的法律不熟悉。

(e) 所有的刑罚都由法庭判处。

4. 行政处罚

(a) 不能,尽管对于非法捕鱼犯罪案件适用过混合处罚。然而,在 1995 年的环境法案里有这样一项规则,不过没有生效。

(b) 对犯罪适用的混合处罚是一种刑事处罚。

(c) 民事处罚是以禁止令的形式存在。民事处罚可以立即停止非法行为,以便于权力机关有时间准备开庭审理案子。权力机关有权力撤销或变更环境方面的执照。民事处罚不是行政处罚,但是其可以促进对行为人的更加严格的规范和控制。因此,它是十分有效的。

(d) 行政罚款还没有包含到英国的法律体系中。

(e) ——

5. 旨在遏制个人实施类似行为的现行制度

(a) 有。

(b) 能够导致刑事处罚的行政工具。权力机构根据规范诉讼程序类型和手段的各种法律规定,有权去管理行为人。法律体系中主要包括 1990 年环境保护法案的第 1 和第 2 部分(第 1 部分规定了上述的综合污染控制下的工业生产;第 2 部分规定了废物处理工业);1991 年的水资源法,主要规范向水中排污;1993 年的放射物法,主要规范放射性废弃物的使用和处置;1995 年的环境法案,根据该法成立了一个环保机构,作为在英格兰和威尔士的主要环境管理部门。权力机构根据多数法律规定可以发出禁止令、强制令和工程公告。不遵守这样的公告就可以算是违法。具体什么时候发出这种公告,必须根据特别的法律规定。例如,根据 1990 年环境保护法案第 1 部分第 13 节规定:权力机构认为个人在授权的情况下进行了前述的过程,就是正在违反授权的许可或是有可能违反这种许可,此时强制令就可以发出。根据该法第1部分第14节规定,权力机构认为继续该过程或者以一种特殊的方式继续该过程,可能有导致严重环境污染事故的风险,此时禁止令就可以发出。根据1993年放射物法第21节的规定,当某人正在或可能违反某项授权许可或限制,此时可以发出强制文书。根据该法第22节规定,继续某项可能有导致严重污染事故的风险或有害于人类健康的活动时,可发出禁止文书。根据1991年水资源法第90B的规定,与以上相似的情况下可以发出强制文书,特别是违反许可时作为上述文书的改进。根据1990年环境保护法案第2部分第42节的规定,如果废弃物管理部门颁发的许可没有得到遵守或是有可能没有得到遵守,那么一份文书就会被发出。

(c) 由权力机构作出。

(d) 请参看上面的回答。

(e) 每年大约有400个公告会发出。

(f) 如果这种情况发生了,禁止令就会生效或者诉讼就会开始。

6. 跨国污染事故

(a) —

(b) —

(c) —

7. 环境犯罪中公务员和政府机关的刑事责任

(a) 既是又不是——政府部门可以免于承担责任,但是个人不能免除。当地机构和环保机构可以承担责任。

(b) 同时,中央政府部门(官方机构)会在最高法院作出一个声明,即它们的行为是违法的。

中央政府部门、地方机构和环保机构同样可以在最高法院作出民事声明,即它们的所为没有尽到法定责任(侵权)或者在履行公共职责时有过失。此外,英国有一套高度发达的司法审查制度,这样个人和企业就可以要求对中央政府部门、地方机构或环保机构的决定从程序上进行审查。最高法院可以责令行政机构审查其决定或重作决定。

(c) 和处理其他犯罪分子一样的方式。

(d) 个人,不管是谁,很少会承担环境犯罪的刑事责任。

8. 其他

(a) 禁止令是一种快速且高效的行政处罚,但是很少用。

(b) 大量的较小的环境事故会遭受警告,但是没有环保的效果,实质上是一种错误。

(c) 权力机构之间形成了网状系统,它们可以交流各自掌握的情报信息。不管这种信息需隐秘地使用还是权力机构希望申请秘密使用信息,都取决于情报信息的性质。

附:

一、强制令的案例

(ⅰ) 伦敦大学学院

根据《放射物法》第93条,对伦敦大学学院发出了一项强制令。该大学从事放射性废弃物处理的教学和研究工作,并根据《放射物法》第93条取得了授权许可资格。

在对大学的常规检查中发现它没有遵守授权许可里的一项要求,也没有做好能显示出符合许可限制的完备的记录。

在伦敦中心的大学里,有超过20个学院进行了放射性废弃物的处理,但是没有一个适当的机制去保证能完全遵守许可限制。

强制令是在11月7日发出的,要求学校在12月之前:确保学校里的每一个部门都作出一个报告,公示每个月的处理情况;以一种格式记录好所有的放射性废弃物的处理情况,以便于体现出其完全遵守了授权许可里规定的每月限制量。

(ⅱ) GH贝塞勒联合零售有限公司,海德街,利兹

根据《放射物法》第93条对以上法人发出了强制令。这个公司开展临床研究和新药品开发。

对公司的定点调查后发现,在临床实验中使用的放射性物质的保存问题存有大量缺陷,并且缺乏对实验废弃物的处理和保存程序的记录。特别是:

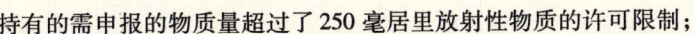

持有的需申报的物质量超过了 250 毫居里放射性物质的许可限制；

对实验物的保存和废弃物的保存都明显地不一致；

程序没有完全符合充分遵守授权许可的要求。

该强制令要求公司在 4 天之内解决好紧急发生的有关保存和识别试验物的问题，并责令对保存和使用实验物的申请做出修订。2 个月之内，该公司被要求审查和完善如下程序：

保存放射性物质；

在实际使用时尽量减少废弃物的产生；

详细说明废弃物累积和处理的机制。

放射性物质主要由小量的较低等级的同位素组成，以液态的形式固定地放置在药房。使用之后，所产生的废弃物在被运去其他地方焚化处理以前，会先储存在某个房间里。

放射性物质的潜在危险被认为是很低的。在产生任何影响以前就已经被处理了。

这里，还应该以一定的行动保障所有放射性物质的保存、使用和处理具有合适的防护措施。

二、禁止令的案例

阿斯顿大学，伯明翰

一项禁止令发给了伯明翰市的阿斯顿大学。该大学根据《放射物法》第 93 条进行了登记并获得了保存、使用放射性物质和处理来源于教学和实验放射性废弃物的授权许可。

根据实地的和后来的调查，发现学校记录放射性物质的接收，之后对这些物质的管理和最后对废弃物的处理，以上程序都有很多的缺陷。

由于这些缺陷会导致环境危害的隐患，所以在 1995 年 12 月 15 日对该大学发出了一项禁止令。禁止令要求该大学立即停止收集和处理放射性废弃物，除非做好对当前放射性物质和废弃物的详细记录，并确保对废弃物的处理符合授权许可的要求。

三、诉讼案例

（i）弗雷科斯科技有限公司

该公司因违反《放射物法》第 93 条规定，没有遵守关于在肯特的某处保存放射性资源的许可条件，而被成功地起诉了。

该公司根据《放射物法》第 1960 条获得了授权许可，在英格兰和威尔士的实验室可以使用放射性资源进行水分和密度测量。在对公司的常规检查中发现，储存放射性资源的储存室大门是随便开放的。在检查时存放放射性资源的容器被留在了储存室里并且无人照看。从附近的公共通道可以很容易地进入储存室。

根据法律规定,该公司被审判有罪并被罚款 7000 英镑。公司花费了 2500 英镑的诉讼费用。

（ⅱ）IGE 医疗系统,圣奥尔本

IGE 医疗系统圣奥尔本公司因丢失了密封的放射性资源而被成功起诉。该公司曾经把记载一些放射性资源进出的记录重新整理了一遍但没有向 HMIP 报告。这样就导致了对资源控制管理的松懈。在 3 个月的时间里,这些资源时有丢失,但是都查不到准确的日期。在资源丢失的期间里,工作岗位更换了 200 多次并且站点也被关闭了。后进行了艰苦的努力包括联系所有过去的工作人员,试图找回丢失的资源但都没有成功。很有可能这些资源被送去了垃圾处理站。该公司被审判有罪并罚款 5000 英镑欧元,并花费了 5754.75 英镑欧元的诉讼费用。

（ⅲ）英国尼桑日产汽车制造公司,该公司因违反《放射物法》第 93 条的规定,在 1995 年 1 月 27 日到 29 日期间,在桑德兰的工作站丢失了钋 210 放射性资源而被成功起诉。

该资源用于喷漆操作中作为过程控制装置。

该公司因没有尽到防止资源丢失的义务而被宣判有罪,并处以 10000 英镑欧元的罚款。公司花费了 5220 英镑欧元的诉讼费用。

从 1990 年到 1995 年期间,HMIP 提起了 19 次针对违反《放射物法》第 13 条规定的起诉。

被告	功用	法院 & 日期	罚款	诉讼费用	司法成本
英国核能燃料公共有限公司	IPC/RAS	怀特黑文 04.04.97	20000 英镑	3844.08 英镑	3240 英镑
约翰·李	废弃物	克鲁 22.04.97	1000 英镑	610 英镑	370 英镑
罗宾逊兄弟有限公司（处理服务）	废弃物	布特尔 29.04.97	10000 英镑	900 英镑	
盖特克斯终端运输有限公司	水质	沃拉西 14.05.97	2000 英镑	2368.98 英镑	
加里查德威克威根粉碎服务公司	水质	乔利 21.05.97	3000 英镑	498.50 英镑	445 英镑
瓦特哈格里夫斯有限公司	水质	布莱克本 02.05.97	3000 英镑	1437.29 英镑	445 英镑

被告	功用	法院 & 日期	罚款	诉讼费用	司法成本
理查德·布鲁德	废弃物	麦克尔斯菲尔德 02.05.97	100 英镑	140 英镑	
斯蒂芬·G. 希尔顿	废弃物	普雷斯顿 19.05.97	1500 英镑	4000 英镑	
贾森·兰	废弃物	索尔福德 08.05.97	2年内履行清偿义务	90 英镑	
达伦·霍洛韦	废弃物	索尔福德 08.05.97	2年内履行清偿义务	90 英镑	
东印度库伯牛津 & 西印度有限公司	水质	绍斯波特 04.06.97	2000 英镑	1274.91 英镑	900 英镑
塔迈克重型建材有限公司	水质	卡莱尔 12.06.97	2500 英镑	598 英镑	550 英镑
大卫·斯坦布斯 约翰·斯坦布斯	水质	韦尔罗亚尔 10.06.97	2年内履行清偿义务	588 英镑 588 英镑	350 英镑
阿德里安·韦德	废弃物	布特尔 18.06.97	500 英镑	450 英镑	
蓝斯达有限公司	废弃物	沃灵顿 30.06.97	24000 英镑	8517 英镑	
夏菲克·阿里	水质	里德利 31.07.97	100 英镑	150 英镑	150 英镑（900 英镑）
ICI 化学品与聚合物有限公司	IPC/RAS	威德尼斯 02.07.97	34000 英镑	6000 英镑	1500 英镑
P. J. 惠蒂尔	废弃物	普雷斯顿 11.07.97	5000 英镑	1500 英镑	
R. 麦克布莱德有限公司	水质	罗奇代尔 06.08.97	7500 英镑	687.85 英镑	547.50 英镑
诺弗罗斯特运输有限公司	水质	莱兰 11.08.97	12000 英镑	34380 英镑	315 英镑
享特派克生产有限公司	水质	奥姆斯柯克 11.08.97	8000 英镑	864.67 英镑	480 英镑

被告	功用	法院 & 日期	罚款	诉讼费用	司法成本
享特派克生产有限公司	水质	奥姆斯柯克 11.08.97	12000 英镑	607.74 英镑	375 英镑
汉伯里女士	水质	卡莱尔 12.08.97	2000 英镑	3500 英镑	3182.90 英镑
斯特兹斯特郎有限公司	水质	利瑟姆 12.08.97	5000 英镑	416 英镑	370 英镑
特雷琴北方有限公司	水质	南里伯尔 18.08.97	3000 英镑 1650.31 英镑	480 英镑	
北方乡村食品有限公司	水质	W. 阿勒代尔 MC 20.08.97	4000 英镑	978.39 英镑	660 英镑
B. 瓦德尔 & 瓦德尔斯多雷公司	废弃物	里德利 07.08.97	16000 英镑	2299.50 英镑	1372.50 英镑
维尔·罗亚尔 BC	废弃物	诺斯威奇 19.08.97	4000 英镑	678 英镑	
马克·阿贝尔	水资源	克鲁 26.08.97	2000 英镑	1170.30 英镑	520 英镑
莱克兰食品有限公司	水质	肯德尔 08.09.97	2000 英镑	384.56 英镑	384.56 英镑
乔治·怀特洛克	废弃物	利物浦 8–12.09.97	3 个月有期徒刑		
斯波特米克斯有限公司	废弃物	布特尔 23.09.97	8000 英镑	2182.22 英镑	1590 英镑
英国核能燃料公共有限公司	IPC/RAS 水质	怀特黑文 26.09.97	32500 英镑	24954.77 英镑	3900 英镑
西海岸科瑞盖提特有限公司	水质	诺斯利 03.10.97	1000 英镑	349.56 英镑	349.56 英镑
1. 沃特巴有限公司 2. P&H（1925）有限公司	水质	圣海伦斯 07.10.97	1. 300 英镑	2. 300 英镑	有待确定
威格士造船与工程有限公司	水质	巴罗 10.10.97	12000 英镑	3522.15 英镑	1998 英镑

被告	功用	法院 & 日期	罚款	诉讼费用	司法成本
1. M 贝尔	水质	卡莱尔 14.10.97	1. 2500 英镑 2. 2500 英镑	1. 216.02 英镑 2. 216.02 英镑	432.04 英镑
J. 巴克	水质	欣德伯恩 20.10.97	2 个月有期徒刑		
卡斯尔水泥公司	IPC/RAS	布莱克本 17.10.97	2000 英镑 2000 英镑 2000 英镑 500 英镑	2000 英镑	
P. 米勒	废弃物	洛田斯塔 02.10.97	无条件释放	150 英镑	150 英镑
1. 海瑟尔家园有限公司 2. T. 阿姆斯特朗 3. I. 米尔伯恩	废弃物	卡莱尔 02.10.97	1. 300 英镑 九月没有处罚 2. 1000 英镑 3. 500 英镑	1. 1000 英镑 2. 332 英镑 3. 100 英镑	
R. N. 霍尔特	废弃物	罗森代尔 23.10.97	3×2 年履行清偿义务	1640 英镑	640 英镑
格林伍德环保有限公司	废弃物	普雷斯顿 29.10.97	5000 英镑	1324 英镑	
		总计	266700 英镑	85212.62 英镑	25697.06 英镑

《放射物法》的功能就是提高其在诉讼过程中的功用。

四、环境犯罪的调查和刑事诉讼程序体系的简要资料
(国家法律诉讼体制的结构)

英格兰和威尔士

在英格兰和威尔士,环保机构是调查环境犯罪的责任主体。环保机构可与其它权力机构合作,包括在进行犯罪调查时与警察的合作。环保机构同样可以与健康安全委员会、环境健康官员和地方议员保持联络。环境犯罪是法律有明确规定的,并且只能由刑事法庭来处理。不管是哪种类型的犯罪,例如水污染犯罪或者谋杀罪,其所适用的刑事诉讼程序都是一致的。

环保机构并没有特殊的权利去起诉环境犯罪。个人同样有权利提起私人起诉。

苏格兰

刑事诉讼程序由公诉机关进行，其被称为地方检察官（苏格兰特有）（或者在一些重大案件中由苏格兰检察总长亲任），他会决定是否代表公共利益来开始这样的诉讼程序。个人提起的私人诉讼以一种概念存在，但是从实践的观点出发应该忽略它，因为极少出现私人诉讼。苏格兰环保局作为一种"非警察性质的举报机构"，负有对明显的环境犯罪进行初步调查并将其报告给地方检察官的职责（包括所有的可能证据）。苏格兰环保局也可以与其他权力机构进行合作，包括在进行犯罪调查时与警察的合作。苏格兰环保局同样可以与健康安全委员会、环境健康官员和地方议员保持联络。环境犯罪是法律有明确规定的，并且只能由刑事法庭来处理。不管是哪种类型的犯罪，例如水污染犯罪或者谋杀罪，其所适用的刑事诉讼程序都是一致的。苏格兰环保局不负有专门的向地方检察机构报告环境犯罪的职责。

附录3 通过刑法保护环境的公约[①]

序 言

欧洲理事会会员国和其他国家的签署函,

欧洲理事会的目标在于,促进成员国之间实现一个更加团结的统一体;

深信有必要制定一个共同的刑事政策,并达到保护环境的目的;

考虑到不规范的工业发展,可能会引起一定程度的污染,这势必对环境是一种威胁;

考虑到人的生命和健康,必须以所有可能的方式来保护生活环境和动植物;

考虑到不加控制的技术利用和过度的自然资源开发,会造成严重的环境危害,因此必须采取适当的和一致的措施来解决这些问题;

认识到虽然要实现防止环境被损害的目标主要是通过其他方式,但是刑法在其中也起着非常重要的作用;

回顾可知破坏环境的行为会产生严重的后果,因此必须确立惩罚刑事犯罪的适当的处罚;

[①] 欧洲理事会,ETS 第172号,发布在互联网上(http://www.coe.fr/eng/legaltxt/172e.htm.)。

希望采取有效的措施以确保犯罪分子不能逃脱起诉和惩罚,也希望今后进一步加强国际间的合作;

深信对法人施加刑事或行政处罚可以在预防环境违法方面发挥有效的作用,并注意到这样的做法是一种逐渐发展的国际趋势;

值得注意的是,现有的国际公约中已经包含了希冀通过刑法来保护环境的条文;

参考了1972年在巴塞尔和1990年在伊斯坦布尔举行的第7次和第17次欧洲司法部长会议的结论,以及1992年欧洲委员会议会的建议(1192);

议定如下:

第一节　术语的使用

第1条,定义

为执行本公约的目的:

(a)"不合法"意味着违反了法律、行政法规或者由主管当局所作的决定,目的在于保护环境;

(b)所谓"水",是指所有的地下水和地表水,包括湖泊、河流和海洋。

第二节　国家应采取的措施

第2条,故意犯罪

1. 每一缔约国应采取适当措施,根据其本国法律将某些行为规定为刑事犯罪:

(a)向大气、土壤或水中排污,散发或排放相当数量的物质或电离辐射,其中:

(i)造成任何人死亡或严重伤害的,或

(ii)足以造成任何人死亡或严重伤害的;

附录3 通过刑法保护环境的公约

（b）向大气、土壤或水中非法排污，非法散发或非法排放相当数量的物质或电离辐射，而造成或可能造成任何人的持久恶化、死亡、严重伤害，或者造成或可能造成受保护古迹，其他受保护物体、财产、动植物的实质损害的；

（c）非法处置、处理、储存、运输、出口或进口危险废物，造成或可能造成任何人死亡或严重伤害，或者造成或可能造成空气质量、土壤、水、动物或植物实质损害的；

（d）违法经营工厂开展危险活动，造成或可能造成任何人死亡或严重伤害，或者造成或可能造成空气质量、土壤、水、动物或植物实质损害的；

（e）非法制造、处理、储存、使用、运输、出口、进口核材料或其他危险性放射物质，造成或可能造成任何人死亡或严重伤害，或者造成或可能造成空气质量、土壤、水、动物或植物实质损害的，当故意为之。

2. 每一缔约国应采取适当措施，根据其本国法律将某些行为规定为刑事犯罪，协助或支持委员会在本条第1款中所确立的任何一类犯罪。

第3条，过失犯罪

1. 每一缔约国应采取适当措施，根据其本国法律将某些行为规定为刑事犯罪，当犯罪属过失时，可比照第2条第a至e所列举的犯罪。

2. 任何国家在签署时或在交存其批准书、接受书、核准书或加入书时，需向欧洲理事会秘书长发送一份声明，对于该条的第1款之规定可部分或全部同意，且该条款只适用于重大过失犯罪。

3. 任何国家在签署时或在交存其批准书、接受书、核准书或加入书时，需向欧洲理事会秘书长发送一份声明，对于该条的第1款之规定可部分或全部同意，且该条款不适用于：

——第2条第1款（a）项（ⅱ）的规定，

——第2条第1款（b）项的规定，即对受保护古迹，其他受保护物体或财产的犯罪。

第4条，其他刑事犯罪或行政性犯罪

至于这些并不包括在第2条和第3条中的规定，每一缔约国应采取适当措施，根据其本国法律将某些行为规定为刑事犯罪或行政性犯罪，并规定相应处罚或其它措施，当故意或过失为之：

（a）向大气、土壤或水中非法排污，非法散发或非法排放相当数量的物质或电离辐射；

（b）非法制造噪声；

（c）非法处置、处理、储存、运输、出口或进口废物；

（d）非法经营工厂；

（e）非法制造、处理、使用、运输、出口或进口核材料，其他放射性物质或危险化学品；

（f）非法地对国家公园的自然生态、自然保护区、水源保护区或其他保护区造成了危害性的变化；

（g）非法持有、抓捕、破坏、杀害或买卖受保护的野生动植物。

第5条，司法管辖

1. 每一缔约国应采取适当措施，依照本公约，确立对某些刑事犯罪的司法管辖权，当犯罪在以下情况发生时：

（a）在其领土上；或

（b）在其国内登记的或悬挂其国旗的船舶或航空器上；

（c）如果犯罪行为发生地的法律规定该行为是可处罚的或者犯罪行为发生地不采用属地管辖时。

2. 每一缔约国应采取适当措施，依照本公约，确立对某些刑事犯罪的司法管辖权，如果被指控的罪犯在该国领土内且在请求引渡后并没有把他引渡到另一缔约国。

3. 本公约不排除任何由缔约国根据其国内法所行使的刑事管辖权。

4. 任何国家在签署时或在交存其批准书、接受书、核准书或加入书时，需向欧洲理事会秘书长发送一份声明，对于该条的第1款和第2款之规定可部分或全部同意，否则不能适用。

第 6 条，对环境犯罪的处罚

每一缔约国应采取适当的措施，按照有关的国际文书，确定某些犯罪按照第 2 条和第 3 条的规定能被处以与其犯罪性质相当的刑事处罚。可以适用的处罚包括自由刑、罚款和恢复环境。

第 7 条，没收措施

1. 每一缔约国应采取适当的措施，就第 2 条和第 3 条所列举的犯罪，使其能够被处以没收生产工具、收益或与收益相当的财产。

2. 任一国家在签署时或在交存其批准书、接受书、核准书或加入书时，需向欧洲理事会秘书长发送一份声明，如果在声明中阐述了具体的犯罪或者有特定的处罚种类，或者规定了特定的处以没收生产工具、收益，或与收益相当的财产，那么就不适用本条第 1 款的规定。

第 8 条，恢复环境

任一国家可以在任何时候，向欧洲理事会秘书长发送一份声明，其将根据下列条款的规定提供恢复环境的措施：

（a）主管机关可以责令按照本公约所确定的犯罪分子恢复环境。这种命令需要满足一定的条件；

（b）如果一项责令恢复环境的命令没有得到执行，主管机关可根据国内法，让犯罪分子付出代价以使这项命令得到执行，或者对犯罪分子处以其他刑事制裁来代替命令的执行，或者在责令执行命令的基础上再处以刑事制裁。

第 9 条，法人的责任

1. 每一缔约国应采取适当的措施，根据第 2 条或第 3 条的规定，能够对法人的犯罪行为（犯罪行为可能由其部门、工作人员或其他法人代表实施）施加刑事处罚、行政处罚或措施。

2. 根据本条第 1 款的规定，法人承担了法律责任，并不排除对自然人的刑事诉讼。

3. 任何国家在签署时或在交存其批准书、接受书、核准书或加入书时，需向欧洲理事会秘书长发送一份声明，对于该条的第 1 款之规定部分或全部予以保留，或者只适用于声明中所阐述的具体犯罪。

第 10 条，机构之间的合作

1. 每一缔约国应采取适当的措施，以确保负责环境保护的相关机构与负责对刑事犯罪进行调查和起诉的相关机构协调运作：

（a）前一机构在掌握了合理的证据，据以相信发生了第 2 条所列的犯罪行为，它们应该主动通知后一机构；

（b）前一机构应按照国内法，根据请求，向后一机构提供一切必要的信息。

2. 任何国家在签署时或在交存其批准书、接受书、核准书或加入书时，需向欧洲理事会秘书长发送一份声明，对于该条第 1 款（a）之规定不予适用，或者只适用于声明中所阐述的具体犯罪。

第 11 条，团体参与诉讼程序的权利

任一国家可以在任何时候，向欧洲理事会秘书长发送一份声明，按照本国法律规定，其将允许任何团体、基金会或协会，根据其章程和保护环境的目标，参与本公约所确立的犯罪的刑事诉讼。

第三节　国际上应采取的措施

第 12 条，国际合作

1. 各缔约方应按照关于刑事方面国际合作的相关国际文书之规定和各自的国内法，相互提供本公约所确立的犯罪的调查和司法程序方面最广泛的合作措施。

2. 各缔约方应相互提供对本公约第 4 条所确立的而本条第 1 款又没有涉及的那些犯罪行为的调查和诉讼的协助。

第四节 最后条款

第13条，签署和生效

1. 本公约应对欧洲理事会的各成员国和参与拟订的非成员国开放签署。这些国家应表示同意受以下内容的约束：

（a）无保留地签署批准书、接受书或核准书或（b）签署须经批准，接受或核准的，随后应予以批准、接受或核准。

2. 批准书，接受书或核准书应交存欧洲理事会秘书长。

3. 本公约在三个国家都表示同意受该条第1款的约束后的3个月期满后的该月第一天生效。

4. 对于任何最终表示同意接受公约约束的签字国而言，本公约在同意受该条第1款约束的表示做出后的3个月期满后的该月第一天生效。

第14条，加入公约

1. 本公约生效后，欧洲理事会的部长委员会，在征询了各缔约国后，可邀请任何非欧洲理事会成员国的国家加入本公约，该决定主要根据欧洲理事会章程的第20条（d）之规定和由全票通过的有权参加该委员会会议的各缔约国代表作出。

2. 对于任何加入国而言，本公约在加入文书交存给欧洲理事会秘书长后的3个月期满后的该月第一天生效。

第15条，适用领土范围

1. 任何国家在签署时或在交存其批准书、接受书、核准书或加入书时，应详细说明其领土或本公约可以适用的领土范围。

2. 任何国家可在以后的任何时候向欧洲理事会秘书长发出一项声明，将本公约的适用范围扩大至声明中所指明的本国其他领土范围。对于这些领土范围而言，本公约在欧洲理事会秘书长收到此声明后的3个月期满后的该月第一天生效。

3. 上两段所作的任何关于其他领土范围的声明，可向秘书长发出一项通知予以撤回。撤回在秘书长收到此通知后的 3 个月期满后的该月第一天生效。

第 16 条，与其他公约和协定的关系

1. 本公约并不影响处理特别问题的国际多边公约所产生的权利和效力。

2. 公约缔约国之间可针对公约中某些问题来缔结双边或多边协定，目的在于补充或加强其规范效力或促进适用公约中所体现的原则。

3. 如果两个或两个以上的缔约国已经就公约中涉及的问题或与该问题有关系的其他问题达成了一项协议或条约，如果其能促进国际合作，它们就可以不适用本公约而有权适用该协定或条约，或者对这些关系作出相应的调整。

第 17 条，保留

1. 任何国家可在签署时或在交存其批准书、接受书、核准书或加入书时，可声明保留对自己有利的一条或多条规定，包括第 3 条第 2 款和第 3 款、第 5 条第 4 款、第 7 条第 2 款、第 9 条第 3 款和第 10 条第 2 款。其他条款不可提出保留意见。

2. 任一国家按照上一段所作的保留声明，可向欧洲理事会秘书长发出一项通知予以全部或部分撤回。撤回在秘书长收到此通知的当天生效。

3. 某一国家已经对公约的某项规定作了保留声明，那么就不得对其他国家要求适用这项规定；但是，如果其保留声明是部分的或有条件的，只要其自身已接受了被保留的条款，那么就可以要求适用该条款。

第 18 条，修订

1. 任一缔约国可以对本公约提出修正，并由欧洲理事会秘书长与欧洲理事会成员国以及每一个已加入或已获邀加入本公约的非成员国，按照第 14 条的规定进行沟通。

2. 缔约国提出的任何修订建议应传达给欧洲犯罪问题委员会，该委员会应对修订建议发表意见，然后再提交给部长委员会。

3. 部长委员会应考虑修订建议和欧洲犯罪问题委员会所提交的意见，并有可能通过该修正案。

4. 按照本条第3款的规定，部长委员会所通过的任何修正案文本，应送交各缔约国验收。

5. 按照本条第3款的规定，任何通过的修正案在所有缔约国通知秘书长表示接受后的第30天生效。

第19条，争端的解决

1. 欧洲理事会下的欧洲犯罪问题委员会应对公约的解释和适用情况随时通报。

2. 缔约国因对公约的解释和适用产生争端的，应通过谈判或其他和平手段寻求解决争端的方法，包括将争端提交给欧洲犯罪问题委员会，或提交给一个仲裁意见对各缔约国都具有约束力的仲裁庭，或提交给国际刑事法庭，具体方法由各缔约国约定。

第20条，退出公约

1. 任一缔约国可在任何时候，给欧洲理事会秘书长发送一个通知，即可退出本公约。

2. 这种退约在秘书长收到此通知后的3个月期满后的该月第一天生效。

第21条，通知

欧洲理事会秘书长应通知欧洲理事会各成员国和任何已加入本公约的国家：

（a）每一次签署；

（b）任何交存的批准书、接受书、核准书或加入书；

（c）按照第13条和第14条之规定，本公约的任何生效日期；

（d）根据第17条第1款所作的任何保留；

（e）任何与本公约有关的其他行为、通知或讯息。

经正式授权，特签署本公约，以昭信守。

1998年11月4日，公约在斯特拉斯堡用英文和法文写成，两种文本具有同等效力，一份副本应交存欧洲理事会档案馆。欧洲理事会秘书长应将认证过的副本送达给每个欧洲理事会成员国和任何获邀加入公约的国家。

附录 4 第 15 届国际刑法大会的决议

(里约热内卢,1994 年 9 月 4—10 日)

第一节 破坏环境罪(总则适用部分)

序　言

考虑到工业和其他类似活动对现在和未来的人类世代,对他们的健康和人类作为其一部分的环境所造成的日益增加的危险;

考虑到全世界都在关注因违反国家和国际法律的环境犯罪行为引起的环境退化;

考虑到根据国家刑法典,环境保护法,国际公约、建议和决议来认定环境犯罪的最近发展;

考虑到欧洲理事会 77(28)关于刑法对保护环境贡献的决议,88(18)关于企业犯罪责任的建议,欧洲司法部长在 1990 年伊斯坦布尔会议上采取的第 1 号决议和欧洲理事会致力于欧洲通过刑法保护环境公约的发展其所正在进行的工作;

考虑到联合国大会关于采纳欧盟第 8 届预防犯罪和罪犯待遇大会所提交的

通过刑法保护环境之决议的 1990 年第 45/121 号决议；联合国经社理事会第 1993/32 号和 1994 年 6 月做出的决议，以及即将召开的议程是打击国内和跨国经济和有组织犯罪以及刑法在保护环境方面作用的联合国第九届关于预防犯罪和罪犯待遇的会议的预备性文件；

考虑到 1991 年国际法律委员会向联合国大会所作报告中所载的建议；

考虑到 1994 年 3 月 19 日至 23 日在俄勒冈州波特兰市举行的关于环境犯罪国际专家会议为环境犯罪国内立法提供的建议；

考虑到希望为严重的环境犯罪和对环境破坏的恢复提供适当的处罚方式；

审议和讨论了 1992 年 11 月 2 日至 6 日在加拿大渥太华举行的关于环境犯罪刑法适用的刑法协会筹备座谈会的建议。

建 议

一、总则

1. 环境是指所有组成地球的部分，包括非生物和生物，也包括空气和所有大气层、水、土地，还包括土壤和矿产资源、动植物，以及这些组成部分的相互生态关系。

2. 可持续发展的原则，由世界环境与发展委员会（布伦特兰委员会的称法更加知名）于 1986 年进行了阐述，在 1992 年联合国大会上通过了这项原则，并声明经济的发展既要满足当代人的不同需要，又不能牺牲后代人满足自己需要的能力。

3. 预防原则，在 1992 年 6 月在里约热内卢举行的联合国环境与发展大会上进行了阐述，后在联合国大会上通过了这项原则，并声明各国凡是有较严重或不可逆转的危害威胁，不得以缺乏充分的科学确定性为理由，而延迟采取为防止环境退化的花费高额但有效的措施。

4. 国家和社会有责任尽量地保证所有自然人以及从事对环境有潜在危害活动的私人和公共实体重视可持续发展原则和预防原则。

5. 为了保证可持续发展的原则和预防原则得到遵守，各国必须采取广泛的保证遵守原则的措施，包括鼓励性遵守措施，强制性遵守措施，许可和规范权力,以及对不遵守既定规则的制裁。在适当情况下,刑法可能被视为能提供保障环境保护花费高额但有效方法的措施。

二、环境犯罪的具体问题

6. 在合法性原则的前提下,应该对环境犯罪有一个确定的定义。

7. 应该明确区分因不遵守既定的行政和监管规范而实施的处罚(不包括剥夺自由或责令关闭企业)和为了防止和惩处对环境造成严重损害的犯罪行为或不作为而处以的刑事处罚。

8. 应被处以刑事处罚的环境犯罪需满足的最低限度实质性条件是:

(a) 其作为或不作为给环境或人类造成了严重损害;或

(b) 其作为或不作为违反了既定的环保规范,并对环境或人类造成了实际的、实质的危害。

9. 会被处以刑罚的环境犯罪的定义中所要求的,作为或不行为以及危害结果的最低限度主观要件是明知、故意、过失(侥幸或严重过失或国内法中相类似的概念),或者当发生严重后果时,具有刑事意义上的疏忽大意。

10. 如果在明知对环境有可能造成严重损害的情况下实施了犯罪行为或不作为,虽然这种损害事实上符合许可、限制条款或者符合法律中所记载的标准或规范,但这种为犯罪行为或不作为辩护的理由应予以合理限制。

11. 根据限制原则,刑事处罚应该只有在民事和行政处罚、补救措施处理特殊环境犯罪问题不合适或无效的时候才能加以利用。

三、法人实体的刑事责任

12. 可以把施加刑事处罚的优点适用到私营、公共实体以及自然人上。

13. 国家法律体系应根据其宪法或基本法律尽可能地提供多种刑事制裁和能适用于私营、公共实体的其他措施。

14. 凡私营、公共实体从事一项活动,造成了对环境和人类的严重危害风险,那么这个实体的经理和主管部门应承担监督责任,以防止危害的发生;如果因为经理和主管部门没有尽到合理的监督责任而导致严重的危害结果,该实体就要承担刑事责任。

15. 为了尽量减少由于不同国家环境犯罪的法律适用不相同而导致的不公平，国内法律应尽可能明确规定关于私营、公共实体的代理人责任的构成标准，以确保该实体所实施的环境犯罪能受到环境法律约束。

私营实体

16. 根据国家宪法或基本法律的规定，虽然通常要求个人承担刑事责任，但如果环境犯罪的责任不能由该实体的某个可确定的代理人直接承担，那么就可以起诉实施环境犯罪行为的私营实体。

17. 一个私营实体应对造成环境或人类的严重损害承担责任，不管危害结果是因为个人的作为和/或不作为或者累积行为和/或长时间的疏忽，都可以对此应承担环境犯罪责任的实体提起诉讼。

18. 对一个私营实体施加刑事处罚或其他处罚措施，不应该免除实施了环境犯罪行为的实体代理人的责任。

公共实体

19. 凡公共实体在执行公共职能或开展类似活动的过程中，对环境和人类造成了严重的损害，或因违反了既定的环保规范给环境或人类造成了实际的、实质的危害，就可以起诉应负刑事责任的实施环境犯罪的实体的代理人。

20. 根据国家宪法或基本法律的规定，有可能使公共实体承担在执行公共职能或开展类似活动的过程中实施的环境犯罪的刑事责任，即使犯罪的责任不能由该实体的某个可确定的代理人直接承担，但也可以对此应承担环境犯罪责任的实体提起诉讼。

四、环境犯罪

21. 主要的环境犯罪，应该是自成一类的、具体内容不依附于其他法律的犯罪，并应当在本国的刑法典中特别规定。

22. 应被处以刑罚的环境犯罪，其关键的法律要素应在法律中详细规定，而不应留给下属授权机构来决定犯罪的法律原理。

23. 影响力超过一个以上国家管辖范围的或超出国家管辖范围而殃及全球的主要环境犯罪，应被确认为多边公约中规定的国际犯罪。

24. 在国家宪法或基本法律体系的框架下，立法应该要便于公民参与对环境犯罪的调查和起诉。

五、管辖
跨国境罪

25. 一个主要的环境犯罪所引起的危害或危害风险（实质的损害）已经全部或部分地超越了犯罪发生地的管辖范围，有可能为犯罪分子采取合理的安全保障措施和有可能适用国际法，在犯罪行为发生地的国家或在任何危害或危害风险存在的国家来起诉被告。

境外犯罪

26. 一个主要的环境犯罪所引起的危害或危害风险（实质的损害）已经殃及全球范围，各国应就一项国际公约达成一致意见或执行现有的国际公约，并适用公约来起诉犯罪，参照以下原则：国旗原则，国籍原则，引渡或起诉原则；以及在普遍知晓的国际犯罪中的普遍性原则。

引渡

27. 特别严重的环境犯罪应成为可引渡的犯罪。

国际刑事法庭

28. 为了方便起诉国际犯罪，特别是危害殃及全球范围的犯罪，由国际法委员会建议的和联合国大会目前正在商议的国际法庭管辖范围应该包括危及全球的犯罪。

国际公约的执行

29. 关于环境犯罪的国际公约在按照国内法实施刑罚时并不是自动执行的，各缔约国应制定必要的国内立法来执行这些公约。

附录5 联合国关于犯罪和公共安全问题的宣言

1996年12月12日第82次全体会议大会决议
根据第三委员会的报告（A/51/610）通过

大会，

回顾《联合国五十周年纪念宣言》、《消除国际恐怖主义措施宣言》、《那不勒斯政治宣言》和《打击有组织跨国犯罪全球行动计划》，

庄严宣布联合国关于犯罪和公共安全问题的宣言如下：

第1条

会员国应采取有效的国家措施，打击严重的跨国犯罪活动，包括有组织犯罪非法贩运毒品及军火，走私其他非法物品，有组织贩运人口恐怖主义犯罪，以及清洗严重犯罪活动的收益，努力保护其公民及其管辖区内所有人的安全和福利，会员国应保证在这类努力中相互合作。

第2条

会员国应促进双边区域多边和全球执法合作和援助，包括适当的法律互助安排，促进对严重跨国犯罪的执行者或负责者的侦查逮捕及起诉，确保执法部门和其他主管当局能够在国际一级有效开展合作。

附录5 联合国关于犯罪和公共安全问题的宣言

第3条

会员国应采取措施防止犯罪组织在本国领土获得支助和开展活动会员国应尽可能对那些从事严重跨国犯罪活动者规定进行有效引渡或起诉,使它们无处避难。

第4条

严重跨国犯罪活动事项中的相互合作和援助还应酌情包括加强各国之间交流信息的系统,并利用培训交流方案、及国际一级执法培训学术机构和刑事司法研究所等方式向会员国提供双边和多边技术援助。

第5条

促请尚未成为与国际恐怖主义问题各个方面有关的现有主要国际条约缔约国的会员国尽早成为这些条约的缔约国。缔约国应有效实施条约的规定,以打击恐怖主义犯罪会员国,还应采取措施执行关于消除国际恐怖主义措施的大会1994年12月9日第49/60号决议及其载有《消除国际恐怖主义措施宣言》的附录。

第6条

促请尚未成为各项国际药物管制公约缔约国的会员国尽快成为其缔约国。缔约国应有效实施经1972年《议定书》修订的1961年《麻醉品单一公约》、1971年《精神药物公约》及1988年《联合国禁止非法贩运麻醉药品和精神药物公约》的规定,即会员国明确重申,它们应在共同分担责任的基础上采取一切必要的预防和执法措施,以消除麻醉药品和精神药物的非法生产、贩运、分销和消费,包括各种便于打击参加此类有组织跨国犯罪的罪犯的措施。

第7条

会员国应在本国管辖范围内采取措施,加强其发现并阻止从事严重跨国犯罪活动者和这类犯罪活动的作案工具越境流动的能力,并应采取具体有效措施保护其边境,如:

（a）对爆炸物和犯罪分子非法贩运某些专门设计用于制造核武器、生物武器或化学武器的材料及其组件采取有效的管制措施，为了减少这类贩运产生的危险，加入并充分实施所有与大规模毁灭性武器有关的国际条约；

（b）加强对发放护照的监督，加强防范措施，防止篡改和伪造护照；

（c）加强对有关非法跨国枪支贩运条例的执行，以便既制止利用枪支进行犯罪活动，又减少助长致命冲突的可能性；

（d）协调各种措施和交换信息，打击有组织违法偷运人口跨越国境。

第 8 条

为了进一步打击犯罪收益的跨国流动，会员国同意酌情采取措施打击隐瞒或掩盖严重跨国犯罪活动所得收益的真实来源以及企图兑换或转移这类收益的行为；会员国还同意要求金融机构及有关机构保持必要的记录和酌情举报可疑交易，确保有效的法律和程序，以查封和没收严重跨国犯罪活动的收益；会员国确认有必要对犯罪活动限制任何银行保密法的适用，并在侦查这些活动和其他可能用于洗钱目的的活动中取得金融机构的合作。

第 9 条

会员国同意采取步骤，通过诸如培训划拨资源和与其他国家的技术援助安排等措施，加强其刑事司法执法和受害者援助系统的整体专业水平，并推动其社会各阶层参与打击和防止严重跨国犯罪活动。

第 10 条

会员国同意通过执行打击贿赂和贪污腐化的国内适用法律，以打击和制止破坏文明社会法律基础的腐败和贿赂现象为此目的；会员国还同意考虑制订协调一致的国际合作措施制止腐败行径，并发展技术性专门知识，防止和控制腐败现象。

第 11 条

为实施本宣言而采取的行动应充分尊重会员国的国家主权和领土管辖权以及会员国根据现行条约和国际法所享有的权利和承担的义务，并应符合联合国承认的人权和基本自由。

附录6　联合国打击跨国有组织犯罪公约

2000年11月15日第62次全体会议大会决议

第1条　宗旨

本公约的宗旨是促进合作，以便更有效地预防和打击跨国有组织犯罪。

第2条　术语的使用

在本公约中

(a)"有组织犯罪集团"系指由三人或多人所组成的、在一定时期内存在的、为了实施一项或多项严重犯罪或根据本公约确立的犯罪以直接或间接获得金钱或其他物质利益而一致行动的有组织结构的集团；

(b)"严重犯罪"系指构成可受到最高刑至少四年的剥夺自由或更严厉处罚的犯罪的行为；

(c)"有组织结构的集团"系指并非为了立即实施一项犯罪而随意组成的集团，但不必要求确定成员职责，也不必要求成员的连续性或完善的组织结构；

(d)"财产"系指各种资产，不论其为物质的或非物质的、动产或不动产、有形的或无形的，以及证明对这些资产所有权或权益的法律文件或文书；

(e)"犯罪所得"系指直接或间接地通过犯罪而产生或获得的任何财产；

(f)"冻结"或"扣押"系指根据法院或其他主管当局的命令暂时禁止财

产转移、转换、处置或移动或对之实行暂时性扣留或控制；

(g)"没收"，在适用情况下还包括"充公"，系指根据法院或其他主管当局的命令对财产实行永久剥夺；

(h)"上游犯罪"系指由其产生的所得可能成为本公约第6条所定义的犯罪的对象的任何犯罪；

(i)"控制下交付"系指在主管当局知情并由其进行监测的情况下允许非法或可疑货物运出、通过或运入一国或多国领土的一种做法，其目的在于侦查某项犯罪并辨认参与该项犯罪的人员；

(j)"区域经济一体化组织"系指由某一区域的一些主权国家组成的组织，其成员国已将处理本公约范围内事务的权限转交该组织，而且该组织已按照其内部程序获得签署、批准、接受、核准或加入本公约的正式授权；本公约所述"缔约国"应在这类组织的权限范围内适用于这些组织。

第3条 适用范围

1. 本公约除非另有规定，应适用于对下述跨国的且涉及有组织犯罪集团的犯罪的预防、侦查和起诉：

(a)依照本公约第5条、第6条、第8条和第23条确立的犯罪；

(b)本公约第2条所界定的严重犯罪。

2. 就本条第1款而言，有下列情形之一的犯罪属跨国犯罪：

(a)在一个以上国家实施的犯罪；

(b)虽在一国实施，但其准备、筹划、指挥或控制的实质性部分发生在另一国的犯罪；

(c)犯罪在一国实施，但涉及在一个以上国家从事犯罪活动的有组织犯罪集团；或

(d)犯罪在一国实施，但对于另一国有重大影响。

第4条 保护主权

1. 在履行其根据本公约所承担的义务时，缔约国应恪守各国主权平等和领土完整原则和不干涉别国内政原则。

2. 本公约的任何规定均不赋予缔约国在另一国领土内行使管辖权和履行该另一国本国法律规定的专属于该国当局的职能的权利。

第 5 条 参加有组织犯罪集团行为的刑事定罪

1. 各缔约国均应采取必要的立法和其他措施，将下列故意行为规定为刑事犯罪：

（a）下列任何一种或两种有别于未遂或既遂的犯罪的行为：

为直接或间接获得金钱或其他物质利益而与一人或多人约定实施严重犯罪，如果本国法律要求，还须有其中一名参与者为促进上述约定的实施的行为或涉及有组织犯罪集团；

明知有组织犯罪集团的目标和一般犯罪活动或其实施有关犯罪的意图而积极参与下述活动的行为：

a. 有组织犯罪集团的犯罪活动；

b. 明知其本人的参与将有助于实现上述犯罪目标的该有组织犯罪集团的其他活动；

（b）组织、指挥、协助、教唆、便利或参谋实施涉及有组织犯罪集团的严重犯罪。

2. 本条第 1 款所指的明知、故意、目标、目的或约定可以从客观实际情况推定。

3. 其本国法律要求根据本条第 1 款（a）项目确立的犯罪须涉及有组织犯罪集团方可成立的缔约国，应确保其本国法律涵盖所有涉及有组织犯罪集团的严重犯罪。这些缔约国以及其法律要求根据本条第 1 款（a）项目确立的犯罪须有促进约定的实施的行为方可成立的缔约国，应在其签署本公约或交存其批准、接受、核准或加入本公约的文书时将此情况通知联合国秘书长。

第 6 条 洗钱行为的刑事定罪

1. 各缔约国均应依照其本国法律基本原则采取必要的立法及其他措施，将下列故意行为规定为刑事犯罪：

（a）明知财产为犯罪所得，为隐瞒或掩饰该财产的非法来源，或为协助任何参与实施上游犯罪者逃避其行为的法律后果而转换或转让财产；

明知财产为犯罪所得而隐瞒或掩饰该财产的真实性质、来源、所在地、处置、转移、所有权或有关的权利；

(b) 在符合其本国法律制度基本概念的情况下：

在得到财产时，明知其为犯罪所得而仍获取、占有或使用；

参与、合伙或共谋实施，实施未遂，以及协助、教唆、便利和参谋实施本条所确立的任何犯罪。

2. 为实施或适用本条第1款：

(a) 各缔约国均应寻求将本条第1款适用于范围最为广泛的上游犯罪；

(b) 各缔约国均应将本公约第2条所界定的所有严重犯罪和根据本公约第5条、第8条和第23条确立的犯罪列为上游犯罪，缔约国立法中如果明确列出上游犯罪清单，则至少应在这类清单中列出与有组织犯罪集团有关的范围广泛的各种犯罪；

(c) 就(b)项而言，上游犯罪应包括在有关缔约国刑事管辖权范围之内和之外发生的犯罪。但是，如果犯罪发生在一缔约国刑事管辖权范围以外，则只有该行为根据其发生时所在国本国法律为刑事犯罪，而且若发生在实施或适用本条的缔约国时根据该国法律也构成刑事犯罪时才构成上游犯罪；

(d) 各缔约国均应向联合国秘书长提供其实施本条的法律以及这类法律随后的任何修改的副本或说明；

(e) 如果缔约国本国法律基本原则要求，则可以规定本条第1款所列犯罪不适用于实施上游犯罪的人；

(f) 本条第1款所规定的作为犯罪要素的明知、故意或目的可根据客观实际情况推定。

第7条 打击洗钱活动的措施

1. 各缔约国均应

(a) 在其力所能及的范围内，建立对银行和非银行金融机构及在适当情况下对其他特别易被用于洗钱的机构的综合性国内管理和监督制度，以便制止并查明各种形式的洗钱。这种制度应强调验证客户身份、保持记录和报告可疑

的交易等项规定;

(b) 在不影响本公约第18条和第27条的情况下,确保行政、管理、执法和其他负责打击洗钱的当局(本国法律许可时可包括司法当局)能够根据其本国法律规定的条件,在国家和国际一级开展合作和交换信息,并应为此目的考虑建立作为国家级中心的金融情报机构,以收集、分析和传播有关潜在的洗钱活动的信息。

2. 缔约国应考虑采取切实可行的措施调查和监督现金和有关流通票据出入本国国境的情况,但须有保障措施以确保情报的妥善使用且不致以任何方式妨碍合法资本的流动。这类措施可包括要求个人和企业报告大额现金和有关流通票据的跨境划拨。

3. 在建立本条所规定的国内管理和监督制度时,吁请缔约国在不影响本公约的任何其他条款的情况下将各种区域、区域间和多边组织的有关反洗钱倡议作为指南。

4. 缔约国应努力为打击洗钱而发展和促进司法、执法和金融管理当局间的全球、区域、分区域和双边合作。

第8条 腐败行为的刑事定罪

1. 各缔约国均应采取必要的立法和其他措施,将下列故意行为规定为刑事犯罪:

(a) 直接或间接向公职人员许诺、提议给予或给予该公职人员或其他人员或实体不应有的好处,以使该公职人员在执行公务时作为或不作为;

(b) 公职人员为其本人或其他人员或实体直接或间接索取或接受不应有的好处,以作为其在执行公务时作为或不作为的条件。

2. 各缔约国均应考虑采取必要的立法和其他措施,以便将本条第1款所述涉及外国公职人员或国际公务员的行为规定为刑事犯罪。各缔约国同样也应考虑将其他形式的腐败行为规定为刑事犯罪。

3. 各缔约国还应采取必要的措施,将作为共犯参与根据本条所确立的犯罪规定为刑事犯罪。

4. 本公约本条第1款和第9条中的"公职人员",系指任职者任职地国法律所界定的且适用于该国刑法的公职人员或提供公共服务的人员。

第 9 条　反腐败措施

1. 除本公约第 8 条所列各项措施外，各缔约国均应在适当时并在符合其法律制度的情况下，采取立法、行政或其他有效措施，以促进公职人员廉洁奉公，并预防、调查和惩治腐败行为。

2. 各缔约国均应采取措施，确保本国当局在预防、调查和惩治公职人员腐败行为方面采取有效行动，包括使该当局具备适当的独立性，以免其行动受到不适当的影响。

第 10 条　法人责任

1. 各缔约国均应采取符合其法律原则的必要措施，确定法人参与涉及有组织犯罪集团的严重犯罪和实施根据本公约第 5 条、第 6 条、第 8 条和第 23 条确立的犯罪时应承担的责任。

2. 在不违反缔约国法律原则的情况下，法人责任可包括刑事、民事或行政责任。

3. 法人责任不应影响实施此种犯罪的自然人的刑事责任。

4. 各缔约国均应特别确保使根据本条负有责任的法人受到有效、适度和劝阻性的刑事或非刑事制裁，包括金钱制裁。

第 11 条　起诉判决和制裁

1. 各缔约国均应使根据本公约第 5 条、第 6 条、第 8 条和第 23 条确立的犯罪受到与其严重性相当的制裁。

2. 为因本公约所涵盖的犯罪起诉某人而行使本国法律规定的法律裁量权时，各缔约国均应努力确保针对这些犯罪的执法措施取得最大成效，并适当考虑到震慑此种犯罪的必要性。

3. 就根据本公约第 5 条、第 6 条、第 8 条和第 23 条确立的犯罪而言，各缔约国均应根据其本国法律并在适当考虑到被告方权利的情况下采取适当措施，力求确保所规定的与审判或上诉前释放的裁决有关的条件考虑到确保被告人在其后的刑事诉讼中出庭的需要。

4. 各缔约国均应确保其法院和其他有关当局在考虑早释或假释已被判定犯有本公约所涵盖的犯罪者的可能性时，顾及此种犯罪的严重性。

5. 各缔约国均应在适当情况下在其本国法律中对于本公约所涵盖的任何犯罪规定一个较长的追诉时效期限，并在被指控犯罪的人逃避司法处置时规定更长的期限。

6. 本公约的任何规定，概不影响根据本公约确立的犯罪和适用的法律辩护理由或决定行为合法性的其他法律原则只应由缔约国本国法律加以阐明，而且此种犯罪应根据该法律予以起诉和处罚的原则。

第12条 没收和扣押

1. 缔约国应在本国法律制度的范围内尽最大可能采取必要措施，以便能够没收：

（a）来自本公约所涵盖的犯罪的犯罪所得或价值与其相当的财产；

（b）用于或拟用于本公约所涵盖的犯罪的财产、设备或其他工具。

2. 缔约国应采取必要措施，辨认、追查、冻结或扣押本条第1款所述任何物品，以便最终予以没收。

3. 如果犯罪所得已经部分或全部转变或转化为其他财产，则应对此类财产适用本条所述措施。

4. 如果犯罪所得已与从合法来源获得的财产相混合，则应在不影响冻结权或扣押权的情况下没收这类财产，没收价值可达混合于其中的犯罪所得的估计价值。

5. 对于来自犯罪所得、来自由犯罪所得转变或转化而成的财产或已与犯罪所得相混合的财产所产生的收入或其他利益，也应适用本条所述措施，其方式和程度与处置犯罪所得相同。

6. 为本公约本条和第13条的目的，各缔约国均应使其法院或其他主管当局有权下令提供或扣押银行、财务或商务记录。缔约国不得以银行保密为由拒绝按照本款规定采取行动。

7. 缔约国可考虑要求由犯罪的人证明应予没收的涉嫌犯罪所得或其他财

产的合法来源，但此种要求应符合其本国法律原则和司法及其他程序的性质。

8. 不得对本条规定作损害善意第三人权利的解释。

9. 本条任何规定均不得影响本条所述措施应根据缔约国本国法律规定予以确定和实施的原则。

第 13 条　没收事宜的国际合作

1. 缔约国在收到对本公约所涵盖的一项犯罪拥有管辖权的另一缔约国关于没收本公约第 12 条第 1 款所述的、位于被请求国领土内的犯罪所得、财产、设备或其他工具的请求后，应在本国国内法律制度的范围内尽最大可能：

（a）将此种请求提交其主管当局，以便取得没收令并在取得没收令时予以执行；或

（b）将请求缔约国领土内的法院根据本公约第 12 条第 1 款签发的没收令提交主管当局，以便按请求的范围予以执行，只要该没收令涉及第 12 条第 1 款所述的、位于被请求缔约国领土内的犯罪所得、财产、设备或其他工具。

2. 对本公约所涵盖的一项犯罪拥有管辖权的另一缔约国提出请求后，被请求缔约国应采取措施，辨认、追查和冻结或扣押本公约第 12 条第 1 款所述犯罪所得、财产、设备或其他工具，以便由请求缔约国或根据本条第 1 款所述请求由被请求缔约国下令最终予以没收。

3. 本公约第 18 条的规定可经适当变通适用于本条。除第 18 条第 15 款规定提供的资料以外，根据本条所提出的请求还应包括：

（a）与本条第 1 款（a）项有关的请求，应有关于拟予没收的财产的说明以及关于请求缔约国所依据的事实的充分陈述，以便被请求缔约国能够根据本国法律取得没收令；

（b）与本条第 1 款（b）项有关的请求，应有请求缔约国据以签发请求的、法律上可接受的没收令副本、事实陈述和关于请求执行没收令的范围的资料；

（c）与本条第 2 款有关的请求，应有请求缔约国所依据的事实陈述以及对请求采取的行动的说明。

4. 被请求缔约国根据本条第 1 款和第 2 款作出的决定或采取的行动，应

符合并遵循其本国法律及程序规则的规定或可能约束其与请求缔约国关系的任何双边或多边条约、协定或安排的规定。

5. 各缔约国均应向联合国秘书长提供有关实施本条的任何法律和法规以及这类法律和法规随后的任何修改的副本或说明。

6. 如果某一缔约国以存在有关条约作为采取本条第 1 款和第 2 款所述措施的条件，则该缔约国应将本公约视为必要而充分的条约依据。

7. 如果请求中所涉犯罪并非本公约所涵盖的犯罪，缔约国可拒绝提供本条所规定的合作。

8. 不得对本条规定作损害善意第三人权利的解释。

9. 缔约国应考虑缔结双边或多边条约、协定或安排，以增强根据本条开展的国际合作的有效性。

第 14 条 没收的犯罪所得或财产的处置

1. 缔约国依照本公约第 12 条或第 13 条第 1 款没收的犯罪所得或财产应由该缔约国根据其本国法律和行政程序予以处置。

2. 根据本公约第 13 条的规定应另一缔约国请求采取行动的缔约国，应在本国法律许可的范围内，根据请求优先考虑将没收的犯罪所得或财产交还请求缔约国，以便其对犯罪被害人进行赔偿，或者将这类犯罪所得或财产归还合法所有人。

3. 一缔约国应另一缔约国请求按照本公约第 12 条和第 13 条规定采取行动时，可特别考虑就下述事项缔结协定或安排：

（a）将与这类犯罪所得或财产价值相当的款项，或变卖这类犯罪所得或财产所获款项，或这类款项的一部分捐给根据本公约第 30 条第 2 款（c）项所指定的账户和专门从事打击有组织犯罪工作的政府间机构；

（b）根据本国法律或行政程序，经常地或逐案地与其他缔约国分享这类犯罪所得或财产或变卖这类犯罪所得或财产所获款项。

第 15 条 管辖权

1. 各缔约国在下列情况下应采取必要措施，以确立对根据本公约第 5 条、

第 6 条、第 8 条和第 23 条确立犯罪的管辖权：

（a）犯罪发生在该缔约国领域内；或者

（b）犯罪发生在犯罪时悬挂该缔约国国旗的船只或已根据该缔约国法律注册的航空器内。

2. 在不违反本公约第 4 条规定的情况下，缔约国在下列情况下还可对任何此种犯罪确立其管辖权：

（a）犯罪系针对该缔约国国民；

（b）犯罪者为该缔约国国民或在其境内有惯常居所的无国籍人；或者

（c）该犯罪系：

发生在本国领域以外的、根据本公约第 5 条第 1 款确立的犯罪，目的是在本国领域内实施严重犯罪；

发生在本国领域以外的、根据本公约第 6 条第 1 款（b）项目确立的犯罪，目的是在其领域内进行本公约第 6 条第 1 款（a）项或（b）项确立的犯罪。

3. 为了本公约第 16 条第 10 款的目的，各缔约国应采取必要措施，在被指控人在其领域内而其仅因该人系其本国国民而不予引渡时，确立其对本公约所涵盖的犯罪的管辖权。

4. 各缔约国还可采取必要措施，在被指控人在其领域内而其不引渡该人时确立其对本公约所涵盖的犯罪的管辖权。

5. 如果根据本条第 1 款或第 2 款行使其管辖权的缔约国被告知或通过其他途径获悉另一个或数个缔约国正在对同一行为进行侦查、起诉或审判程序，这些国家的主管当局应酌情相互磋商，以便协调行动。

6. 在不影响一般国际法准则的情况下，本公约不排除缔约国行使其依据本国法律确立的任何刑事管辖权。

第 16 条　引渡

1. 本条应适用于本公约所涵盖的犯罪，或第 3 条第 1 款（a）项或（b）项所述犯罪涉及有组织犯罪集团且被请求引渡人位于被请求缔约国境内的情况，条件是引渡请求所依据的犯罪是按请求缔约国和被请求缔约国本国法律均应受到处罚的犯罪。

2. 如果引渡请求包括几项独立的严重犯罪，其中某些犯罪不在本条范围之内，被请求缔约国也可对这些犯罪适用本条的规定。

3. 本条适用的各项犯罪均应视为缔约国之间现行的任何引渡条约中的可引渡的犯罪。各缔约国承诺将此种犯罪作为可引渡的犯罪列入它们之间拟缔结的每一项引渡条约。

4. 以订有条约为引渡条件的缔约国如接到未与之订有引渡条约的另一缔约国的引渡请求，可将本公约视为对本条所适用的任何犯罪予以引渡的法律依据。

5. 以订有条约为引渡条件的缔约国应：

（a）在交存本公约批准书、接受书、核准书或加入书时通知联合国秘书长，说明其是否将把本公约作为与本公约其他缔约国进行引渡合作的法律依据；

（b）如其不以本公约作为引渡合作的法律依据，则在适当情况下寻求与本公约其他缔约国缔结引渡条约，以执行本条规定。

6. 不以订有条约为引渡条件的缔约国应承认本条所适用的犯罪为它们之间可相互引渡的犯罪。

7. 引渡应符合被请求缔约国本国法律或适用的引渡条约所规定的条件，其中特别包括关于引渡的最低限度刑罚要求和被请求缔约国可据以拒绝引渡的理由等条件。

8. 对于本条所适用的任何犯罪，缔约国应在符合本国法律的情况下，努力加快引渡程序并简化与之有关的证据要求。

9. 在不违背本国法律及其引渡条约规定的情况下，被请求缔约国可在认定情况必要而且紧迫时，应请求缔约国的请求，拘留其境内的被请求引渡人或采取其他适当措施，以确保该人在进行引渡程序时在场。

10. 被指控人所在的缔约国如果仅以罪犯系本国国民为由不就本条所适用的犯罪将其引渡，则有义务在要求引渡的缔约国提出请求时，将该案提交给其主管当局以便起诉，而不得有任何不应有的延误。这些当局应以与根据本国法律针对性质严重的其他任何犯罪所采用的方式相同的方式作出决定和进行诉讼程序。有关缔约国应相互合作，特别是在程序和证据方面，以确保这类起诉的效果。

11. 如果缔约国本国法律规定，允许引渡或移交其国民须以该人将被送还本国，就引渡或移交请求所涉审判、诉讼中作出的判决服刑为条件，且该缔约国和寻求引渡该人的缔约国也同意这一选择以及可能认为适宜的其他条件，则此种有条件引渡或移交即足以解除该缔约国根据本条第 10 款所承担的义务。

12. 如为执行判决而提出的引渡请求由于被请求引渡人为被请求缔约国的国民而遭到拒绝，被请求国应在其本国法律允许并且符合该法律的要求的情况下，根据请求国的请求，考虑执行按请求国本国法律作出的判刑或剩余刑期。

13. 在对任何人就本条所适用的犯罪进行诉讼时，应确保其在诉讼的所有阶段受到公平待遇，包括享有其所在国本国法律所提供的一切权利和保障。

14. 如果被请求缔约国有充分理由认为提出该请求是为了以某人的性别、种族、宗教、国籍、族裔或政治观点为由对其进行起诉或处罚，或按该请求行事将使该人的地位因上述任一原因而受到损害，则不得对本公约的任何规定作规定了被请求国的引渡义务的解释。

15. 缔约国不得仅以犯罪也被视为涉及财政事项为由而拒绝引渡。

16. 被请求缔约国在拒绝引渡前应在适当情况下与请求缔约国磋商，以使其有充分机会陈述自己的意见和介绍与其指控有关的资料。

17. 各缔约国均应寻求缔结双边和多边协定或安排，以执行引渡或加强引渡的有效性。

第 17 条　被判刑人员的移交

缔约国可考虑缔结双边或多边协定或安排，将因犯有本公约所涉犯罪而被判监禁或其他形式剥夺自由的人员移交其本国服满刑期。

第 18 条　司法协助

1. 缔约国应在对第 3 条规定的本公约所涵盖的犯罪进行的侦查、起诉和审判程序中相互提供最大限度的司法协助；在请求缔约国有合理理由怀疑第 3 条第 1 款（a）项或（b）项所述犯罪具有跨国性时，包括怀疑此种犯罪的被害人、证人、犯罪所得、工具或证据位于被请求缔约国而且该项犯罪涉及一有组织犯罪集团时，还应对等地相互给予类似协助。

2. 对于请求缔约国根据本公约第 10 条可能追究法人责任的犯罪所进行的侦查、起诉和审判程序，应当根据被请求缔约国的有关的法律、条约、协定和安排，尽可能充分地提供司法协助。

3. 可为下列任何目的请求依据本条给予司法协助：

（a）向个人获取证据或陈述；

（b）送达司法文书；

（c）执行搜查和扣押并实行冻结；

（d）检查物品和场所；

（e）提供资料物证以及鉴定结论；

（f）提供有关文件和记录的原件或经核证的副本，其中包括政府、银行、财务、公司或营业记录；

（g）为取证目的而辨认或追查犯罪所得财产工具或其他物品；

（h）为有关人员自愿在请求缔约国出庭提供方便；

（i）不违反被请求缔约国本国法律的任何其他形式的协助。

4. 缔约国主管当局如认为与刑事事项有关的资料可能有助于另一国主管当局进行或顺利完成调查和刑事诉讼程序，或可促成其根据本公约提出请求，则在不影响本国法律的情况下，可无须事先请求而向该另一国主管当局提供这类资料。

5. 根据本条第 4 款提供这类资料，不应影响提供资料的主管当局本国所进行的调查和刑事诉讼程序。接收资料的主管当局应遵守对资料保密的要求，即使是暂时保密的要求，或对资料使用的限制。但是，这不应妨碍接收缔约国在其诉讼中披露可证明被控告人无罪或罪轻的资料。在这种情况下，接收缔约国应在披露前通知提供缔约国，而且如果提供缔约国要求，还应与其磋商。如果在例外情况下不可能事先通知，接收缔约国应毫不迟延地将披露一事通告缔约国。

6. 本条各项规定概不影响任何其他规范或将要规范整个或部分司法协助问题的双边或多边条约所规定的义务。

7. 如果有关缔约国无司法协助条约的约束，则本条第 9 至 29 款应适用于根据本条提出的请求。如果有关缔约国有这类条约的约束,则适用条约的相应条款,除非这些缔约国同意代之以适用本条第9至29款。大力鼓励缔约国在这几款有助于合作时予以适用。

8. 缔约国不得以银行保密为由拒绝提供本条所规定的司法协助。

9. 缔约国可以并非双重犯罪为由拒绝提供本条所规定的司法协助。但是,被请求缔约国可在其认为适当时在其斟酌决定的范围内提供协助,而不论该行为按被请求缔约国本国法律是否构成犯罪。

10. 在一缔约国境内羁押或服刑的人,如果被要求到另一缔约国进行辨认、作证或提供其他协助,以便为就与本公约所涵盖的犯罪有关的侦查、起诉或审判程序取得证据,在满足以下条件的情况下,可予移送:

(a) 该人在知情后自由表示同意;

(b) 双方缔约国主管当局同意,但须符合这些缔约国认为适当的条件。

11. 就本条第10款而言:

(a) 该人被移送前往的缔约国应有权力和义务羁押被移送人,除非移送缔约国另有要求或授权;

(b) 该人被移送前往的缔约国应毫不迟延地履行义务,按照双方缔约国主管当局事先达成的协议或其他协议,将该人交还移送缔约国羁押;

(c) 该人被移送前往的缔约国不得要求移送缔约国为该人的交还启动引渡程序;

(d) 该人在被移送前往的国家的羁押时间应折抵在移送缔约国执行的刑期。

12. 除非按照本条第10款和第11款移送该人的缔约国同意,无论该人国籍为何,均不得因其在离开移送国国境前的作为、不作为或定罪而在被移送前往的国家境内使其受到起诉、羁押、处罚或对其人身自由实行任何其他限制。

13. 各缔约国均应指定一中心当局,使其负责和有权接收司法协助请求并执行请求或将请求转交主管当局执行。如缔约国有实行单独司法协助制度的特区或领土,可另指定一个对该特区或领土具有同样职能的中心当局。中心当局应确保所收到的请求的迅速而妥善执行或转交。中心当局在将请求转交某一主管当局执行时,应鼓励该主管当局迅速而妥善地执行请求,各缔约国应在交存本公约批准书、接受书、核准书或加入书时将为此目的指定的中心当局通知联合国秘书长。司法协助请求以及与之有关的任何联系文件均应递交缔约国指定的中心当局。此项规定不得损害缔约国要求通过外交渠道以及在紧急和可能的情况下经有关缔约国同意通过国际刑事警察组织向其传递这种请求和联系文件的权利。

14. 请求应以被请求缔约国能接受的语文以书面形式提出，或在可能情况下以能够生成书面记录的任何形式提出，但须能使该缔约国鉴定其真伪。各缔约国应在其交存本公约批准书、接受书、核准书或加入书时将其所能接受的语文通知联合国秘书长。在紧急情况下，如经有关缔约国同意，请求可以口头方式提出，但应立即加以书面确认。

15. 司法协助请求书应载有：

（a）提出请求的当局；

（b）请求所涉的侦查、起诉或审判程序的事由和性质，以及进行此项侦查、起诉或审判程序的当局的名称和职能；

（c）有关事实的概述，但为送达司法文书提出的请求例外；

（d）对请求协助的事项和请求缔约国希望遵循的特定程序细节的说明；

（e）可能时任何有关人员的身份所在地和国籍；

（f）索取证据资料或要求采取行动的目的。

16. 被请求缔约国可要求提供按照其本国法律执行该请求所必需或有助于执行该请求的补充资料。

17. 请求应根据被请求缔约国本国法律执行。在不违反被请求缔约国本国法律的情况下，如有可能，应遵循请求书中列明的程序执行。

18. 当在某一缔约国境内的某人需作为证人或鉴定人接受另一缔约国司法当局询问，且该人不可能或不宜到请求国出庭，则前一个缔约国可应该另一缔约国的请求，在可能且符合本国法律基本原则的情况下，允许以电视会议方式进行询问，缔约国可商定由请求缔约国司法当局进行询问且询问时应有被请求缔约国司法当局在场。

19. 未经被请求缔约国事先同意，请求缔约国不得将被请求缔约国提供的资料或证据转交或用于请求书所述以外的侦查、起诉或审判程序。本款规定不妨碍请求缔约国在其诉讼中披露可证明被告人无罪或罪轻的资料或证据。就后一种情形而言，请求缔约国应在披露之前通知被请求缔约国，并依请求与被请求缔约国磋商。如在例外情况下不可能事先通知时，请求缔约国应毫不迟延地将披露一事通告被请求缔约国。

20. 请求缔约国可要求被请求缔约国对其提出的请求及其内容保密，但为执行请求所必需时除外。如果被请求缔约国不能遵守保密要求，应立即通知请求缔约国。

21. 在下列情况下可拒绝提供司法协助：

（a）请求未按本条的规定提出；

（b）被请求缔约国认为执行请求可能损害其主权、安全、公共秩序或其他基本利益；

（c）假如被请求缔约国当局依其管辖权对任何类似犯罪进行侦查、起诉或审判程序时，其本国法律将会禁止其对此类犯罪采取被请求的行动；

（d）同意此项请求将违反被请求国关于司法协助的法律制度。

22. 缔约国不得仅以犯罪又被视为涉及财政事项为由拒绝司法协助请求。

23. 拒绝司法协助时应说明理由。

24. 被请求缔约国应尽快执行司法协助请求，并应尽可能充分地考虑到请求缔约国提出的、最好在请求中说明了理由的任何最后期限。被请求缔约国应依请求缔约国的合理要求就其处理请求的进展情况作出答复。请求国应在其不再需要被请求国提供所寻求的协助时迅速通知被请求缔约国。

25. 被请求缔约国可以司法协助妨碍正在进行的侦查、起诉或审判为由而暂缓进行。

26. 在根据本条第 21 款拒绝某项请求或根据本条第 25 款暂缓执行请求事项之前，被请求缔约国应与请求缔约国协商，以考虑是否可在其认为必要的条件下给予协助。请求缔约国如果接受附有条件限制的协助，则应遵守有关的条件。

27. 在不影响本条第 12 款的适用的情况下，应请求缔约国请求而同意到请求缔约国就某项诉讼作证或为某项侦查、起诉或审判程序提供协助的证人、鉴定人或其他人员，不应因其离开被请求缔约国领土之前的作为、不作为或定罪而在请求缔约国领土内被起诉、羁押、处罚或在人身自由方面受到任何其他限制。如该证人、鉴定人或其他人员已得到司法当局不再需要其到场的正式通知，在自通知之日起连续15天内或在缔约国所商定的任何期限内，有机会离开但仍自愿留在请求缔约国境内，或在离境后又自愿返回，则此项安全保障即不再有效。

28. 除非有关缔约国另有协议，执行请求的一般费用应由被请求缔约国承担。如执行请求需要或将需要支付巨额或特殊性质的费用，则应由有关缔约国进行协商，以确定执行该请求的条件以及承担费用的办法。

29. 被请求缔约国：

（a）应向请求缔约国提供其所拥有的根据其本国法律可向公众公开的政府记录、文件或资料的副本；

（b）可自行斟酌决定全部或部分地或按其认为适当的条件向请求缔约国提供其所拥有的根据其本国法律不向公众公开的任何政府记录、文件或资料的副本。

30. 缔约国应视需要考虑缔结有助于实现本条目的、具体实施或加强本条规定的双边或多边协定或安排的可能性。

第19条 联合调查

缔约国应考虑缔结双边或多边协定或安排，以便有关主管当局可据以就涉及一国或多国刑事侦查、起诉或审判程序事由的事宜建立联合调查机构。如无这类协定或安排，则可在个案基础上商定进行这类联合调查。有关缔约国应确保拟在其境内进行该项调查的缔约国的主权受到充分尊重。

第20条 特殊侦查手段

1. 各缔约国均应在其本国法律基本原则许可的情况下，视可能并根据本国法律所规定的条件采取必要措施，允许其主管当局在其境内适当使用控制下交付并在其认为适当的情况下使用其他特殊侦查手段，如电子或其他形式的监视和特工行动以有效地打击有组织犯罪。

2. 为侦查本公约所涵盖的犯罪，鼓励缔约国在必要时为在国际一级合作时使用这类特殊侦查手段而缔结适当的双边或多边协定或安排。此类协定或安排的缔结和实施应充分遵循各国主权平等原则，执行时应严格遵守这类协定或安排的条件。

3. 在无本条第2款所列协定或安排的情况下，关于在国际一级使用这种特殊侦查手段的决定，应在个案基础上作出，必要时还可考虑到有关缔约国就行使管辖权所达成的财务安排或谅解。

4. 经各有关缔约国同意，关于在国际一级使用控制下交付的决定，可包括诸如拦截货物后允许其原封不动地或将其全部或部分取出替换后继续运送之类的办法。

第21条　刑事诉讼的移交

缔约国如认为相互移交诉讼有利于正当司法，特别是在涉及数国管辖权时，为了使起诉集中，应考虑相互移交诉讼的可能性，以便对本公约所涵盖的某项犯罪进行刑事诉讼。

第22条　建立犯罪记录

各缔约国均可采取必要的立法或其他措施，按其认为适宜的条件并为其认为适宜的目的，考虑到另一个国家以前对被指控人作出的任何有罪判决，以便在涉及本公约所涵盖的犯罪的刑事诉讼中加以利用。

第23条　妨害司法的刑事定罪

各缔约国均应采取必要的立法和其他措施，将下列故意行为规定为刑事犯罪：

（a）在涉及本公约所涵盖的犯罪的诉讼中使用暴力、威胁或恐吓，或许诺、提议给予或给予不应有的好处，以诱使提供虚假证言或干扰证言或证据的提供；

（b）使用暴力、威胁或恐吓，干扰司法或执法人员针对本公约所涵盖的犯罪执行公务。本项规定概不应影响缔约国制定保护其他类别公职人员的立法的权利。

第 24 条　保护证人

1. 各缔约国均应在其力所能及的范围内采取适当的措施，为刑事诉讼中就本公约所涵盖的犯罪作证的证人并酌情为其亲属及其他与其关系密切者提供有效的保护，使其免遭可能的报复或恐吓。

2. 在不影响被告人的权利包括正当程序权的情况下，本条第 1 款所述措施可包括：

（a）制定向此种人提供人身保护的程序，例如，在必要和可行的情况下将其转移，并在适当情况下允许不披露或限制披露有关其身份和下落的情况；

（b）规定可允许以确保证人安全的方式作证的证据规则，例如，允许借助于诸如视像连接之类的通信技术或其他适当手段提供证言。

3. 缔约国应考虑与其他国家订立有关转移本条第 1 款所述人员的安排。

4. 本条的规定也应适用于作为证人的被害人。

第 25 条　帮助和保护被害人

1. 各缔约国均应在其力所能及的范围内采取适当的措施，以便向本公约所涵盖的犯罪的被害人提供帮助和保护，尤其是在其受到报复威胁或恐吓的情况下。

2. 各缔约国均应制定适当的程序，使本公约所涵盖的犯罪的被害人有机会获得赔偿和补偿。

3. 各缔约国均应在符合其本国法律的情况下，在对犯罪的人提起的刑事诉讼的适当阶段，以不损害被告人权利的方式使被害人的意见和关切得到表达和考虑。

第 26 条　加强与执法当局合作的措施

1. 各缔约国均应采取适当措施鼓励参与或曾参与有组织犯罪集团的个人：

（a）为主管当局的侦查和取证提供有用信息，例如：

有组织犯罪集团的身份、性质、组成情况、结构、所在地或活动；

与其他有组织犯罪集团之间的联系包括国际联系；

有组织犯罪集团所实施或可能实施的犯罪；

(b) 为主管当局提供可能有助于剥夺有组织犯罪集团的资源或犯罪所得的切实而具体的帮助。

2. 对于在本公约所涵盖的任何犯罪的侦查或起诉中提供了实质性配合的被指控者，各缔约国均应考虑规定在适当情况下减轻处罚的可能性。

3. 对于本公约所涵盖的犯罪的侦查或起诉中予以实质性配合者，各缔约国均应考虑根据其本国法律基本原则规定允许免予起诉的可能性。

4. 应按本公约第24条的规定为此类人员提供保护。

5. 如果本条第1款所述的，位于一缔约国的人员能给予另一缔约国主管当局以实质性配合，有关缔约国可考虑根据其本国法律订立关于由对方缔约国提供本条第2款和第3款所列待遇的协定或安排。

第27条 执法合作

1. 缔约国应在符合本国法律和行政管理制度的情况下相互密切合作，以加强打击本公约所涵盖的犯罪的执法行动的有效性。各缔约国尤其应采取有效措施以便：

（a）加强并在必要时建立各国主管当局、机构和部门之间的联系渠道，以促进安全、迅速地交换有关本公约所涵盖犯罪的各个方面的情报，有关缔约国认为适当时还可包括与其他犯罪活动的联系的有关情报；

（b）同其他缔约国合作，就以下与本公约所涵盖的犯罪有关的事项进行调查：

涉嫌这类犯罪的人的身份、行踪和活动，或其他有关人员的所在地点；

来自这类犯罪的犯罪所得或财产的去向；

用于或企图用于实施这类犯罪的财产、设备或其他工具的去向；

（c）在适当情况下提供必要数目或数量的物品以供分析或调查之用；

（d）促进各缔约国主管当局、机构和部门之间的有效协调，并加强人员和其他专家的交流，包括根据有关缔约国之间的双边协定和安排派出联络官员；

（e）与其他缔约国交换关于有组织犯罪集团采用的具体手段和方法的资料，视情况包括关于路线和交通工具，利用假身份，经变造或伪造的证件或其他掩盖其活动的手段的资料；

（f）交换情报并协调为尽早查明本公约所涵盖的犯罪而酌情采取的行政和其他措施。

2. 为实施本公约，缔约国应考虑订立关于其执法机构间直接合作的双边或多边协定或安排，并在已有这类协定或安排的情况下考虑对其进行修正。如果有关缔约国之间尚未订立这类协定或安排，缔约国可考虑以本公约为基础，进行针对本公约所涵盖的任何犯罪的相互执法合作。缔约国应在适当情况下充分利用各种协定或安排，包括国际或区域组织，以加强缔约国执法机构之间的合作。

3. 缔约国应努力在力所能及的范围内开展合作，以便对借助现代技术实施的跨国有组织犯罪作出反应。

第28条 收集交流和分析关于有组织犯罪的性质的资料

1. 各缔约国均应考虑在同科技和学术界协商的情况下，分析其领域内的有组织犯罪的趋势、活动环境以及所涉及的专业团体和技术。

2. 缔约国应考虑相互并通过国际和区域组织研究和分享与有组织犯罪活动有关的分析性专门知识。为此目的，应酌情制定和适用共同的定义标准和方法。

3. 各缔约国均应考虑对其打击有组织犯罪的政策和实际措施进行监测，并对这些政策和措施的有效性和效果进行评估。

第29条 培训和技术援助

1. 各缔约国均应在必要时为其执法人员，包括检察官、进行调查的法官和海关人员及其他负责预防、侦查和控制本公约所涵盖的犯罪的人员开展、拟订或改进具体的培训方案。这类方案可包括人员借调和交流。这类方案应在本国法律所允许的范围内特别针对以下方面：

（a）预防侦查和控制本公约所涵盖的犯罪的方法；

（b）涉嫌参与本公约所涵盖的犯罪的人所使用的路线和手段，包括在过境国使用的路线和手段，以及适当的对策；

（c）对违禁品走向的监测；

（d）侦查和监测犯罪所得、财产、设备或其他工具的去向和用于转移、隐瞒或掩饰此种犯罪所得、财产、设备或其他工具的手法，以及用以打击洗钱和其他金融犯罪的方法；

（e）收集证据；

（f）自由贸易区和自由港中的控制手段；

（g）现代化执法设备和技术，包括电子监视、控制下交付和特工行动；

（h）打击借助于计算机、电信网络或其他现代技术形式所实施的跨国有组织犯罪的方法；

（i）保护被害人和证人的方法。

2. 缔约国应相互协助，规划并实施旨在分享本条第 1 款所提及领域专门知识的研究和培训方案，并应为此目的酌情利用区域和国际会议和研讨会，促进对共同关心的问题，包括过境国的特殊问题和需要的合作和讨论。

3. 缔约国应促进有助于引渡和司法协助的培训和技术援助。这种培训和技术援助可包括对中心当局或负有相关职责的机构的人员进行语言培训、开展借调和交流。

4. 在有双边和多边协定的情况下，缔约国应加强必要的努力，在国际组织和区域组织的范围内，以及其他有关的双边和多边协定或安排的范围内最大限度地开展业务及培训活动。

第 30 条　其他措施通过经济发展和技术援助执行公约

1. 缔约国应通过国际合作采取有助于最大限度优化本公约执行的措施，同时应考虑到有组织犯罪对社会，尤其是对可持续发展的消极影响。

2. 缔约国应相互协调并同国际和区域组织协调，尽可能作出具体努力。

（a）加强其同发展中国家在各级的合作，以提高发展中国家预防和打击跨国有组织犯罪的能力；

（b）加强财政和物质援助，支持发展中国家同跨国有组织犯罪作有效斗争的努力，并帮助它们顺利执行本公约；

（c）向发展中国家和经济转型期国家提供技术援助，以协助它们满足在执行本公约方面的需要。为此，缔约国应努力向联合国筹资机制中为此目的专门指定的账户提供充分的经常性自愿捐款。缔约国还可根据其本国法律和本公约规定，特别考虑向上述账户捐出根据本公约规定没收的犯罪所得或财产中一定比例的金钱或相应的价值；

（d）根据本条规定视情况鼓励和争取其他国家和金融机构与其一道共同努力，特别是向发展中国家提供更多的培训方案和现代化设备，以协助它们实现本公约的各项目标。

3. 这些措施应尽量不影响现有对外援助承诺或其他多边、区域或国际一级的财政合作安排。

4. 缔约国可缔结关于物资和后勤援助的双边或多边协议或安排，同时考虑到为使本公约所规定的国际合作方式行之有效和预防、侦查与控制跨国有组织犯罪所必需的各种财政安排。

第 31 条 预防

1. 缔约国应努力开发和评估各种旨在预防跨国有组织犯罪的国家项目，并制订和促进这方面的最佳做法和政策。

2. 缔约国应根据其本国法律基本原则，利用适当的立法、行政或其他措施努力减少有组织犯罪集团在利用犯罪所得参与合法市场方面的现有或未来机会，这些措施应着重于：

（a）加强执法机构或检察官同包括企业界在内的有关私人实体之间的合作；

（b）促进制定各种旨在维护公共和有关私人实体廉洁性的标准和程序，以及有关职业，特别是律师、公证人、税务顾问和会计师的行为准则；

（c）防止有组织犯罪集团对公共当局实行的招标程序以及公共当局为商业活动所提供的补贴和许可证作不正当利用；

（d）防止有组织犯罪集团对法人作不正当利用这类措施可包括：

建立关于法人的建立、管理和筹资中所涉法人和自然人的公共记录；

宣布有可能通过法院命令或任何适宜手段，在一段合理的期间内剥夺被判定；犯有本公约所涵盖的犯罪的人担任在其管辖范围内成立的法人的主管的资格；

建立关于被剥夺担任法人主管资格的人的国家记录；

与其他缔约国主管当局交流本款

(d) 项目和目所述记录中所载的资料。

3. 缔约国应努力促进被判犯有本公约所涵盖的犯罪的人重新融入社会。

4. 缔约国应努力定期评价现有有关法律文书和行政管理办法，以发现其中易被有组织犯罪集团作不正当利用之处。

5. 缔约国应努力提高公众对跨国有组织犯罪的存在、原因和严重性及其所构成的威胁的认识。可在适当情况下通过大众传播媒介传播信息，其中应包括促进公众参与预防和打击这类犯罪的措施。

6. 各缔约国均应将可协助其他缔约国制订预防跨国有组织犯罪的措施的一个或多个当局的名称和地址通知联合国秘书长。

7. 缔约国应酌情彼此合作和同有关国际和区域组织合作，以促进和制订本条所述措施，其办法包括参与各种旨在预防跨国有组织犯罪的国际项目，例如改善环境，以使处于社会边缘地位的群体不易受跨国有组织犯罪行动的影响。

第32条 公约缔约方会议

1. 兹设立本公约缔约方会议，以提高缔约国打击跨国有组织犯罪的能力，并促进和审查公约的实施。

2. 联合国秘书长应在不晚于本公约生效之后一年的时间内召集缔约方会议。缔约方会议应通过议事规则和关于开展本条第3款和第4款所列活动的规则（包括关于支付这些活动费用的规则）。

3. 缔约方会议应议定实现本条第1款所述各项目标的机制，其中包括：

(a) 促进缔约国按照本公约第29条、第30条和第31条所开展的活动，其办法包括鼓励调动自愿捐助；

(b) 促进缔约国间交流关于跨国有组织犯罪的模式和趋势以及同其作斗争的成功做法的信息；

(c) 同有关国际和区域组织和非政府组织开展合作；

(d) 定期审查本公约的执行情况；

(e) 为改进本公约及其实施而提出建议。

4. 为了本条第3款（d）项和（e）项的目的，缔约方会议应通过缔约国提供的资料和缔约方会议可能建立的补充审查机制，对缔约国为实施公约所采取的措施以及实施过程中所遇到的困难获得必要的了解。

5. 各缔约国均应按照缔约方会议的要求，向其提供有关本国实施本公约的方案、计划和做法以及立法和行政措施的资料。

第33条 秘书处

1. 联合国秘书长应为公约缔约方会议提供必要的秘书处服务。

2. 秘书处应：

（a）协助缔约方会议开展本公约第32条所列各项活动，并为各届缔约方会议作出安排和提供必要的服务；

（b）依请求协助缔约国向缔约方会议提交本公约第32条第5款提及的资料；

（c）确保与其他有关国际和区域组织秘书处的必要协调。

第34条 公约的实施

1. 各缔约国均应根据其本国法律制度基本原则采取必要的措施，包括立法和行政措施，以切实履行其根据本公约所承担的义务。

2. 各缔约国均应在本国法律中将根据本公约第5条、第6条、第8条和第23条确立的犯罪规定为犯罪，而不论其是否如本公约第3条第1款所述具有跨国性或是否涉及有组织犯罪集团，但本公约第5条要求涉及有组织犯罪集团的情况除外。

3. 为预防和打击跨国有组织犯罪，各缔约国均可采取比本公约的规定更为严格或严厉的措施。

第35条 争端的解决

1. 缔约国应努力通过谈判解决与本公约的解释或适用有关的争端。

2. 两个或两个以上缔约国对于本公约的解释或适用发生任何争端,在合理时间内不能通过谈判解决的,应按其中一方请求交付仲裁。如果自请求交付仲裁之日起六个月后这些缔约国不能就仲裁安排达成协议,则其中任何一方均可根据《国际法院规约》请求将争端提交国际法院。

3. 各缔约国在签署、批准、接受、核准或加入本公约时,均可声明不受本条第 2 款的约束。其他缔约国对于作出此种保留的任何缔约国,不应受本条第 2 款的约束。

4. 凡根据本条第 3 款作出保留的缔约国,均可随时通知联合国秘书长撤销该项保留。

第 36 条　签署批准接受核准和加入

1. 本公约自 2000 年 12 月 12 日至 15 日在意大利巴勒莫开放供各国签署,随后直至 2002 年 12 月 12 日在纽约联合国总部开放供各国签署。

2. 本公约还应开放供区域经济一体化组织签署,条件是该组织至少有一个成员国已按照本条第 1 款规定签署本公约。

3. 本公约须经批准、接受或核准。批准书、接受书或核准书应交存联合国秘书长。如果某一区域经济一体化组织至少有一个成员国已交存批准书、接受书或核准书,该组织可照样办理。该组织应在该项批准书、接受书或核准书中宣布其在本公约管辖事项方面的权限范围。该组织还应将其权限范围的任何有关变动情况通知保存人。

4. 任何国家或任何至少已有一个成员国加入本公约的区域经济一体化组织均可加入本公约。加入书应交存联合国秘书长。区域经济一体化组织加入本公约时应宣布其在本公约管辖事项方面的权限范围。该组织还应将其权限范围的任何有关变动情况通知保存人。

第 37 条　同议定书的关系

1. 本公约可由一项或多项议定书予以补充。

2. 只有成为本公约缔约方的国家或区域经济一体化组织方可成为议定书缔约方。

3. 本公约缔约方不受议定书约束，除非其已根据议定书规定成为议定书缔约方。

4. 本公约的任何议定书均应结合本公约予以解释，并考虑到该议定书的宗旨。

第 38 条　生效

1. 本公约应自第 40 份批准书、接受书、核准书或加入书交存联合国秘书长之日后第 90 天起生效。为本款的目的，区域经济一体化组织交存的任何文书均不得在该组织成员国所交存文书以外另行计算。

2. 对于在第 40 份批准书、接受书、核准书或加入书交存后批准、接受、核准或加入公约的国家或区域经济一体化组织，本公约应自该国或组织交存有关文书之日后第 30 天起生效。

第 39 条　修正

1. 缔约国可在本公约生效已满五年后提出修正案并将其送交联合国秘书长。秘书长应立即将所提修正案转发缔约国和缔约方会议，以进行审议并作出决定。缔约方会议应尽力就每项修正案达成协商一致。如果已为达成协商一致作出一切努力而仍未达成一致意见，作为最后手段，该修正案须得到出席缔约方会议并参加表决的缔约国的三分之二多数票方可通过。

2. 区域经济一体化组织对属于其权限的事项依本条行使表决权时，其票数相当于其作为本公约缔约国的成员国数目。如果这些组织的成员国行使表决权，则这些组织便不得行使表决权，反之亦然。

3. 根据本条第 1 款通过的修正案须经缔约国批准接受或核准。

4. 根据本条第 1 款通过的修正案，应自缔约国向联合国秘书长交存一份批准、接受或核准该修正案的文书之日起 90 天之后对该缔约国生效。

5. 修正案一经生效、即对已表示同意受其约束的缔约国具有约束力。其他缔约国则仍受本公约原条款和其以前批准、接受或核准的任何修正案的约束。

第 40 条　退约

1. 缔约国可书面通知联合国秘书长退出本公约。此项退约应自秘书长收到上述通知之日起一年后生效。

2. 区域经济一体化组织在其所有成员国均已退出本公约时即不再为本公约缔约方。

3. 根据本条第 1 款规定退出本公约，即自然退出其任何议定书。

第 41 条　保存人和语文

1. 联合国秘书长应为本公约指定保存人。

2. 本公约原件应交存联合国秘书长，公约有阿拉伯文、中文、英文、法文、俄文和西班牙文文本。

附录7　关于犯罪与司法迎接 21 世纪的挑战的维也纳宣言

2000 年 12 月 4 日第 81 次全体会议大会决议
根据第三委员会的报告（A/55/593）通过

我们联合国各会员国，

关注全球性严重犯罪对我们的社会所带来的冲击，并深信有必要就预防犯罪和刑事司法开展双边、区域及国际合作，

尤为关注跨国有组织犯罪及其各种形式之间的关系，

确信适当的预防和改造方案对实施有效的犯罪控制战略至关重要，此类方案同时应考虑到各种使人更易误入歧途而且可能从事犯罪行为的社会和经济因素，

强调公正、负责、合乎道德和有效率的刑事司法系统是促进经济及社会发展和人的安全的重要因素，

意识到旨在减少犯罪和促进受害者犯罪者和社区愈合的恢复性司法方针的前景，

于 2000 年 4 月 10 日至 17 日会聚维也纳，召开第十届联合国预防犯罪和罪犯待遇大会，并决定本着合作精神，为打击世界性犯罪问题采取更加有效的一致行动，

兹宣告如下：

1. 我们赞赏地注意到第十届联合国预防犯罪和罪犯待遇大会各区域筹备会议的结果。

2. 我们重申联合国在预防犯罪和刑事司法领域的各项目标，具体来说就是减少犯罪行为，提高执法和司法的效率和效力，尊重人权和基本自由，提倡实行公平、人道和职业行为最高标准。

3. 我们强调每个国家均有责任建立和保持一个公正、负责、合乎道德和有效率的刑事司法系统。

4. 我们认识到，各国必须在打击全球犯罪问题方面开展更密切的协调与合作，同时考虑到采取行动打击全球犯罪是我们共同分担的责任。因此，我们承认有必要发展和促进技术合作活动，以协助各国努力加强国内刑事司法系统并提高其进行国际合作的能力。

5. 我们将在考虑到各国关切的情况下，作为高度优先事项，完成联合国打击跨国有组织犯罪公约及其议定书的谈判。

6. 我们支持旨在协助会员国进行能力建设的种种努力，包括获得培训和技术援助以及制订立法、条例和培养专门人才，以便利公约及其议定书的实施。

7. 我们应力求在符合公约及其议定书的目标的情况下：

（a）在国家和国际发展战略中纳入预防犯罪内容；

（b）在公约及其议定书拟涉及的各个方面加强双边和多边合作，包括技术合作；

（c）在涉及预防犯罪的各个方面加强捐助方合作；

（d）加强联合国国际预防犯罪中心以及联合国预防犯罪和刑事司法方案网络的能力，根据各国的请求，协助其建立在公约及其议定书拟涉及的各个方面的能力。

8. 联合国国际预防犯罪中心正在努力同联合国区域间犯罪和司法研究所合作编制一份供参考用的有组织犯罪全球综合概览，并协助各国政府制定政策和方案，我们对此表示欢迎。

9. 我们重申对联合国和联合国预防犯罪和刑事司法方案，特别是对预防犯罪和刑事司法委员会和联合国国际预防犯罪中心、联合国区域间犯罪和司法研究所、方案网络各研究所的继续支持和承诺，并决心酌情进一步通过持续供资来加强该方案。

10. 我们保证加强国际合作，以创造有利于打击有组织犯罪、促进增长和可持续发展和消除贫困和失业的环境。

11. 我们承诺在联合国预防犯罪和刑事司法方案以及各国的预防犯罪和刑事司法战略的范围内，考虑并解决方案和政策对男女产生的不同影响。

12. 我们还承诺根据妇女刑事司法工作者、受害者、囚犯和罪犯的特殊需要，制订着眼于行动的政策建议。

13. 我们强调指出，要采取预防犯罪和刑事司法方面的有效行动，各国政府、国家、区域、区域间及国际机构、政府间组织及非政府组织和民间社会各阶层，包括大众媒体和私营部门，就必须作为伙伴和行动者参与此种行动，并承认它们各自的作用和贡献。

14. 我们承诺寻求更加有效的协作方式，以消除贩运人口特别是妇女儿童和偷运移徙者的祸患。我们还应考虑支持联合国国际预防犯罪中心和联合国区域间犯罪和司法研究所制订的打击贩运人口全球方案，该方案须经各国密切协商并须经预防犯罪和刑事司法委员会审查，为此我们将2005年定为实现在全世界大大降低这类犯罪率的目标年，如果不能实现，则应在该年对所提倡措施的实际执行情况进行评估。

15. 我们还承诺加强国际合作和司法互助，以遏制非法制造和贩运枪支及其零部件和弹药现象，并将2005年定为实现在全世界范围内大大降低此类活动发生率的目标年。

16. 我们还承诺以《联合国反对国际商业交易中的贪污和贿赂宣言》、《公职人员国际行为守则》和有关的区域公约以及区域和全球论坛为基础，采取更强有力的国际反贪污行动。我们强调迫切需要制订独立于联合国打击跨国有组织犯罪公约的有效的国际反贪污法律文书，并请预防犯罪和刑事司法委员会要求秘书长与各国磋商，向预防犯罪和刑事司法委员会第十届会议提交一份深入审查和分析各项有关国际文书和建议的报告，作为拟订这一文书的准备工作的一部分。我们应考虑支持联合国国际预防犯罪中心和联合国区域间犯罪和司法研究所制定的反贪污全球方案。该方案须与各国密切协商制订并由预防犯罪和刑事司法委员会进行审查。

17. 我们重申，打击洗钱和犯罪经济活动为1994年11月21日至23日在意大利那不勒斯举行的有组织跨国犯罪问题世界部长级会议通过的《那不勒斯政治宣言和打击有组织跨国犯罪全球行动计划》确立的一项原则，是打击有组织犯罪战略的一个主要组成部分。我们确信这一行动的成败取决于建立广泛的制度和协调各种打击清洗犯罪收益的适当机制，包括支助针对为清洗犯罪收益提供海外金融服务的国家和领土的举措。

18. 我们决定就预防和控制计算机犯罪制订着眼于行动的政策建议，并请预防犯罪和刑事司法委员会在考虑到其他论坛正在进行的工作的情况下开展这方面的工作。我们还承诺致力于增进各国防止、调查和检控高技术犯罪及计算机犯罪的能力。

19. 我们注意到暴力和恐怖主义行为继续引起严重关注。我们将在遵守《联合国宪章》并考虑到联合国大会所有有关决议的情况下，结合我们在防止和打击恐怖主义方面所开展的其他努力，共同采取有效、坚决和迅捷的措施，防止和打击以助长一切形式和表现的恐怖主义为目的的犯罪活动。为此，我们保证竭尽全力促进普遍加入与打击恐怖主义有关的各项国际文书。

20. 我们还注意到，种族歧视、仇外心理和有关形式的不容忍仍在继续，因此，我们认识到必须采取步骤，在国际预防犯罪战略和规范内纳入专门措施，防止和打击与种族主义、种族歧视、仇外心理和有关形式的不容忍相关连的犯罪。

21. 我们申明，我们决心努力制止基于种族的不容忍产生的暴力行为，决心在预防犯罪和刑事司法方面对计划中的反对种族主义、种族歧视、仇外心理和有关不容忍行为世界会议作出重大的贡献。

22. 我们确认，联合国预防犯罪和刑事司法各项标准和规范有助于有效地对付犯罪。我们还承认监狱改革、司法和检控机构的独立和《公职人员国际行为守则》的重要性。我们将努力酌情在本国法律和实践中采纳和适用联合国预防犯罪和刑事司法的各项标准和规范。我们保证酌情审查有关的立法和行政程序，以期向有关官员提供必要的教育和培训，并确保负责执行刑事司法的机构得到必要的加强。

23. 我们还确认有关刑事事项国际合作的各项示范条约作为开展国际合作的重要手段的价值，并请预防犯罪和刑事司法委员会吁请联合国国际预防犯罪中心修订《联合国预防犯罪和刑事司法标准和规范简编》，以便向有意利用这些示范条约的各国提供最新版本。

24. 我们极为关切地认识到，处境困难的少年常常有走上犯罪道路的危险或容易变成犯罪集团，包括涉及跨国有组织犯罪的集团的招纳对象，我们承诺采取对策来制止此种现象的发展，必要时在国家发展计划和国际发展战略中列入有关少年司法的内容，并将少年司法的实施列入我们的发展合作供资政策之中。

25. 我们承认，国际、国家、区域和地方各级综合性预防犯罪战略必须通过社会、经济、卫生、教育和司法政策来消除与犯罪和加害他人有关的根源及风险因素。我们促请制订这种战略，同时意识到许多国家的预防举措确已取得切实的成绩，并深信可以通过采用和分享我们的共同专门知识减少犯罪。

26. 我们承诺优先考虑控制审前拘留和监禁人数的增长和监狱人满为患现象，为此酌情采用安全而有效的非监禁措施。

27. 我们决定为支助犯罪受害者而酌情实施国家、区域和国际行动计划，包括调解和恢复性司法机制，并将 2002 年定为目标年，各国在此年份以前须重新审查其有关的做法，进一步发展受害者支助服务，开展宣传活动提高对受害者权利的认识，考虑设立受害者基金，并制定和执行保护证人的政策。

28. 我们鼓励制订各种尊重受害者、犯罪者、社区以及其他各当事方的权利、需要和利益的恢复性司法、政策、程序和方案。

29. 我们请预防犯罪和刑事司法委员会为执行和贯彻我们在本宣言中所作的承诺而拟定具体措施。

附录8 破坏环境罪国内法的推荐文本 波特兰草案[①]

刑事制裁在环境保护中的使用国际地/国内地/区域地
1994年3月23日

破坏环境罪

本草案包括了括号中的条款,这些括号中的条款被认为是任选的。

目标和对象

存在一系列的破坏自然环境罪和破坏环境文化罪。最严重的破坏环境罪必须被认定是犯罪。严重程度是衡量危害和有罪的尺度。危害包括事实危害和威胁危害两个方面,那是因为人们都知道,在环境犯罪的范围内,危害通常并不容易或马上明显地或可定量地认定的。

通过对破坏环境罪的刑事制裁的惩罚,达到以下几个目的:首先,刑事制裁教育了公众关心不予法律保护行为的道德上的非法性;其次,刑事制裁可起到制止潜在的罪犯实施对环境不负责任的行为的作用;最后,刑事制裁使严重恶化环境的人(或法人)得到应得的惩罚。

除了如监禁、罚款等传统的刑事制裁外,应鼓励各国使用既能补偿环境危

---

① 关于环境犯罪的国际专家会议1994年3月19—23日在美国俄勒冈州波特兰市第二世界贸易中心举行。

害，又能去除因破坏环境而获得的经济利益的其他手段。

因为严重的环境犯罪除了个人外通常是由组织作案的。应鼓励政府获得必要的法定权威，并提供专门为实施针对组织的环境刑法。

正　文

一般犯罪

1. 每个自然人犯了破坏环境罪，他：

（a）不管是否违反了法定责任或规章责任，故意地，非故意地（间接欺诈行为）或由于疏忽，导致或促使对当地或地区的环境造成严重的损害或破坏。

（b）不管是否违反了法定责任或规章责任，故意地，非故意地（间接欺诈行为）或由于疏忽，发射、排放、处理一种污染物质，从而导致或促使人员死亡、严重疾病或剧烈的伤害。

（c）不管是否违反了法定责任或规章责任，故意地，非故意地［间接欺诈行为］或由于疏忽，导致或促使对严重伤害或破坏当地的或地区的环境造成实质性威胁。

（d）不管是否违反了法定责任或规章责任，故意地，非故意地［间接欺诈行为］或由于疏忽，发射、排放、处理一种污染物质，从而导致或促使对人死亡、严重疾病或剧烈的伤害，造成实质性威胁。

特殊犯罪

2. 每个自然人犯了破坏环境罪，他：

（a）故意地，不顾法定的或规章的责任；或

（b）由于非故意（间接欺诈行为）或疏忽，违反了法定的或规章的责任：

（i）向环境中排放一种污染物质；

（ii）运行一种有公害的设备；

（iii）进口、出口、处置、运输、储存或处理一种有毒、危害的或危险的物品、物质或废物，或者以任何方式促使进口、出口、故意流通、处理、运输、储存或处理这种物质；

(ⅳ) 导致或促使对当地的或地区的环境造成严重的损害或破坏；或

(ⅴ) 提供虚假的资料信息，或疏忽，或隐藏所需信息的资料，或干扰监控设备。

定义

3. "环境"既指自然环境也指与自然环境相联系的文化环境。

4. "自然人"是指个人和组织，不论是否是法人，并且包括政府。

法人责任

5. （a）上面列出的犯罪可导致个人和/或法人的刑事责任，在那里确认是组织活动执行的犯罪。

（b）如果有以下任一种情况，就存在法人责任：

(ⅰ) 法人在过长时间错误风险管理以及犯了在第1条提过的一种一般犯罪，或

(ⅱ) 法人已经违反了法定或规章条款。

（c）除了适用于法人的经理们、高级职员、代理人、雇员或公务员的个人责任，也适用于法人的刑事责任。

（d）不管是否是通过个人由法人实施的或疏忽实施的，同样适用法人的刑事责任，并且法人的刑事责任将被查明、起诉或判罪。

（e）除了监禁制裁外，在7、8、9节提到的所有制裁都可以施加在承担刑事责任的法人上。

共犯关系

6. 对公司、组织或其他法人负有责任的每位董事，高级职员或者其他职员，授权、允许、指挥、同意、参与、纵容、默许或者宽容犯罪，或由于疏忽而没能制止他管辖下的人员犯罪，则他也负有法律责任。

（本节#6 在法院的管辖权方面可能是不必要的或不适当的，该管辖权在不同法律制度下已有了类似的条款。）

监禁

7. (a)(1) 一般犯罪（上述第 1 节）的刑罚可以包括监禁期限最高为_____年[，或终身监禁]。

(2) 在上述 7.(a)(1) 节允许的监禁期限中以增加到 [   ]，此时，法院断定存在下面任何一种情况：

(i) 构成犯罪的行为是故意犯罪；

(ii) 构成犯罪的行为是违反法定责任或规章责任的惯例或模式的一部分；

(iii) 该犯先前已被判为犯有破坏环境罪。

(b)(1) 在第 2(a) 节特殊犯罪的刑罚可以包括监禁期限最高为_____年。

(2) 在上述 7.(b)(1) 允许的监禁期限可以增加到 [   ]，此时，法院断定同时存在以下两种情况：

(i) 构成犯罪的行为是违反法定责任或规章责任的惯例或模式的一部分；

(ii) 该犯先前已被判为犯有破坏环境罪。

(c)(1) 在第 2(b) 节特殊犯罪的刑罚可以包括监禁期限最高为_____年。

(2) 在上述 7.(c)(1) 允许的期限可以增加到 [   ]，此时，法院断定同时存在以下任何一种情况：

(i) 构成犯罪的行为是故意犯罪；

(ii) 构成犯罪的行为是违反法定责任或规章责任的惯例或模式的一部分；

(iii) 该犯先前已被判为犯有破坏环境罪。

罚款制裁

8. (a) 法院至少应施加罚款：(1) 从而充分扣除已定罪者因犯罪的结果所获得的任何经济利益和 (2) 充分地或部分地收回任何调查费用和补救由已定罪者所造成的任何危害。

(b) 法院也可以施加罚款或其他与该罪的严重性相当的刑罚以及对已定罪者的谴责，直至罪行每天继续，每天罚款_____。

法院的附加权利

9. 一个已判定犯了环境罪的人，除了被施加上面7、8条中的制裁外，在考虑到犯罪的性质和有关佣金的证据，法院也应有权作出以下任一个或全部决定：

（a）禁止此人做任何或参与任何有可能导致继续和重复犯罪的活动；

（b）责令暂时或长期终止活动，吊销为该活动已发给的执照，终止或结束营业，并且没收公司的特许证件；

（c）没收在犯罪中使用的财产和没收从中实际的所得；

（d）将犯了环境罪的人排除在政府合同、财务有利条件和津贴之外；

（e）免除经理等管理人员的职务和在一定的年限内停止该职务；

（f）命令环境犯罪行为人采取这样一些行动，以便使法院认为适当弥补或避免对环境的危害，这一危害行为或过失将导致或可能导致犯罪；

（g）要求犯了环境罪的人，其行为符合法院认为是适当的状况，从而确保该犯罪人行为良好，以便防止该犯罪人重犯同样的罪或犯其他破坏环境的罪行；

（h）命令犯了环境罪的人以法院规定的方式公开与犯罪相关的事实；

（i）命令犯了环境罪的人自己负担费用并以法院规定的方式通知因受到有关判定有罪的事实的该犯罪人行为的影响或危害的任何其他人；

（j）命令犯了环境罪的人或组织向他或它作案所在的所有国家的公众，它的子公司（如果有的话）、董事、高级职员、经理或雇员充分地公布刑事环境责任及对其的制裁；和

（k）命令犯了环境罪的人在合理的条件下履行公共服务。

起诉/检控的人身权利

10. 除非由下述人员起诉，否则依据本法没有一个法院会注意到犯罪：

（a）总检察长、检察长或任何政府授权的对起诉犯罪有司法管辖权的有关当局或政府机关；或

（b）其主要目的之一为保护环境的任何个人或任何已注册的协会；该人或该协会已以规定的方式，在60天后对宣称的罪发出警告，并向本节（a）所

指的人或当局提出申诉，该人或当局有权在指控的任何阶段进行干预、接受、采纳、中止或驳回申诉。

美国俄勒冈州波特兰市
1994 年 3 月 23 日

译者说明

"刑不上环保"在时下竟是个潜规则。作为后发国家,中国一方面渴望经济起飞,一方面遭遇工商社会初期的短视,同时还面临着生存压力下的无奈,于是乎,相对于经济统计数字,漠视环境保护和资源成本甚至成为一些人心照不宣的共识。

环境作为承载着人类梦想和欲望的客体已然精疲力竭,危在旦夕。因此,不管有着何种理由和何种原因,这个潜规则都是一个必须突破的障碍。

曾经的西方也是如此地经历并穿行"伦敦雾",然后才生长出如火如荼的环境保护运动,才有了绿党的大声疾呼。其实,直到今天,如果不是法制社会的强制力的无处不在,追逐最大利润的资本势力仍然不会自觉地克制掠夺环境与资源的冲动。否则,在发达的西方不会讨论如何动用法律最极端的手段——刑法来保护环境,不会有《通过刑法保护环境的公约》、《破坏环境罪国内法的推荐文本波特兰草案》等等国际文件的连续出台。

本书是欧盟国家联合动刑保护生态环境的一个写真。书中没有过多的理论建构和概念论证,有的只是对各国真实环境刑事执法现状和困境的描述,对如何保障刑法执法力度的探讨,以及对未来"刑上环保"前景的展望,特别是希望通过合作打破各自为政的局面,为保护整个人类的家园而携手共进!

全书共 12 位答卷者,他们分别来自欧盟各国,各自的研究领域和知识背景决定了本书能够展示欧洲对于动刑保护生态的共识及其实践。

中译本依据的是迈克尔·福尔和冈特·海因两位教授主编的 *Criminal En-*

forcement of Environmental Law in the European Union 一书，该书系芬兰克鲁维尔法律国际出版社"比较环境法与政策系列丛书"（*Comparative Environmental Law and Policy Series*）中的一种。两位编者分别任教于马斯特里赫特大学和伯尔尼大学。为了使读者更好地了解本书的背景和相关材料，中译本中增补了如下内容：一是欧盟各国司法体制简介，以帮助读者了解欧盟各国的法律基本构架；二是《联合国关于犯罪和公共安全问题的宣言》、《联合国打击跨国有组织犯罪公约》、《关于犯罪与司法迎接二十一世纪的挑战的维也纳宣言》、《破坏环境罪国内法的推荐文本波特兰草案》这四个本书涉及的法律文件，这些文件都来自于联合国官方网站的中文译本。

两位教授的授权使本书得以与中国读者见面，谨此致谢！

译者
2009 年 4 月 2 日

附录

哲学与社科类图书书目

尼采文集

书　　名	作者	定价
看哪这人	［德］尼采	16.00元
权力意志	［德］尼采	35.00元
超善恶	［德］尼采	28.00元
快乐的知识	［德］尼采	26.00元

后经典文丛

书　　名	作者	定价
后资本主义	李惠斌　李朝晖	38.00元
后帝国主义	曹荣湘　曹义恒	30.00元
后社会主义	苑洁	48.00元
后马克思主义	李惠斌　周凡	54.00元
后马克思主义：批判与辩护	周凡	46.00元

全球化系列

书　　名	作者	定价
全球化的边界——当代发展的难题	［俄］戈尔巴乔夫基金会	68.00元
白银资本——重视经济全球化中的东方	［德］贡德·弗兰克	35.00元
不纯洁的全球化	［印］卡瓦基特·辛格	20.00元
国家与市民社会	邓正来	32.70元

欧盟为保护生态动刑

书　名	作者	定价
资本全球化	[法] 弗朗索瓦·沙奈	19.80 元
金融全球化	[法] 弗朗索瓦·沙奈	20.00 元
经济全球化	[法] 雅克·阿达	19.00 元
全球化陷阱——对民主和福利的进攻	[德] 哈拉尔德·舒曼等	21.80 元
全球化时代的民族与民族主义	[英] 安东尼·史密斯	16.80 元

后现代系列

书　名	作者	定价
后现代科学（新）	[美] 大卫·格里芬	15.00 元
后现代精神（新）	[美] 大卫·格里芬	15.00 元
后现代文化	[德] 科斯洛夫斯基	17.00 元
后现代理论（新）	[美] 道格拉斯·凯尔纳	26.50 元

大众文化研究系列

书　名	作者	定价
午后的爱情	[美] 蒙福德	13.80 元
电视的真相	[英] A. 古德温	16.00 元
理解大众文化	[美] 约翰·费斯克	17.50 元
时装的面貌	[美] 珍妮弗·克雷克	19.00 元

哲学类

书　名	作者	定价
德国浪漫哲学	[俄] 加比托娃	30.00 元
睿思与歧误：一种对海德格尔技术之思的审美解读	范玉刚	25.80 元
墨韵色章——中国画色彩的美学探渊	王文娟	68.00 元
复杂性科学与哲学	黄欣荣	28.00 元

哲学与社科类图书书目

书名	作者	定价
走进西方政治哲学——历史、模式与解构	欧阳英	50.00元
美的找寻	汝信	30.00元
生产之镜	[法]鲍德里亚	16.80元
语言与翻译的政治	[法]福柯等	25.00元
实在界的面庞	[斯洛文尼亚]斯拉沃热·齐泽克	42.00元
意识形态的崇高客体	[斯洛文尼亚]斯拉沃热·齐泽克	22.00元
存在主义的大师们	[波兰]可阳·科萨克	19.80元
超越解构	[美]大卫·雷·格里芬	19.80元

社科类

书名	作者	定价
小趋势	[美]马克·佩恩 E.金尼·扎莱纳	58.00元
大事件	[英]杰希卡·威廉姆斯	38.00元
沉思录	[意]马可·奥勒留	20.00元
沉思录 中英双语·典藏本	[意]马可·奥勒留	32.00元
渐进的社会革命	林德山	45.00元
精质论——一种新的本原说及其视野里的现实世界	汤公山人	38.00元
公民伦理观的价值源流	周国文	30.00元
当代中国司法文明与司法改革	缪蒂生	29.80元
《新民主主义论》与中国文化现代化	辛文斌	28.00元
从结构到解构：法国20世纪思想主潮	[法]弗朗索瓦·多斯	120.00元
西方现代思想史	[美]马兰·斯特龙伯格	68.00元
保守主义的含义	[英]斯克拉顿	25.00元
庶民研究	刘健芝 许兆麟	29.80元
现代性之隐忧	[加]泰勒	10.00元

乌合之众	[法] 勒庞	16.00 元
世界传播与文化霸权	[法] 阿芒·马特拉	26.00 元
群众与权力	[德] 埃利亚斯·卡内提	28.00 元
图腾与禁忌	[奥] 弗洛伊德	24.60 元
性爱与婚姻	[英] 罗素	25.60 元
不同的声音	[美] 吉利根	19.80 元
比较诗学	[美] 厄尔·迈纳	20.50 元
首都外语论坛（第1辑）	刘利民	80.00 元
首都外语论坛（第2辑）	刘利民	120.00 元
美德的起源	[美] 麦特·里德雷	21.80 元
神圣的饥饿	[美] 桑迪	26.80 元
民主的模式（新）	[美] 赫尔德	26.90 元
理念人（新）	[美] 科塞	24.80 元
古代社会	[美] 路易斯·亨利·摩尔根	48.00 元
博弈生存	潘天群	16.80 元
民族与民族主义	[英] 厄内斯特·盖尔纳	16.00 元
妇女、民族与女性主义	陈顺馨、戴锦华选编 吴晓黎等译	21.80 元
解殖与民族主义	许宝强、罗永生选编	19.80 元
民族主义	[英] 埃里·凯杜里	11.80 元
反市场的资本主义	[法] 费尔南·布罗代尔	23.00 元
冷却的太阳	[美] 巴恩斯	36.00 元
历史的真相	[美] 阿普尔比	21.50 元
资本主义论丛	[法] 费尔南·布罗代尔	18.40 元
实践与反思	[法] 布迪厄	26.80 元
不同的声音	[美] 吉利根	19.80 元
地方性知识	[美] 克里福德·吉尔兹	24.80 元
驯服偶然	[加] 伊恩·哈金	28.00 元
社会科学方法论	[德] 马克斯·韦伯	14.90 元

人文科学认识论	［瑞士］马丁·皮亚杰	16.40元
作为意识形态的现代化	［美］雷迅马	22.00元
政谈	［日］荻生徂徕	22.00元
现代性困境中的极端体验	肖伟胜	21.80元
真实之复兴	［美］斯普瑞特奈克	18.00元
先秦名家四子研究	朱前鸿	20.00元
知识的战术研究	韩毓海	22.00元
信用伦理研究	王淑芹	28.00元
维护政治理性	陈喜贵	20.00元